ALTE ABENTEUERLICHE REISEBERICHTE

E. v. Bibra

Franz von Bibra

ERINNERUNGEN AN SÜDAMERIKA

1849–1850

Herausgegeben
von Heinrich Pleticha

Mit 12 zeitgenössischen Abbildungen

EDITION ERDMANN

Ernst von Bibra, Erinnerungen an Südamerika

ISBN 978-3-86503-045-0
Umschlaggestaltung: Nele Schütz Design, München
Satz und Reproduktionen:
Rund ums Buch – Rudi Kern, Kirchheim/Teck
Schrift: Adobe Garamond Pro
Druck und Bindung: Friedrich Pustet, Regensburg
Printed in Germany.

5 4 3 2 1 07 08 09 10 11

INHALT

VORWORT

Ein fränkischer Standesherr in Südamerika

Wer heute den Ort Schwebheim südöstlich der Industriestadt Schweinfurt besucht, wird kaum glauben, dass aus dieser alten ländlich-fränkischen Gemeinde ein bekannter Südamerikareisender und Reiseschriftsteller des 19. Jahrhunderts stammt.

Das hier gelegene stattliche Wasserschloss gehört seit Beginn des 16. Jahrhunderts der Familie der Freiherren von Bibra, aus der Ernst von Bibra stammt, der hier am 9. Juni 1806 geboren wurde. Der Vater starb schon ein Jahr nach seiner Geburt und der Junge wuchs unter der Vormundschaft des Christof Franz Freiherrn von Hutten in Würzburg auf. Das Gymnasium besuchte er in Neuburg an der Donau, anschließend begann er in Würzburg das Jura-Studium, das ihm aber nicht zusagte, und so wechselte er zu den Naturwissenschaften mit dem Schwerpunkt Chemie. Das war keineswegs die übliche Lebensplanung für einen jungen fränkischen Standesherrn, denn mit neunzehn Jahren hatte er durch Erbfolge das Lehen Schwebheim übertragen bekommen, das ihn eigentlich auf das Leben eines fränkischen Landjunkers festlegte. Wer erwartete, dass er sich wenigstens auf Agrarchemie konzentriert hätte, wurde enttäuscht. Nach seiner Heirat 1836 mit der Tochter des berühmten Würzburger Chemieprofessors Pickel lebte er anfangs auf Schloss Schwebheim, wo er sich ein Labor einrichtete und intensive chemische Studien betrieb. 1842 erschien seine erste Veröffentlichung, eine »Chemische Untersuchung verschiedener Eiterarten«, vier Jahre später brachte er die »Hilfstabellen zur Erkennung zoochemischer Substanzen« heraus und 1847 die »Untersuchungen über die Krankheiten der Arbeiter in den Phosphorzündholzfabriken«, mit 347 Seiten eine grundlegende wissenschaftliche Veröffentlichung, die seinen Namen in Fachkreisen nun richtig bekannt machte. Dass ihn auch zoologische Fragen interessierten, beweist die 1848 erschienene kleine Schrift »Über einige pathologische Produkte von Vögeln und Säugetieren«.

An den politischen Ereignissen des Jahres 1848 nahm er zumindest keinen aktiven Anteil. Dann aber entschloss er sich plötzlich zu einer großen Reise nach Südamerika. Die Beweggründe für diesen immerhin ungewöhnlichen Entschluss bleiben im Dunkel. Sicher haben naturwissenschaftliche Interessen und Abenteuerlust gleicher- maßen eine Rolle dabei gespielt. Vom finanziellen Aufwand einmal ganz abgesehen, war ein solches Unternehmen damals mit erheblichen Risiken verbunden. Allein schon die wochenlange Schiffsreise um Kap Horn herum bedeutete Strapazen und Gefahren. Das Reiseziel Chile war zwar jahrhundertealtes Kolonialland, da aber Bibra bei Reiseantritt noch kein Spanisch sprach, erschwerte das die Kontaktaufnahme mit der ansässigen Bevölkerung. Von einer systematischen Vorbereitung kann wohl kaum die Rede sein. Die deutschsprachige Südamerika-Literatur war um die Mitte des 19. Jahrhunderts verhältnismäßig dürftig, sodass wenig Raum für eine gründliche Vorbereitung blieb. Die Nachrichtenübermittlung, insbesondere der Briefverkehr, war umständlich und langwierig. An Gepäck konnte der auf sich allein gestellte Reisende ja nicht mehr als das nötige Handgepäck mitnehmen, zumal Bibra auch davon ausging, in Südamerika viel Material für seine naturkundlichen Sammlungen zu finden und das in die Heimat mitzubringen.

Wir wissen nicht, wie Bibras Familie seinen Entschluss aufnahm, nur die wenigen einleitenden Sätze seines späteren Reiseberichts lassen etwas von der offensichtlich gedrückten Stimmung erahnen. Nur in einem Punkte schien es keine Probleme zu geben: der Verlauf der Reise war dank des Familienvermögens finanziell gesichert. Wir lesen nie von irgendwelchen Geldschwierigkeiten, Bibra musste sich nirgends einschränken und konnte stets die besten Unterkünfte suchen.

Bibra begann seine Reise im April 1849 von Nürnberg aus und kehrte Anfang Juli 1850 nach Hamburg zurück, war also ein Jahr und drei Monate unterwegs. Die Reise verlief geradlinig, also ohne besondere Abstecher oder größere Abweichungen. Sie führte im ersten Teil von Bremen aus mit dem Schiff über den Atlantik nach Rio de Janeiro, das man am 22. Juni, also nach fünf Wochen

Fahrt, erreichte. Nach einem kurzen Aufenthalt ging es weiter um Kap Horn herum nach Chile, wo das Schiff am 12. August in den Hafen von Valparaiso einlief. Hier traf Bibra zufällig den damals schon berühmten Roman- und Reiseschriftsteller Friedrich Gerstäcker, der sich gerade auf einer Südamerika-Reise dort aufhielt. Diese Begegnung sollte sein späteres literarisches Schaffen beeinflussen.

In Chile blieb Bibra fünf Monate, besuchte Santiago, die Hauptstadt des erst drei Jahrzehnte zuvor unabhängig gewordenen Landes, sowie Valdivia. Von den Städten aus unternahm er zahlreiche Ausflüge ins Landesinnere, besonders in das Hochgebirge der Küstenkordillere. Dabei suchte er überall seine naturkundlichen Sammlungen zu erweitern und zu ergänzen. Am 24. Januar 1850 schiffte er sich von Valparaiso aus nordwärts ein, besuchte die Algodon-Bai, die damals zu Bolivien gehörte, und besichtige die dortigen Erzgruben. Danach ging er noch weiter nach Callao, von wo aus er einen Abstecher nach Lima unternahm. Dann schiffte er sich auf einer Hamburger Bark ein und trat auf dem herkömmlichen Wege um Kap Horn die Rückreise nach Hamburg an, das er nach einer Seereise von 116 Tagen erreichte.

Zuhause ging Bibra zuerst einmal daran, seine Sammlungen zu ordnen. Zugleich aber verschob sich das Schwergewicht seiner schriftstellerischen Tätigkeit. Zwar erschienen noch naturwissenschaftliche Veröffentlichungen wie etwa »Vergleichende Untersuchungen über das Gehirn des Menschen und der Wirbelthiere« (1854), parallel dazu aber auch erste Aufsätze über seine Südamerika-Reise, wie etwa »Die Algodon-Bai in Bolivien« (1852) oder »Beiträge zur Naturgeschichte von Chile« (1853). Den eigentlichen großen Bericht über seine Reise veröffentlichte er in zwei Bänden 1854 unter dem Titel »Reise in Südamerika«.

Er stieß damit sozusagen in eine Marktlücke vor, denn über Südamerika wusste man zu dieser Zeit erstaunlich wenig. Hatte er bisher als Wissenschaftler für fachkundige Leser geschrieben, so wandte er sich jetzt als Sachbuchautor an ein breiteres, geografisch und naturkundlich aufgeschlossenes und interessiertes Publikum.

Er erzählte aber nicht einfach aus der Erinnerung, sondern suchte stets Informationen und Wissen zu vermitteln. Selbst die Beschreibung der langen Schiffsreise, die in seinem Werk einen unverhältnismäßig breiten Raum einnimmt, nutzt er für soziologische und naturkundliche Exkurse. Er stützt sich dabei auf sein (erhaltenes, aber bisher nicht veröffentlichtes) Tagebuch mit 139 sorgfältig ausgeführten Zeichnungen.

Bibra war ein guter Beobachter. Er verstand es, farbige Bilder einer bis dahin in Europa verhältnismäßig wenig beachteten Welt zu geben. Seine Zeitgenossen mochten sich dabei besonders für die naturkundlichen Beobachtungen interessieren, die uns heute etwas überholt erscheinen, während den modernen Leser mehr die sozialen und wirtschaftlichen Beobachtungen ansprechen, die Bibra sehr lebendig schildert. Er übernahm so mit seinen Beschreibungen eine ähnliche Funktion wie heute manche Fernsehsendungen, die Eindrücke von Land und Leuten vermitteln wollen, wenn er auch nicht eine ähnliche Breitenwirkung erzielen konnte, sondern der Leserkreis auf eine soziale und intellektuelle Mittel- und Oberschicht beschränkt blieb. Das belegt schon die Tatsache, dass sein Werk nicht über eine erste Auflage hinauskam, obgleich es durchaus mit anderen Amerika-Büchern konkurrieren konnte.

Zumindest bemerkenswert sind aus heutiger Sicht auch Bibras tastende Versuche, sich mit den Spuren der frühen indianischen Kulturen auseinanderzusetzen. Er war im Raum nördlich von Antofagosta wohl auf einige Reste der Atacameno-Kultur gestoßen, die erst in unseren Tagen gründlich erforscht werden sollte. Er betätigte sich dabei nicht nur als Amateurarchäologe, wie er es schon in seiner fränkischen Heimat getan hatte, sondern entwickelte in seinem Buch auch eifrigst unhaltbare Theorien über die Abstammung dieser Indianer.

Bibra setzte den mit dem vorliegenden Werk begonnenen Weg als Reiseschriftsteller nicht sogleich fort. Ein Jahr nach dessen Erscheinen brachte er eine umfangreiche Monografie über »Die Narkotischen Genussmittel und der Mensch« heraus, eine heute noch lesenswerte Untersuchung u.a. über den Genuss von Tee, Kaffee, Schokolade, Tabak aber auch Opium oder Haschisch. Diese Arbeit wurde 1858 ergänzt durch eine weitere über »Kaffee und seine Surrogate« und 1860 über »Die Getreidearten und das Brod«.

Dann aber vollzog sich ein auffallender Wandel in der schriftstellerischen Tätigkeit Bibras, denn 1863 trat er erstmals mit einem Roman an die Öffentlichkeit. Von da an schrieb er bis zu seinem Tode insgesamt fünfzehn teilweise mehrbändige Romane und eine ganze Reihe von Erzählungen und Skizzen. Das bedeutete immerhin pro Jahr ein neues umfangreiches Werk, die kleineren Veröffentlichungen gar nicht gerechnet. Sein großes Vorbild war dabei ganz offensichtlich Friedrich Gerstäcker, den er ja persönlich in Südamerika kennengelernt hatte und mit dem er seitdem regelmäßig korrespondierte.

Die zweite Hälfte des 19. Jahrhunderts ist die große Zeit des sogenannten transatlantisch-exotischen und des historischen Romans. Fünf Romane Bibras spielen ganz oder teilweise in Südamerika. Der beste ist dabei wohl »El Paso de los Animas« (Der Geisterpfad – 1870), in dem er die Abenteuer zweier junger deutscher Einwanderer in den Jahren des großen chilenischen Erdbebens von 1822 schildert. Persönliche Erfahrungen und Begegnungen hat er vor allem in den Erzählungen verarbeitet, die in den Sammelbänden »Erinnerungen aus Südamerika« (1861), »Aus Chile, Peru und Brasilien« (1862), »Reiseskizzen und Novellen« (1864), »Erlebtes und Geträumtes« (1867) und »Aus jungen und alten Tagen« (1868) vereint sind.

Man sagt nicht zu Unrecht und ohne die Leistungen Bibras schmälern zu wollen, er sei ein besserer Naturwissenschaftler als Erzähler gewesen. Aber gerade unter den Novellen und Skizzen sind eine ganze Reihe, die neben seinen zeitgenössischen Konkurrenten wie Friedrich Gerstäcker oder Balduin Möllhausen als Charakterbilder durchaus bestehen können und eine Neuausgabe verdienen würden.

Ernst von Bibra verbrachte seinen Lebensabend, fast bis zu seinem Tode eifrig schreibend, in Nürnberg. Dort starb er, im Alter von 72 Jahren, am 5. Juni 1878.

Kapitel 1

VON FRANKEN NACH RIO DE JANEIRO

Im April 1849 verließ ich Nürnberg. Schwer und hart war der Abschied von den Meinen. Hatte doch mein ältester Junge lange Zeit vor meiner Abreise halbe Nächte durchweint im Gedanken an meine Fahrt, und bei Tage sich heiter gebärdet, um mich nicht zu betrüben. Das war der Typus meines Abschieds überhaupt.

So ging ich aus dem Hause, hinaus in einen kalten und unheimlichen Morgen und vom alten, ehemals weltberühmten Fembo'schen Landkartenhause an, um die halbe Welt bis wieder zurück nach Hamburg, hat mich die Idee nicht verlassen, dass ich die Kinder nicht mehr lebend anträfe. Glücklicherweise waren meine Ahnungen falsch. Diese wenigstens.

Wir kamen spät des Abends in Leipzig an und fuhren des andern Tages nach Bremen. Man reist schnell heutzutage, doch glaube ich noch schneller diese Reise von Nürnberg nach Bremen beschrieben zu haben. Nur muss ich noch beifügen, dass mich zwei Landsleute begleiten, W. aus Nürnberg und M. aus Erlangen.

In Bremen stiegen wir im »Victoria-Hotel« ab. Ich werde auch von jenem Aufenthalte nur weniges berichten. Die fast fieberhafte Aufregung, die sich meiner bemächtigt hatte, ließ mich nur flüchtig beobachten. Doch sah ich mit Belehrung das Museum und den Dom, und nahm so allegorischen Abschied von deutscher Wissenschaft und Kunst. Eine Notiz über Pyrosoma atlantica und über Fulgurit waren die letzten dahin bezüglichen Bemerkungen in meinem Tagebuch, Taufstein und Schlossverzierungen im Dom die ersten Skizzen in meiner Zeichenmappe. Im Rathause sind einige gute Holzschnitzereien. Klassischer aber ist, was unter dem Rathause. Hauff hat einen romantischen Schleier über jene Räume gezogen, welche des Guten viel enthalten und in welchen man leicht des Guten zu viel tut. Aber unter den Geistern des Weins fehlten nicht selten die Schauer des Todes. Ein Freund meiner Jugend hatte ein unglückliches Ende genommen vor nicht langer Zeit, an der Stelle, wo ich zechend saß, und solches erfuhr ich eben dort und durch Zufall. Ich hatte jahrelang nichts von ihm gehört und ihn mir in glücklicher Stellung gedacht.

Es wurden in Bremen die noch nötigen Einkäufe gemacht und zugleich der Reeder besucht. Es wird sich Letzterer wohl schwerlich mehr meiner erinnern, denn Warenballen, Menschen, das heißt Passagiere, und solche werden doch teilweise immer auch ein wenig als Menschen betrachtet, Fässer, Taue, Zwiebackkisten und Ähnliches wurden dort mit gleicher Hast expediert. Auf mich aber machte jenes ganze Tun und Treiben einen widerlichen Eindruck.

Endlich erhielten wir die Nachricht, das Schiff liege fertig bei Brake und könne in einigen Tagen in See gehen. Es wurde Abschied genommen von Bremen und auf dem Flussdampfer nach jenem Neste gefahren. Unser Kapitän machte die Fahrt mit uns. Wir hatten ihn indessen schon früher kennengelernt im »Ratskeller«, aber dort so wie hier war noch keine Gelegenheit, einen Kapitän im eigentlichen Sinne des Wortes kennenzulernen. Erst an Bord seines Schiffes traten die unerlässlichen Untugenden seines Standes hervor. An Land ist das Verhältnis brautstandartig. Ehestandlich an Bord, sehr stark ehestandlich, flitterwochenlos. Ich komme später auf Kapitän H...dorf zurück, und auf das gegenseitige Verhältnis zwischen Kapitän und Passagieren überhaupt.

Die Gegend um Brake hatte auf mich einen niederdrückenden Eindruck gemacht. Einen noch langweiligeren aber die Bevölkerung des Fleckens. Freilich kamen wir nur mit den Wirten des Orts und einigen Krämern in Berührung, deren Unart und Dünkel teilweise dadurch entschuldigt werden mag, dass sie fast einzig mit Auswanderern in Berührung kommen. Mir scheint, als trete da eine schlimme Seite der Menschennatur so recht ins wahre Licht. Die fast sichere Ansicht liegt vor, dass sich Wirt und Gäste nie mehr sehen, und so geht man rücksichtslos zu Werke. Alle Prellereien, anderwärts mit obligater Artigkeit ausgeführt, werden hier grob und ohne Maske vorgenommen. Man hat es doch nur mit Gesindel zu tun, und ob erst drüben oder schon hier im alten deutschen Vaterland diese Parias beraubt werden – was liegt daran?

Auf der anderen Seite passt leider die Benennung Gesindel nicht selten auf jene auswandernden Massen.

Wir, die zukünftigen Passagiere der Brigg »Reform«, fanden uns allmählich in Brake zusammen, und schon der Augenschein gab, dass die neue Genossenschaft aus besseren Elementen bestand als gewöhnlich. Die achtzehn Passagiere der Kajüte gehörten alle den gebildeten Ständen an, und solches war auch teilweise, fast in überwiegender Mehrzahl, bei jenen des Zwischendeckes der Fall. Bei allen aber schien durchzuleuchten, dass man sich nicht in Rohheit gefallen wolle.

Jugendlicher Übermut freilich fehlte nicht, und abenteuerlich genug waren wohl Tracht und Waffen der Mehrzahl.

Mancherlei kurze Schwerter hingen da an den Hüften; Büchsen und Doppelflinten waren in jeder Hand; während Dolch und Pistolen (oft von bedrohlicher Konstruktion) halb versteckt, Gefährliches ahnen ließen. Den grauen, jetzt (1854) stark anrüchigen Hut schmückte die rote Feder. Ach, es hat sich mancher gemausert auf jener Reise!

Gemeinsamer Genuss von faulem Wasser und perpetuierlichem Salzfleisch vereinigen auf merkwürdige Weise politische Meinungen, und wirken nicht günstig auf den erwähnten Federschmuck.

Ich habe dort die Stimmungen studiert, die sich bei den Auswanderern kundgaben und nicht selten die Mühe, die man anwendete, sie zu verbergen. Unter der Maske der Heiterkeit mag doch wohl manches Herz krampfhaft geschlagen haben, denn keiner, im weitesten Sinne des Worts, keiner kann sein Vaterland gleichgültig, leichten Herzens für immer verlassen. Freilich ist der Begriff des Wortes Vaterland individuell. Ich habe einen jungen Mann gekannt, und er machte die Reise mit uns, welcher den wöchentlichen Küchenzettel seines väterlichen Hauses als sein Vaterland betrachtete. Das heißt, der Begriff Heimat war bei jenem identisch mit heimischer Speise und Trank. Familie und Freunde sind einem andern, Gesetz und Sitte einem dritten das, woran er hängt, was er schwer verlässt, wonach er sich sehnt in der Ferne, was er unbewusst Vaterland nennt.

Der ganze Geist des Volkes, dem man angehört, sein errungenes Wissen, die Schöpfungen seines Kunstsinnes, die Fortschritte seiner Technik, ist wieder einem andern das Vaterland. Die altera natura, die Gewohnheit, die langjährige, die von der Wiege an unsere Begleiterin war, gießt ihren Zauber aus über all das genannte, vom Pflaumenmuse an, welches alle Sonnabende im heimlichen Familienkreise genossen wird, bis zu den höchsten Errungenschaften der Wissenschaft, Kunst und Gesittung.

Aber dass man alles das, was lieb und teuer durch Gemüts-, Verstands- und Gewohnheitsbande, ungern verlässt, wollte dort in Brake mancher nicht Wort haben, und das perfide »ubi bene ibi patria« wurde nicht selten gehört, wenn wohl bisweilen mit krankem Herzen gesungen.

Auch ich verließ viel des Lieben und Teuern, aber ich wusste, dass ich zurückkehren würde, so hatte ich gut beobachten.

Nach einigen Tagen Aufenthalt in Brake wurden uns endlich die Pforten des Paradieses geöffnet. Wir durften an Bord, von unseren Kojen Besitz nehmen, uns einrichten. In einigen Tagen sollte die Reise beginnen. Mancher fand sich ohne Zweifel da bitter enttäuscht. Man hatte sich Kajüten gedacht mit spiegelhellen Fenstern und erhebender Aussicht auf die »dunkelblauen Wogen«.

Diese Kajüte hatte ohne Zweifel blank gebohnte Wände irgendeines fremdländischen Holzes, diese Wände waren vielleicht eingefasst mit poliertem Messing, dem Golde ähnlich. Eine Hängematte wiegte sich in dem behaglichen Raume, den eine Zigarre aus der Havanna durchwürzte.

Als wir mit einiger Beschwerlichkeit an Bord geklettert waren und uns durch ein Chaos von Kisten, Koffern, Ballen, Tonnen und Ähnlichem gewunden hatten, fanden wir etwa folgende Einrichtung: Ein schmaler Gang führte von Deck aus gegen das Steuer zu, zur Kajüte des Kapitäns, und links von diesem Gang eine Öffnung zu einer leiterartigen, vom Zimmermann zugehauenen Treppe, auf welcher man in die Passagierkajüte hinabstieg, nach Umständen auch fiel.

Nun befand man sich in einem Raume, der kaum fünf Schritte breit war. Die Wände dieses Raums, der Kajüte, waren aus Brettern zusammengenagelt, mit einer sicher beispiellos billigen Tapete beklebt und mit acht weiteren Öffnungen versehen, durch welche man in die Kojen gelangte. Das Licht in der Kajüte wurde eingelassen durch ein Loch in der Decke, das sogenannte Skylight, von etwa vier Fuß Durchmesser.

Die Kojen, die hölzernen an den Wänden des Schiffes unmittelbar befestigten Schlafstellen, hatten einen kleinen Vorraum, in welchem ein mäßiger Koffer Raum fand und ein Mann sich aus- und ankleiden konnte, und dieser Raum war durch einen Kattunvorhang von der gemeinsamen Kajüte getrennt. In sechs dieser kleinen Räume waren je zwei Schlafstellen, eine oberhalb der andern angebracht. In zwei weiteren, davon eine ich bezog, vier Schlafstellen, auf jeder Seite zwei. In Mitte der gemeinschaftlichen Kajüte war ein, fast die ganze Länge derselben ausfüllender Tisch von rauem Holze befestigt, anfänglich von Feldstühlen umstellt, von etwas zerbrechlicher Konstruktion, später von zwei festgenagelten langen Bänken. Die dem Vorderteile des Schiffes zugewendete Seite enthielt eine Art Wandschrank, in welchem anfänglich die Gläser aufbewahrt wurden, deren Zahl aber bald bis auf zwei oder drei geschmolzen war. Das vis à vis dieses Schrankes bildete ein Sofa, auf welchem vier Personen Platz hatten, und welches gewöhnlich von sechsen besetzt war. Solches war die Kajüten-Herrlichkeit der »Reform«. Das Zwischendeck war von unserer Kajüte nur durch eine Bretterwand geschieden. Von einer eigentlichen Kajüte war hienach keine Rede. Die »Reform« war ursprünglich nicht zum Passagierschiff bestimmt, sondern zum Warentransport; da sie jetzt Menschen nach Kalifornien bringen sollte, wurde das Zwischendeck durch eine Wand getrennt und die Abteilung für die, welche etwas mehr bezahlt hatten, mit Papier beklebt. Im Übrigen war der Raum sowohl uns als den Passagieren des sogenannten Zwischendeckes im Verhältnis der Menschenanzahl gleich zugemessen, denn jene, etwa fünfzig an der Zahl, konnten sich ebenfalls kaum rühren.

Wenn man zu diesen Entdeckungen, die vorläufig keine sehr behagliche Fahrt versprechen, das Drängen und Treiben, die Unruhe und Hast des Augenblicks nahm, so war der erste Eindruck, den die »Reform« hervorbrachte, kein angenehmer zu nennen.

Ich habe dort eine Reminiszenz aus meiner Jugendzeit empfunden, und das war an den ersten Tag, welchen ich im Erziehungsinstitute zu Neuberg an der Donau zubrachte. Auch in gastronomischer Beziehung fand ich später mancherlei Ähnlichkeit.

Nach zwei Tagen der Unruhen und Plackereien aller Art, als wir endlich auf dem Punkt waren, so ziemlich eingerichtet zu sein, kam eine Art Superkargo, geschickt vom Reeder, um eine Revision unseres Gepäckes abzuhalten. Neue Schererei. Ich war dort auf dem Punkte, meinen ganzen Vorrat von Rotwein und englischem Bier, welchen ich für die Reise gekauft hatte, in die Weser werfen zu lassen. Der Reeder hatte mir zugesagt, ich hätte für mitzunehmende Viktualien und Gepäck nichts zu zahlen. Mussten doch W. und ich ohnehin schon fünfzig Taler mehr Passage zahlen, als die andern Passagiere der Kajüte! Der Superkargo forderte jetzt für die freilich ziemlich voluminös verpackten Flaschen drei und etliche Taler Fracht. Ich berief mich auf das mir gegebene Wort. Man verlangte Schriftliches. Als die Sache anfing unangenehm zu werden, bat mich W., ihm das Ordnen der Angelegenheit zu überlassen. Ich willigte ein und kam mit zehn Talern davon.

Auch der Superkargo hatte endlich die »Reform« verlassen. Unsere Einrichtungen waren ziemlich beendet, das heißt, es hatte jeder so viel seines Gepäckes als möglich in den ohnehin engen Raum der Kajüte gestaut, man hatte sich in den Kojen ausgeteilt und jeder hatte sich gekleidet wie er es eben passend und wohlanständig hielt. Schon jetzt aber begann die eigentümliche, indessen großenteils notwendige Geheimniskrämerei in Betreff der Unternehmungen des Kapitäns, welche wohl auf jedem Passagierschiff herrscht. Niemand wusste etwas Sicheres über die Abfahrt. Dumpfe Gerüchte verbreiteten sich unter den Passagieren, man werde noch am Abend einige Stunden abwärtstreiben. Indessen nichts Gewisses. Endlich – gegen Abend – wurden die Anker gelichtet und wir fingen an langsam abwärts auf der Weser zu treiben.

Der großartige erste Eindruck des Anblicks der See geht unbedingt verloren bei der Abfahrt von Bremen. Man treibt abwärts auf der Weser, man sieht stets die beiden Ufer des Flusses, der, wenngleich ziemlich breit, doch immer noch Fluss ist. Aber allmählich ziehen sich die Ufer zurück, man sieht Bremerhaven, und ist dann auf einmal in die See gekommen, ohne zu wissen, wie.

Überhaupt kommt bei der Abfahrt von Bremen oder Hamburg noch hinzu, dass man den Kanal zu durchschiffen hat. Auch der Abschied vom alten Europa wirkt nicht plötzlich ein. Allenthalben noch ein Fleckchen Land, bald Frankreich, bald England.

Ein anderes ist es, wenn der Reisende das Festland von einem Hafen aus verlässt, der sogleich in die See führt. Dort fällt das Große, das Unendliche der Erscheinung plötzlich und massenhaft ins Auge, und Land so wie See erscheint, gegenseitig sich zur Folie dienend, gleich großartig. Solches war bei allen Häfen von Südamerika der Fall, welche ich besuchte. Hat man aber auch die See schon befahren und ist an das Imposante des Anblicks gewöhnt, so macht das unerwartete Hervortreten desselben stets einen überraschenden und in der Tat unvergesslichen Eindruck.

Auf hoher See selbst, ohne Blick und auf irgendeine Küste, verliert nach meiner individuellen Ansicht wenigstens die Größe des Eindrucks bedeutend.

Ich habe nicht selten Augenblicke gehabt, in welchem mir die Entfernung von Bord aus bis an die sichtbare Grenze der See gegen den Horizont wirklich lächerlich nahe erschien, eine Flintenschussweite etwa. Man glaubt auf einer Scheibe zu stehen, deren Mittelpunkt das Schiff ist. Nicht ich allein erhielt diesen Eindruck, es teilten ihn viele der anderen Passagiere. Aber schon ein schwimmender Vogel zerstört jene unangenehme Täuschung großenteils und ein Segel, welches am Horizonte auftaucht, oder eine ferne Küste stellt den Begriff mächtiger Fernsicht wieder her.

Nach diesen Abschweifungen über den ersten Anblick der See, kehre ich auf die nicht sehr klaren Wogen der Weser zurück und beeile mich, die, welche den Mut haben (figürlich gesprochen, ich meine den Mut, die Langeweile zu bekämpfen), mir auf meiner Reise zu folgen, ich beeile mich, sage ich, sie von der Weser auf den Kanal, und auch von dort womöglich baldigst auf hohe See zu bringen.

Ich folge hier einfach den Eindrücken, wie ich sie empfunden, denn Merkwürdiges oder Neues wenigstens ist nicht zu berichten von einer durchschifften Strecke, die schon vielfach beschrieben worden.

Uns aber, den Passagieren der »Reform«, war mancherlei fremd, ungesehen wenigstens, wenngleich schon öfters gehört, gelesen. Unsere erste Fahrt auf der Weser dauerte einige Stunden, dann wurden bei einbrechender Nacht die Anker geworfen. Des anderen Tages schlechter Wind, das heißt, gar keiner, und langsames Treiben auf dem Flusse einem Holzfloß ähnlich. Enten und Möwen schwärmten um das Schiff, ich schoss einige derselben, aber wir konnten ihrer nicht habhaft werden.

Endlich wieder besseren Wind; wir sahen Bremerhaven und kamen am 28. April in die Nordsee. Wangerooge wurde uns gezeigt, und auf eine Zeit lang entschwand Europa unseren Blicken.

Hier kann ich nicht umhin einige Worte zur näheren Bezeichnung meiner Reisegefährten einfließen zu lassen, und es gereicht mir, der ich stets lieber gelobt als getadelt habe, zu großer Befriedigung, der Wahrheit getreu, hier nur Freundliches berichten zu dürfen.

Die Passagiere der Kajüte waren meist junge Kaufleute, welche in Kalifornien ihr Glück zu machen hofften. Einige gehörten auch, wie ich glaube, keinem besonderen Stande an, und durften einfach als die Söhne ihrer Väter betrachtet werden. Ein älterer Herr, ebenfalls Kajüten-Passagier, hatte früher in preußischen Diensten gestanden und wurde Leutnant genannt. Ich habe während des viermonatigen Zusammenlebens mit diesen Leuten fast nie einen Zank oder Streit gehört und kleine Misshelligkeiten, unvermeidlich auf dem engen uns zugemessenen Raume, blieben stets in den Grenzen des Anstandes. Ein Fall von momentaner Tobsucht, hervorgerufen durch ungewohnten Genuss von Spirituosen, kann nicht wohl als Ausnahme betrachtet werden. Ich erwähne dessen vielleicht später. Dass indessen kleine Neckereien mit unterliefen, lässt sich denken, und fast wollte es in der ersten Zeit der Fahrt scheinen, als solle ein oder das andere Individuum zur ständigen

Zielscheibe erwählt werden. Ich glaube einigen Teil zu haben, dass dies nicht wirklich geschah.

Was das Benehmen der Genossen gegen mich betraf, so muss ich wiederholen, dass solches das freundlichste gewesen, und mit dankbarer Anerkennung darf ich aussprechen, dass meine naturwissenschaftlichen Bestrebungen den lebhaftesten Anklang, und wo immer möglich, Hilfe und Beistand erfuhren. Was auch zu fischen und zu haschen war auf der See, brachte man mir, leitete hilfreiche Hand beim Präparieren und Zeichnen, und überließ mir willig den halben Raum der Kajüte zum Lesen und Schreiben. Aber auch in anderen Beziehungen war man gefällig, freundlich und zuvorkommend gegen mich, ich habe nie mit irgendeinem der Genossen einen Ärger gehabt, ja ich erinnere mich keines Zwistes.

Das Benehmen der Zwischendeckpassagiere gegen mich war dasselbe wie das der Kajütenpassagiere, und ich muss einfach das dort Gesagte wiederholen. Indessen kamen im Zwischendecke wohl einige Mal Streitigkeiten vor, doch selten und bald geschlichtet. Da Leute von ziemlich verschiedener Bildung, wohl auch Ansicht und Leidenschaft, dort zusammenleben mussten, und bei noch beengterem Raume als in der Kajüte, waren dort Zwiste wohl unvermeidlich. Indessen waren mehrere recht liebenswürdige Leute im Zwischendecke und ich erwähne als einer auffallenden und angenehmen Erscheinung eines Franzosen, der früher in Algier gefochten hatte und nun im Goldlande sein Glück verfolgen wollte. Ein feiner und gebildeter Mann, der ernst ins Leben schaute, aber dabei, so viel es nur immer tunlich, die Sorgfalt seiner Toilette nicht versäumte. Ich glaube, er war der einzige Passagier der »Reform«, der sich wöchentlich mehrmals rasierte. Er war offenbar aus guter Familie. Was hatte ihn nach Algier, was nach Kalifornien getrieben? Man wusste es nicht, denn solche Fragen werden nie an Bord gestellt und noch weniger in überseeischen Ländern selbst getan. Häkchen oder Haken hat es da wohl nicht selten und so mag dort der alte Mantel christlicher Liebe in die gefällige Form moderner Weltanschauung gebracht, gegenseitig ersprießliche Dienste leisten.

Auch musikalische Talente fehlten nicht im Zwischendecke, und wurden mit mehr oder minderem Erfolge anerkannt. Noch muss ich eines Pudels erwähnen, intelligent wie alle seiner Rasse und vielfach erfahren in hündischen Künsten. Er unterhielt nicht selten die ganze Genossenschaft, hätte aber später fast zu einer Tragödie Anlass gegeben.

Zu den achtzehn Passagieren der Kajüte und den etlichen vierzig im Zwischendecke kommen noch zwei weitere Passagiere, die in der oberen Kajüte des Kapitäns Platz gefunden hatten. Der Schiffsarzt und seine Frau hatten eine kleine Koje unweit der Kapitänskajüte inne.

Ich kann nicht wohl dem freundlichen Leser meine Reise und Begebnisse erzählen, ohne dass ich ihnen eben die erhaltenen Eindrücke vorführe, wie sie sich mir einprägten. Werde ich auch häufig den Ort anzugeben genötigt sein, so mag doch die Tagebuchform nur im Notfall zu Hilfe genommen werden. So melde ich denn jetzt, dass wir am 28. April gegen Mittag in den Kanal einfuhren. Wir hatten abwechselnd gutes und schlechtes Wetter, das heißt frischen Wind oder flauen, wie nämlich die Seeleute das Wetter betrachten, nach unseren Begriffen wurde ein kalter Regen, der häufig fiel, auch zum schlechten Wetter gerechnet.

Am 2. Mai hatten wir den Kanal passiert. Die Fahrt durch den Kanal ist mannigfach geschildert worden, und ich will die Freunde und mich nicht damit ermüden, Dinge zu wiederholen, die wohl besser beschrieben worden sind, als ich es vermöchte, nach den flüchtigen Skizzen in Zeichenmappe und Tagebuch. Dass der Kanal belebt ist, was man in diesem Sinne belebt nennt, nämlich mit Hunderten von Fahrzeugen bedeckt, weiß jedermann und auch wir sahen Schiffe jeder Art in Nähe und Ferne. Unweit Dover, welches ich der Nähe halber erträglich zeichnen konnte, kamen Fischer an Bord, weniger in der Absicht, Fische an uns zu verkaufen, als Briefe nach Europa von uns, gegen eine Vergütung, zu befördern. Ich weiß nicht, ob sie Geschäfte machten, und kann mich nur erinnern, dass ich in einem Anfall von Sparsamkeitslaune ihre Forderung zu hoch fand, und keinen Brief nach Hause sendete, was ich später bereute.

Man bewunderte meine Virtuosität, welche ich in der Konsumtion von Portwein an den Tag legte. Zu jener anfänglichen Zeit der Reise bestand zwischen dem Kapitän und den Reisenden noch ein freundliches Vernehmen, und Ersterer hatte mehrere von uns eingeladen mit ihm ein Glas Wein in seiner Kajüte zu trinken. Es blieb nicht bei einem Glase, und mancher wurde totenähnlich vom Schlachtfeld gebracht. Dort habe ich Süddeutschland glänzend vertreten.

Aber während ich mannigfache Besuche erwähnte, die wir von See und Land aus erhielten, habe ich noch mit keiner Silbe von jenem schlimmsten Gaste gesprochen, der dem beginnenden Seefahrer schon an Lande Angst und Schrecken einjagt, auf der See aber direkte Verzweiflung bringt. Jedermann weiß, dass ich die Seekrankheit meine. Schon auf der Weser wurde einigen der Passagiere übel zumute. Als wir in die Nordsee eingelaufen waren, war der größte Teil derselben seekrank. Aber während bei einigen das Unwohlsein kaum einige Tage dauerte, und dann selbst beim stärksten Sturme später nicht wiederkehrte, hatten andere während der ganzen Reise zu kämpfen, und waren nur bei vollständiger Windstille verschont. So zum Beispiel W. aus Nürnberg, welcher nur selten seine Koje verlassen konnte und dessen Ausdauer ich stets bewundert habe.

Aber es gibt noch eine dritte Modifikation der Seekrankheit, jene welche jedes Mal bei schlimmem Wetter, bei hoher See wiederkehrt, und mit mehr oder weniger Heftigkeit sich jahrelang, Jahrzehnte und selbst länger wiederholt.

Ich habe einen alten, sehr tüchtigen Seemann, einen echten »Seebären«, gekannt, der dreißig Jahre lang alle Meere der Erde befahren und wahrlich nicht aus weichlichem Stoffe geformt war. Aber bei hoher See wurde ihm unheimlich zumute. Ich habe später eine längere Fahrt mit ihm bestanden, und als wir jene unangenehmen Stellen besuchten, wo fast fortwährend zwanzig bis fünfundzwanzig Fuß hohe Wellen ihre Tücke übten, habe ich nicht selten mit Bedauern das leidige »Mich ist flau« aus seinem Munde vernommen.

Das eigentliche Erbrechen – nennen wir es beim rechten Namen, ohne die bei dieser Gelegenheit üblichen Umschreibungen zu gebrauchen – ist aber nicht allein der Ausdruck der Seekrankheit. Ich habe Passagiere gesehen, welche lange Zeit bleich und still umherschlichen, sobald ein wenig Wind die See bewegte, ohne sich zu erbrechen, und diese behaupteten, nicht seekrank zu sein. Aber ich glaube nicht, dass sie um Vieles besser daran waren, als die Übrigen.

Unter den Reisenden auf der »Reform« befanden sich, wie ich glaube, kaum mehr als vier oder fünf Personen, welche verschont blieben, und ich hatte das Glück, zu diesen Bevorzugten zu gehören.

Allerdings hatte ich in den ersten Tagen der Fahrt einige Male das Gefühl leichten Schwindels, nie aber irgendwie ein weiteres Unwohlsein, mit dem bekannten unangenehmen Anhängsel. Durch ein Glas irgendeines geistigen Getränks waren jene unbedeutenden Anfälle indessen leicht gehoben.

Einigermaßen mag durch ein keckes Entgegentreten und festen Willen immerhin der Seekrankheit zu begegnen sein. Ich meine nämlich die leichteren Modifikationen derselben, deren erste Motive gewiss im Nervenssystem zu suchen sind. Aber es ist schwierig, hierauf näher einzugehen.

Übrigens gestehe ich, dass ich überzeugt war seekrank zu werden, und mich nicht eben besonders auf die neuen Erfahrungen freute, welche ich zu machen fürchtete. Aber als bereits schon ein Teil der Reisenden in verdächtigen Situationen zu sehen waren, während ich mich vollkommen gesund befand, schöpfte ich frischen Mut.

Unsere Fahrt durch den Atlantischen Ozean bot keine eigentlichen Abenteuer dar. Wir hatten keine Gefechte mit Piraten, wir litten nicht Schiffbruch und hatten keinen Schiffsbrand. Aber doch sahen wir Allerlei, was dem Binnenländer neu, seltsam, und nach Umständen erheiternd oder bedrohlich erscheinen mochte.

Allein auf sich beschränkt und eingeschlossen von jener unendlichen Wasserwüste, wird den Passagieren sowohl wie der Mannschaft die kleinste Neuigkeit zum Ereignisse. Ein Fisch, der dem Schiff folgt, Seevögel, ein fernes Segel, oder irgendeine Erscheinung am Himmel, alles weckt das gemeinschaftliche Interesse. So war das erste Schiff, welches wir am 8. Mai außerhalb des Kanals trafen, für uns ein Gegenstand, der großes Interesse erweckte. Es wurde mit jenem Schiffe geflaggt, das heißt der seemännische Gruß gegeben, durch mehrmaliges Aufziehen und Herablassen der Flagge. Der Spanier, denn das Schiff war ein spanisches, erwiderte den Gruß mit Artigkeit und so zogen wir aneinander vorüber wie zwei höfliche Männer, die sich mehrfach mit dem Hute grüßen, wohl auch noch mit der Hand bewinken, ehe sie gänzlich scheiden. Alle Nationen ziehen die Flagge gegenseitig auf und geben so ein Zeichen der Höflichkeit von sich, mit Ausnahme des Nordamerikaners, welcher, aus Artigkeit wenigstens, vor einem Schiffe gleichen Ranges keine Flagge aufzieht. Bei amerikanischen Kauffahrern ist dies immer der Fall und sooft wir später einem Yankee begegneten, habe ich unwillkürlich an einen Gentleman gedacht, der die Hände in den Taschen, den Hut auf dem Kopfe und die beiden Füße auf dem Tisch liegen hat.

Den ersten Zug von Delfinen sahen wir tags darauf, den 9. Mai, unter 14° 14‘ westlicher Länge und 35° 58‘ nördlicher Breie. Tümmler *(Delphinus phocaena)* hatten wir in der Nordsee und am Eingange des Kanals mehrere gesehen. Es ist wohl keinem Zwiefel unterworfen, dass die Tiere, welche der Seefahrer überhaupt Delfin, oder eigentlich Schweinfisch nennt, sehr verschiedenen Arten angehören, von welchen viele den Zoologen nicht genau bekannt sind; denn diejenigen Arten, welche nur auf hoher See, oder an unbewohnten Küsten sich aufhalten, kommen nur durch Zufall in kundige Hände, wird gleichwohl hie und da auf der See einer gefangen. Die Fabeln, welche sich die Alten von den Delfinen erzählten, werden teilweise gerechtfertigt durch die Lebhaftigkeit und Intelligenz, welche diese Tiere beweisen. Jener erste Zug, welcher uns entgegenkam, wohl etwa dreißig bis vierzig Individuen, begleitete das Schiff längere Zeit, spielend um das Bugspriet, bald vorauseilend, bald zurückbleibend und wieder dann in verdoppelter Eile nachkommend. Es scheint dieses Begleiten der Schiffe, welches die Delfine fast immer tun, keineswegs zu geschehen, um irgendeine Nahrung zu erhaschen, sondern es hat den Anschein, als geschehe es allein aus Heiterkeit oder um einen Wettlauf zu veranstalten.

Der Kapitän warf mit einer Harpune nach einem der Tiere und traf es auch wirklich; als man es aber heraufholen wollte, riss die Harpune aus, und das Tier ging, schwer verwundet, verloren. Dies geschah übrigens fast immer, da die Widerhaken der Harpunen zu klein sind, um das Gewicht des Tieres, sobald es aus dem Wasser ist, tragen zu können.

Wir haben auf der ganzen Fahrt bis nach Valparaiso nicht einen einzigen Delfin bekommen, während wir sicher acht bis zehn Stück schwer verwundeten. Erst auf der Rückreise wurden wir einiger habhaft, und ich schmeichle mir, dort etwas dazu beigetragen zu haben; indessen davon später.

Unter jenen Breitegraden trafen wir überhaupt häufig Delfine und schon tags darauf kam wieder ein Zug in die Nähe der »Reform«. Es schienen die Tiere diesmal eine Art Vorposten ausgeschickt zu haben, denn der Hauptzug, etwa 50 Tiere, folgte langsam und dicht geschlossen, während fünf oder sechs derselben voraus und auf das Schiff zu eilten. Als sie hierauf an der Steuerbordseite angelangt, sich wie gewöhnlich anschickten, das Schiff zu begleiten, harpunierte der Kapitän einen derselben, welcher, schwer getroffen, aber noch im Wasser, so heftige Bewegungen machte, dass er losriss und verloren ging, während das Eisen der Harpune durch die Anstrengungen des Tieres fast im rechten Winkel gebogen an Bord gezogen wurde. Ich stand neben dem Kapitän und half ihm die Leine fixieren, da die Mannschaft noch an einigen Stellen ebenfalls auf der Lauer stand. Das auffallende und wirklich Intelligenz verratende Benehmen der Kameraden des Verwundeten setzte mich dort höchlich in Erstaunen. Sobald das Tier getroffen war und sich, die See mit Blut färbend, wieder losgerissen hatte, waren die nächsten an Bord mit der Schnelligkeit des Blitzes verschwunden. Bei jenem großen, in beiläufiger Entfernung von zwei oder drei Schiffslängen nachkommenden Zuge konnte man aber die deutlichsten Zeichen der Missbilligung und Entrüstung beobachten. Die Tiere sprangen knurrend und eigentümliche Töne von sich gebend über das Wasser empor, schlugen augenblicklich eine der unseren entgegengesetzte Richtung ein, und in dem vorher wohl geordneten Haufen war ersichtlich Verwirrung und Schrecken eingetreten. Mir schien, als wollten uns jene Delfine ihren Zorn und ihre Kränkung zu erkennen geben, dass wir sie mörderisch empfangen, sie, die gekommen, uns als Fremdlinge zu begrüßen, und uns eine Strecke weit freundlich zu begleiten.

Die Matrosen hatten eine andere Lesart. Sie sagten, wenn ein Schweinfisch geschossen ist und geht, das heißt, wenn der Harpunierte schwer verwundet sich losreißt, so freuen sich die anderen, schwimmen ihm nach, beißen ihn vollends tot und fressen ihn auf. Man sieht, dass die Seeleute die Sache von menschlichem Standpunkt aus auffassten. Aber ich hatte mir meine Poesie nicht nehmen lassen. Einige Tage später, am 12. Mai, 16° Länge und 30° 51‘ Breite, ließ sich die Nähe des Landes spüren, ohne dass wir solches in Sicht bekamen. Wir segelten nämlich mit gutem Ostwind zwischen der afrikanischen Küste und den kanarischen Inseln durch. Schwalben schwirrten auf See und Bienen kamen an Bord, auch wurde mir ein kleiner Käfer gebracht. Bald zeigte sich auch ein Falke, der auf die Schwalben Jagd machte.

Aber alle schienen Flüchtlinge und Verschlagene zu sein, des Ostwinds halber wohl afrikanische. Die Schwalben kamen an Bord, und eine fiel bald tot auf das Verdeck. Es war unsere kleine blaue Hausschwalbe *(Hirundo urbica)*, wenigstens sah sie ihr täuschend ähnlich.

Ich fragte bei dieser Gelegenheit: Wo ist der Instinkt dieser Tiere geblieben, welche im Frühjahr und Herbst so weite Reisen machen, und hier, einige Stunden vom Lande entfernt, ihre Küste nicht mehr finden konnten? Ich kann mir hierüber keine Rechenschaft geben, und auch darüber nicht, dass ihnen so bald die Kräfte ausgegangen waren. Unsere Entfernung von der Küste konnte kaum mehr als vier oder fünf Stunden betragen. Auch der Falke kam an Bord, ging wieder und wurde endlich von den Passagieren des Zwischendecks gefangen, als er zum zweiten Mal vollständig entkräftet auf Deck sich niederließ. Man suchte ihn in einer Art improvisiertem Bauer lebend zu halten und ich habe nicht erfahren, was aus ihm geworden ist, denn er war in einigen Tagen verschwunden.

Am 16. Mai sahen wir den ersten fliegenden Fisch. Von frühster Jugend an hat fast jedermann von diesem Wunder des Meeres erzählen gehört, oder gelesen, und so lässt sich wohl denken, dass das erste Erscheinen dieser scheinbaren Abnormität allgemeines Interesse erregte. Ich gehörte zu den Glücklichen, welche, zufällig auf Deck anwesend, den ersten sahen. Des Nachts kamen mehrere auf das Verdeck, welche mir am andern Morgen eingehändigt wurden. Diese Tiere schienen fast ausschließlich die Gegend unter den Wendekreisen zu bewohnen, denn von da an sahen wir fast täglich Züge dieser Tiere sich über die See erheben. Ich glaube, dass es mit ihnen sich wie mit den Delfinen verhalten mag und dass manche Arten derselben wenig oder gar nicht bekannt sind.

Der fliegende Fisch gehört, wie bekannt, zu der Gattung der Heringe, aber seine Züge sind nicht so zahlreich wie die des gemeinen Herings *(Clupea harengus)* und ich glaube nicht, dass die Zahl eines Haufens hundert bis zweihundert Individuen überschreitet. Sein Fleisch bietet eine wohlschmeckende und angenehme Speise, und stets willkommen an Bord ist der unglückliche Verirrte, der des Morgens tot oder in den letzten Zügen liegend auf Deck gefunden wird. – Solange wir die Wendekreise durchschifften, vergingen selten mehr als drei oder vier Tage, ohne dass wir mehreren Zügen dieser Tiere begegneten, ich werde aber, nun ich über sie berichtet, nicht weiter von ihnen sprechen; doch muss ich noch einer Eigentümlichkeit erwähnen.

Obgleich alle fliegende Fische, und wie ich schon anführte, jedenfalls verschiedene Spezies, welche gefangen wurden, fett und wohlgenährt waren, fand ich doch im Magen von keinem derselben irgendeine verschluckte Speise. Der Schiffskoch versicherte mich, dies sei bei jedem fliegenden Fisch der Fall. Ich habe achtzehn bis zwanzig Individuen geöffnet und bei allen das gleiche Resultat gefunden. Nach unseren Begriffen von fett sein und fett werden kann Letzteres leider nicht stattfinden, wenn sich niemals etwas im Magen befindet, und so ist jene Tatsache immerhin ein Rätsel. Ja, wenn der Kopf leer gewesen wäre!

Wir befanden uns jetzt bereits seit einigen Tagen unter den Tropen, und ich bewahre von jener Zeit die dankbarsten und freudigsten Erinnerungen. Ich kann nicht sagen, dass ich durch irgendetwas bedeutend überrascht worden wäre, nicht das nächtliche tiefe dunkle Blau des Himmels, nicht das der See im glänzenden Lichte der Sonne, nicht die prachtvolle Tierwelt des Meeres, die Quallen und ihre Stammverwandte, welche Edelsteinen gleich in prunkenden Farben an uns vorüberzogen, kam mir unerwartet, obgleich Alles neu, wenigstens ungesehen war. Denn von allem dem hat wohl jeder Kunde, auch der die See nie gesehen, und ich hatte mir diese Erscheinungen, wenn auch nicht figürlich getreu, doch in gleicher Pracht, in gleichem Glanze vorgestellt. Aber genossen habe ich diese Pracht, und ein freundliches Andenken jener schönen Zeit mir aufbewahrt, für die schlimmen Tage die etwa kommen würden.

Sie sind gekommen jene Tage, sie sind gegangen, sie werden wiederkommen und wieder gehen, aber das Bild jenes tropischen Glanzes wird keine Perfidie trüben, keine Gemeinheit verlöschen können.

Die Temperatur war in jenen Breitegraden in der Tat eine wahrhaft köstliche zu nennen, wenigstens nach meiner Ansicht. Wir hatten meist günstigen Wind, und die Stillen, welche hier und da eintreten, wie solches dort öfters zu geschehen pflegt, dauerten nicht lange und waren für mich, den Medusenjäger, sowie für die Seekranken gleich erwünscht. Regenschauer und einzelne Gewitter liefen wohl mit unter, aber vorübergehend, indessen war dann die Schwüle in unserer sogenannten Kajüte einigermaßen drückend, da auf das Skylight eine luftdicht schließende, mit Glas versehene Decke gesetzt wurde. Einige jüngere Passagiere, welchen die tropische Hitze keine so angenehme Zugabe wie mir war, dem nicht leicht (physisch nämlich) irgendwo zu warm geworden ist, wurden unwohl und dies meist solche, welche längst die Seekrankheit überwunden hatten.

Ich gab den Patienten Brechweinstein und später Zitronensäure, und sah auf diese Weise das Übel leicht verschwinden.

Indessen brachte ich es auch beim Kapitän dahin, dass mittelst einiger Querhölzer jene Skylightdecke hohl gestellt wurde, sodass zwar dem Regen gewehrt, nicht aber der Luft aller Zutritt abgeschlossen wurde. Eine weitere Verbesserung unserer Umstände brachte ich dadurch zu Wege, dass ich den Genossen der Kajüte vorschlug, unser Kostüm zu vereinfachen. Leichte leinene Beinkleider und Hemden, Pantoffel dazu – und der Anzug für den Tag und für die Promenade auf Deck war beendet. Ich gestehe es mit Erröten und Schamhaftigkeit. Wir hatten dort gewiss ein höchst ungebildetes Aussehen. Keine Strümpfe! Nicht einmal jener Repräsentant der Kultur und Bildung, die Kravatte, wodurch sich, mit Ausnahme des behalsbandeten Kettenhunde, der Mensch vorzugsweise vom Tiere unterscheidet.

Noch ein anderes Schutzmittel gegen die allzu große Hitze in der Kajüte wurde am Skylight angebracht, ein Segel von etwa zwölf bis fünfzehn Fuß Höhe, gegen unten in einen Schlauch endend, welcher in die Kajüte führte. Die gegen das Segel strömende frische Luft wurde auf solche Weise stets in die Kajüte geführt und bewirkte auf diese Art eine in der Tat sehr angenehme Frische und perpetuelle Reinigung der untern Luft.

Ich muss gestehen, dass ich durch allerlei Kunstgriffe das Ende jenes Schlauches sehr häufig in unsere Koje zu leiten wusste, was den drei Mitbesitzern sehr wohl zustattenkam. Ich selbst schlief fast während der ganzen Zeit, in welcher wir uns unter den Wendekreisen befanden, unter freiem Himmel auf Deck.

Da mich die Matrosen gerne hatten, so weckten sie mich, ehe sie des Morgens das Schiff zu scheuern begannen, und ich entging so der Taufe, welcher nicht selten Passagiere ausgesetzt sind.

Anfänglich schleppte ich allabendlich mit Hilfe einiger freundlichen Genossen meine Matratze nebst einigen wollenen Decken auf die Stelle, wo ich zu übernachten gedachte. Da aber einige Male Regen einfiel, und alle diese Requisiten schnell und ohne Beihilfe wieder hinabgeschafft werden mussten, beschränkte ich mich auf die wollenen Decken allein. Zuletzt ließ ich auch diese unten, und schlief à la Diogenes einfach in meinem Mantel auf den Brettern des Gangs. Ich lag etwas härter, aber ich hatte die große Bequemlichkeit, nicht mehr den Regen fürchten zu müssen. Bei größeren Schauern war ich rasch unter Deck, des Gepäckes ledig, kleinere aber wurden oben bestanden, öfters schlafend, im süßen Bewusstsein, dass die Sonne des morgigen Tages den einfachen Mantel leicht trocknen würde.

Ich komme bei dieser Gelegenheit auf einen eigentümlichen Gegenstand, welchen ich mit einigen Worten behandeln will. Ich meine den schädlichen Einfluss, den das Mondlicht, und namentlich jenes des Vollmonds, unter den Wendekreisen äußern soll. Bei allen Seeleuten ist der Glaube verbreitet, dass der Mondschein giftig, wie sie sagen, einwirke. Im Mondscheine wird, selbst außerhalb der Tropen, nie ein Seemann mit unbedecktem Haupte auf Deck erscheinen.

Aber selten wird irgendein ähnlicher Glaube allgemein unter einem ganzen Stande verbreitet sein, ohne dass irgendwie eine Wahrheit, ein Tatsächliches zugrunde liegt. Die Folge des Schlafens oder überhaupt nur das Liegen mit unverhülltem Antlitze im Mondscheine soll Geschwulst im Gesichte, Lähmung, Blindheit, in manchen Fällen Wahnsinn und mit dem Tode endende Raserei herbeiführen. In Europa, irre ich nicht im südlichen Frankreich, sind ähnliche Erfahrungen gemacht worden.

Soldaten, welche des Nachts auf den Wällen einer Festung Schildwacht standen, wurden »mondblind«. Dies ist, soviel ich weiß, der wissenschaftliche Ausdruck für das Leiden, Mondblindheit, Nyctalopia, und die vorzüglichste Erscheinung, mit welcher es, nach der Aussage eines deutschen Arztes in Valparaiso, auftritt, ist eine mehr oder weniger verbreitete Geschwulst in der Augengegend, und die Eigentümlichkeit, dass des Nachts vollständige Blindheit eintritt, sei nun Mondlicht oder Feuerbeleuchtung. Jener mir befreundeter Arzt hatte als Oberarzt eine Abteilung chilenischer Truppen über die Cordilleren begleitet und es fanden dort natürlich längere Zeit hindurch nächtliche Biwaks im Mondscheine statt. Die Hälfte jener Soldaten wurden mit Mondblindheit befallen, und es dauerte einige Monate, bis die Erkrankten vollständig geheilt waren.

Ich weiß nicht, ob der keusche unschuldige Mond wirklich die Schuld an dem Übel trägt, ob es nicht vielleicht die rasche Abkühlung nach einem anstrengenden und erhitzenden Tagmarsche hervorgebracht hat, oder ob nicht andere klimatische, vielleicht nicht beachtete Einflüsse dasselbe hervorgerufen haben. So viel steht indessen fest, dass man dem Liegen im Mondschein alle Schuld aufbürdet, und dass eine leichte Verhüllung des Gesichtes dagegen schützen soll.

Es verdient noch bemerkt zu werden, dass unter den Seeleuten der Glaube herrscht, dass Fleisch geschlachteter Tiere, besonders aber das von Fischen, dem Scheine des Vollmondes ausgesetzt, leichter in Fäulnis übergehe als andere, ja dass solches Fleisch beim Genusse selbst schädliche Eigenschaften habe. Es liegt eine eigene Mystik in diesem Glauben, der zusammenzuhängen scheint mit mancherlei Erfahrungen über die Einflüsse des Mondes, welche man von anderen Seiten her gewonnen haben will. Indessen bedecken die Seeleute sorgfältig frisches Fleisch, was des Nachts auf Deck bleiben soll, und ich muss gestehen, dass ich eines Nachts sehr überrascht war, ein vollständig angekleidetes Schwein an der Schanzverkleidung stehen zu sehen, welches mit einem leichten Anstriche von Melancholie den Hauptmast zu betrachten schien. Die Sache klärte sich einfach dadurch auf, dass man das bei Tage geschlachtete Tier auf Deck gehängt, aber des Mondscheins halber mit alten Kleidern behangen und mit einem Hute bedeckt hatte. – Dem sei aber nun wie ihm wolle, sei die Sache ganz eine Fabel, oder sei sie halbe oder ganze Wahrheit – soviel steht fest, dass ich nicht die geringste Anwandlung irgendeines Unwohlseins erfuhr, obgleich ich, während wir die Wendekreise durchschifften, mit wenig Ausnahmen fast immer unter freiem Himmel und den Mondesstrahlen ausgesetzt schlief. Nicht selten brachten auch noch einige andere Passagiere die Nacht auf Deck zu, aber auch bei diesen zeigte sich nichts dem Übel Ähnliches.

Aber ich habe an jene Nächte eine freudige dankbare Erinnerung bewahrt, die mich nicht verlassen hat in manchem Sturme der See und des Landes.

Wie oft habe ich dort jener lieben Herzen in der Heimat gedacht, von welchen ich sicher wusste, dass sie für mich schlugen. Doch die feierliche Ruhe jener Nächte beschwichtigte den Kummer und die Sehnsucht. Die See, scharf abgegrenzt bei Tage und scheinbar nur in mäßigen Dimensionen dem Auge erreichbar, erhält dort das Gepräge von Unermesslichkeit durch jene fabelhaften Wolkengebilde, die vom Monde beleuchtet, die Grenze zwischen Himmel und Wasser verhüllen. Aber diese irdische Unendlichkeit, sie verschwindet, wenn sich der Blick zu den Gestirnen wendet, und weicht dem Gedanken an eine Ewigkeit, an eine Schöpfung ohne Anfang, ohne Ende, eine unumstößliche Wahrheit, eine unbegreifliche, und deshalb fast eine grauenhafte.

Oft habe ich in solchen Nächten jener ersten Blicke gedacht, wo ich als Knabe den Sternenhimmel betrachtet und wo ich nicht mehr recht die Erzählung meiner Wärterin glaubte, dass die Sternlein lauter Löchlein seien, durch welche der liebe Gott erlaube einen Teil seiner Herrlichkeit im Himmel zu erblicken, wohl auch herabblicke auf artige Kinder und sich freue über sie.

Ich mag den Freunden nicht verbergen, dass ich dort zuweilen ein rechtes großes Kind gewesen und wohl bisweilen gewünscht, zu glauben wie ein kleines.

Während aber so in der Stille jener Nächte der Blick bald über das Wasser schweift und den Streiflichtern des Mondes folgt oder in den fernen Wolken mannigfache Gebilde zu erkennen glaubt, bald in der Tiefe des Himmels sich verliert und sich Spekulationen so verschiedener Art hingibt, beginnen wir allmählich auf das Murmeln der neben uns vorüberziehenden Wellen unwillkürlich zu lauschen. Sie flüstern uns bisweilen seltsame Dinge zu, diese Wellen, Dinge, die man nicht wieder erzählen kann und will, aber sie flüstern uns in den Schlummer.

Es ist Zeit, dass ich wieder einmal eines Datums erwähne, irgendetwas Wichtiges erzähle, was vorgefallen an Bord, ein Ereignis melde. So will ich denn mitteilen, das am 25. Mai (unter 22° 22‘ westlicher Länge und 4° 58‘ südlicher Breite) während einer Windstille ein Hai gefangen wurde. Dieses kann aber der vollkommensten Wahrheit gemäß an Bord, und besonders an Bord eines Passagierschiffes ein Ereignis genannt werden. Ich hatte die Nacht auf Deck geschlafen, war aber gegen Morgen vom Regen vertrieben in meine Koje gegangen, als plötzlich gegen 5 Uhr ein furchtbarer Lärm auf Deck entstand. Der Ruf: ein Hai!, der alles übertönte, ließ auch mich so schnell als möglich auf Deck eilen, woselbst man eben beschäftigt war, jene »Hyäne des Meeres« an Bord zu ziehen. Man hatte schon seit einigen Tagen eine Angel ausgeworfen, welche unweit des Steuers befestigt, nachschleifte, aber obgleich schon mehrere jener Gäste den Köder, ein Stück Speck, umspielt, hatte doch erst am erwähnten Morgen einer derselben ernstlich angebissen. Das gefangene Tier war sieben Fuß lang und von beträchtlicher Stärke. Es ist übrigens keine ganz gefahrlose Sache, jene Ungetüme, welche natürlich an der Angel sich rasend gebärden, an Bord zu bringen, und man muss sich wohl hüten in den Bereich des Rachens oder des Schweifs zu kommen. In Letzterem entwickeln sie eine furchtbare Stärke und man versichert, dass unvorsichtig sich Nahenden öfters Arme und Beine zerschlagen worden seien. Der starke, neun Zoll bis ein Fuß große Angelhaken hängt an einer etliche Fuß langen Kette und diese an einem Taue. Sobald nun der Fisch auf Deck gezogen ist, wird durch einige Männer das Tau rasch um einen irgendwo befindlichen festen Gegenstand, etwa einen Kabelnagel geschlungen, sodass die Angel mit dem Kopfe des Tieres fixiert ist. Einer der Matrosen nähert sich dann behände dem wütend um sich schlagenden Hai, und schlägt ihm mittelst eines breiten Beils rasch den Schweif ab. Gewöhnlich wird hierauf auch der Kopf mit der Axt abgeschlagen, würde man aber dies zuerst tun, so würde der nicht mehr festgehaltene Körper arge Verwüstungen auf dem Decke anzurichten imstande sein, da er, auch kopflos, noch lange Kraft und Bewegung besitzt.

Vom Körper des Hais nimmt man gewöhnlich die beiden Kiefer und das Rückgrat, welches die Matrosen trocknen und als »Rarität« zu Hause verkaufen. Alles Übrige wird in See geworfen. Ich erinnere mich in Chamissos »Reise um die Welt« gelesen zu haben, dass der Hai von den russischen Seeleuten ohne Anstand gegessen wird. Auf mein Zureden gingen einige Passagiere mit mir zum Kapitän, um ihn um den Hai zu bitten, das heißt, um die Erlaubnis, dass der Koch ihn für uns bereiten dürfe. Wir erhielten zur Antwort, das sei gewiss unser Ernst nicht und überhaupt auf keinem Schiffe gebräuchlich. Ein Tier, was unsere Kameraden frisst, essen wir nicht, sagte mit einer gewissen Würde der Obersteuermann.

Vergebens wendete ich ernsthaft ein, es gebe keine bessere Revanche, als jemanden, der die Gewohnheit habe, unsere Freunde zu speisen, wieder zu essen. Mit genauer Not erhielt ich so viel, dass gestattet wurde, den mit einem Stücke des Halses gehauenen Kopf vom Koche sieden zu lassen. Sollte uns die eklige Speise munden, so sei uns das Übrige vergönnt. Die Speise mundete uns aber ganz ausgezeichnet und nur wer längere Zeit fast einzig auf Salzfleisch angewiesen war, weiß den Genuss frischen Fleisches gehörig zu schätzen. Als wir aber uns auf Deck nach dem Übrigen des Fisches umsahen, war alles längst von den Matrosen über Bord gebündelt worden.

Ich habe den Kopf jenes Haies skelettiert und mit zurück nach Europa gebracht. Er befindet sich gegenwärtig im Besitze eines geehrten Freundes, welchem ich durch diese Zeilen freundlichsten Gruß zu bringen mir erlaube, wenn anders sein streng wissenschaftlicher Sinn es über sich gewinnen kann, diese nicht sehr wissenschaftlichen Fragmente zu durchblättern.

Schon am 21. Mai, unter 8° Breite, beobachtete ich das erste Zodiakallicht. Merkwürdig ist, dass diese Erscheinung, welche auffallend genug ist, um von jedem Unbefangenen bemerkt zu werden, erst spät, Mitte des 17. Jahrhunderts, beobachtet worden ist. Auch unsere Schiffsmannschaft beachtete das Zodiakallicht nur wenig, oder ignorierte dasselbe; aus welchem Grund, kann ich mir indes nicht erklären. Diese Leute besitzen ein scharfes Auge, dem der geringste Punkt auf der Fläche der See nicht entgeht, und von welchem eine kleine von uns kaum beachtete Wolke entdeckt und mit Interesse behandelt wird: und sie sollten jenes Phänomen nicht bemerken, welches so augenfällig ist?

Das Zodiakallicht ist eine leuchtende Pyramide, welche etwa eine Stunde nach Untergang der Sonne bei eingebrochener Dunkelheit an der Stelle, wo die Sonne verschwunden, sichtbar wird. Die Basis, scheinbar etwa dreißig Grade betragend, wird von den beiden anderen Seiten an Länge übertroffen. Indessen muss ich das soeben Ausgesprochene dahin abändern, dass nicht direkt an der Stelle, wo die Sonne verschwunden, sondern einige Grade nach Norden hin die Erscheinung sichtbar wird. Sie folgt also dem Stande der unter den Horizont gesunkenen Sonne, sie scheint von der Letztern bedingt zu werden. Das Zodiakallicht hat den Ausdruck einer kosmischen Erscheinung, es hat deren geheimnisvolle Ruhe.

Oft und lange des Nachts im Freien, habe ich in Süddeutschland nie ein Zodiakallicht beobachten können, und alle Wahrnehmungen, welche man hier und da auf dasselbe bezogen, erwiesen sich als einer anderen Ursache angehörig; es dürfte mithin als eine, für unsere Breitegrade höchst seltene Erscheinung betrachtet werden.

Ich habe wohl später Gelegenheit, auf diesen Gegenstand zurückzukommen.

Am 26. Mai wurden wir ein Segel gewahr, welches bald als ein Bremer erkannt wurde. Man signalisierte, der Landsmann näherte sich uns, und da eben ruhige See war, wurde Back gelegt und der Kapitän des befreundeten Schiffes kam zu Boot an unser Bord. Er hatte die Westküste Amerikas besucht, war in Kalifornien gewesen und wusste viel zu berichten von dort und den Fährnissen bei Kap Horn. Alles Dinge, die wir bald bestehen sollten. Er hatte Passagiere nach Kalifornien gebracht, welche sich fast sämtlich bei Kap Horn die Finger erfroren hatten. Angenehme Zukunft das, welche uns in Aussicht gestellt wurde und nicht ermangelte, manche trübe Miene zu bewirken! Bei Kap Horn hatte er einen Matrosen verloren. Der Unglückliche war in die See gestürzt und konnte nicht mehr aufgefischt werden, ob er gleich, ein guter Schwimmer, dem Schiffe eine Stunde lange folgte. Es ist schon schwierig, einen in See Gefallenen wiederzubekommen, selbst wenn die See nicht eben sehr hoch geht; bei den stets stürmischen Wogen unweit Kap Horn und in jener Gegend überhaupt, erscheint es geradezu als Unmöglichkeit. Während der Anwesenheit jenes Kapitäns an Bord wurden Briefe geschrieben in die Heimat und demselben mitgegeben. Ich schrieb nicht, indem ich von Rio de Janeiro aus eine größere, bereits begonnene Epistel zu senden beabsichtigte. Nachdem wir dem Kapitän einige Viktualien gegeben, welche wir bald in Rio zu erneuern hoffen durften, kehrte er auf sein Schiff zurück, und kam bald außer Sicht.

Ich kann nicht umhin bei dieser Gelegenheit auf eine eigentümliche psychologische Erscheinung aufmerksam zu machen, welche sich bei vielen der Reisegefährten, bei allen, welche ich befragte, und auch bei mir selbst zeigte.

Es war dies ein unangenehmes Gefühl, welches mehr oder weniger bei allen auftrat, die teure Erinnerung an die Heimat bewahrten, und welches sich unklar auf die Heimat und jene Lieben bezog. Es war nicht das peinliche Gefühl der Unentschlossenheit, ob man etwa umkehren und mit jenem Schiffe wieder nach Hause wolle, was endlich hätte geschehen können. Es war nicht einfache Erinnerung an das Vaterland, welche wohl der Bremer Flagge nicht bedurfte, um erweckt, aufrecht gehalten zu werden. Es war ein unklares Gefühl, welches eben deshalb schwer zu beschreiben, kaum zu analysieren ist.

Mag man aber nicht glauben, dass solche wehmütige Regungen lange gedauert, denn bald hatte das leichtsinnige Völkchen der »Reform« vergessen, was es bewegt hatte, und trotz der Einförmigkeit, welche an Bord herrschte, suchte man sich zu erheitern, wo es halbwegs anging. Hier unter den Tropen war es möglich, auf Deck zu sein, und so wurden denn häufig die Matratzen hinaufgeschafft und man ruhte eine Stunde lang auf der rechten Seite liegend aus von den Beschwerden, welche man eine Stunde vorher erduldet hatte. Dort war man auf der linken gelegen. Die Passagiere des Zwischendecks hatten in diesem Betrachte gemütlichere Winkel zur Disposition als wir. Das große Boot, mitten auf Deck, in dem ihnen zuständigen Bereiche aufgehängt, erlaubte mancherlei Lager und Plätzchen sich einzurichten, welche vielfach benützt wurden. So hatte der oben erwähnte Franzose sich ein artiges Zelt improvisiert, in welchem er, gehüllt in den Burnus eines von ihm getöteten Beduinen, selbst beduinenähnlich, die Abende und Nächte zubrachte. Hier und da wurde Schafskopf gespielt, oder das edle Sechsundsechzig. Auch ich habe dieses Spiel erlernt und lange Zeit des Abends sowohl auf der »Reform« als wie auch später auf dem »Dockenhuden« gespielt, und das genau ebenso schlecht wie ich mein ganzes Leben lang alle andern Kartenspiele gespielt habe.

Auch dem, der am Lande sich wenig aus den Freuden der Tafel macht, wird auf See die Essenszeit bedeutungsvoll. Wer gesund, das heißt nicht seekrank ist, pflegt an Bord meist Hunger zu haben. Aber sehr oft pflegt dieser Hunger ihm auch nach Tisch ein unwillkommener Begleiter zu bleiben, wenn er sich der Seemannskost nicht bald befreundet. Ich spreche hier von der »Reform« und von den meisten Passagierschiffen. Auf dem »Dockenhuden«, mit welchem ich die Rückreise machte, war zwar auch Seemannskost, aber gut, und das Möglichste getan für die Umstände. Auf Kriegsschiffen ist die Tafel des Kapitäns meist eine ausgewählte zu nennen.

Wir auf der »Reform« bekamen des Morgens etwa um 7 Uhr Kaffee, ohne Milch, dies war natürlich, denn für die siebzig Passagiere hätte man einer halben Schweizerei an Bord bedurft; aber auch ohne Brot, ohne Butter und was das Übelste war, ohne Saft und Kraft, eine wahre Parodie auf den echten, edlen, braunen Trank der Levante. Hinfällig und dünn, so schwach, dass der Unglückliche eben noch imstande war, den unförmigen Blechtopf zu verlassen, in welchem er uns vorgesetzt wurde. Da die meisten der jungen Leute in der Kajüte gewohnt waren ein etwas konsistentes Frühstück zu sich zu nehmen, waren sie natürlich nicht sehr erbaut von jener dünnlichen Flüssigkeit. Ich habe oben gesagt, dass die Essenszeit bedeutungsvoll sei auf dem Meere, jene Kaffeestunde aber war leider ziemlich bedeutungslos.

Ich für meine Person habe indessen das erwähnte Getränk verschluckt, ohne zu murren, einesteils, weil ich wusste, das Murren nicht half, und ferner, weil ich seit langer Zeit gewohnt war, des Morgens nichts zu genießen als schwarzen Kaffee, ohne alle Zutat, wenngleich etwas besser als der »reformische«. Zur Entschuldigung des Seekaffees aber, der überhaupt auf den meisten Schiffen nicht von besonderer Stärke ist, muss bemerkt werden, dass man, was an Qualität abgeht, durch die Quantität zu ersetzen sucht. Es ist mit dem Tee, der des Abends gereicht wird, derselbe Fall, und eine alte Gewohnheit auf Schiffen. Leider ist das Wasser meist verdorben und übel riechend, sodass der Seemann nur selten solches für sich unvermischt genießen, aber die für den Organismus nötige Menge Wasser im verdünnten Kaffee und Tee einnimmt. Der schlechte Geschmack des Wassers wird durch jene Beimengungen einigermaßen verdeckt.

Dem Mittagsmahle will ich eine verhältnismäßig kürzere Zeit widmen, als dem Morgenbrote, und in der Tat ist die Speisekarte auch rasch entworfen. Abwechselnd Linsen- oder Erbsensuppe, einmal in der Woche Fruchtsuppe, nicht süß, nicht sauer, eine schauderhafte Erfindung, bestehend aus Wasser, mit welchem man einige getrocknete Kirschen oder Preiselbeeren abgebrüht hatte. Es hatte sich an Bord ein unbestimmtes Gerücht verbreitet, als seien hier und da einige Rosinen in jenem Wasser gefunden worden, aber dieses Gerücht wurde durch wirkliche Augenzeugen nie zur Tatsache erhoben. Der Suppe folgte entweder Salzfleisch und Kartoffel, an einem Tage der Woche gesalzener Speck mit Sauerkohl. Dies letztere Gericht war das genießbarste.

Des Nachmittags wurde Kaffee gereicht, analog dem Morgentranke. Des Abends: Tee, oder ein Schnittchen Käse, oder endlich eine »Lapscaos« genannte Speise, – ich weiß nicht, wie das Wort geschrieben wird. Es ist der Abhub des Mittagstisches, der gemengt und untereinandergequetscht, des Abends aufgetragen wird. Gesalzene Butter und wirklich guter Senf waren indessen reichlich vorhanden.

Der wahrhaft lukullischen Tafel, welche uns des Sonntags serviert wurde, muss ich indessen noch erwähnen. Hühnersuppe: solange nämlich die Hühner reichten, für die achtzehn Passagiere der Kajüte zwei Hühner. Ergo jedes Huhn in neun Teile geteilt. Obgleich diese Tiere entweder durch Heimweh oder andere Verhältnisse, vielleicht auch durch die Schiffsluft selbst ziemlich heruntergekommen und schlank geworden waren, behagt doch das Stückchen frisches Fleisch, welches auch mit unbewaffnetem Auge deutlich wahrnehmbar und für jeden von uns der entsprechende Anteil war, ganz ausnehmend. Dann Salzfleisch, jene sauere Unvermeidlichkeit, endlich aber Pudding, und Letzterer derb zwar, aber doch schmackhaft und reichlich. Ich vergaß zu bemerken, dass wir des Sonnabends gekochten Reis bekamen, ebenfalls ziemlich genießbar.

Zum Genuss des Salzfleisches muss man übrigens, wie ich glaube, notwendig von früher Jugend an gewöhnt worden sein; mir widerstand dasselbe instinktartig in den ersten Tagen, und ich glaube nicht, dass ich während der ganzen Überfahrt mehr als etwa fünf Pfunde jener unangenehmen Speise genossen habe.

So gut wie möglich suchte man nun sich bei Tische zu belustigen, und es fehlte nicht an scherzhaften, hie und da wohl auch ärgerlichen Auftritten. Man suchte zu vergessen, dass nach vierwöchiger Fahrt für sämtliche Passagiere nur noch einige Gläser vorhanden waren, denn daran war man teils selbst, teils war die See schuld. Man suchte zu übersehen, dass im Schiffslexikon das Wort Serviette ausgestrichen schien, dass Messer und Gabeln in ihren Heften bedrohlich wankten, und bloß hier und da kamen Ausbrüche des Tadels zum Vorschein, welche, als sie häufiger wurden, eine unangenehme Stimmung zwischen dem Kapitän und den Passagieren zuwege brachten. Des Abends bildeten sich je nach Geschmack und Neigung verschiedene Gruppen, teils wenn es nicht regnete, einem Erzähler zuhörend, teils in der Kajüte trinkend, rauchend, spielend. Die meisten von uns hatten sich von Bremen aus mit einem Vorrate von geistigen Getränken versehen, und wo es fehlte, wurde wohl nicht selten getauscht oder freundlich nachgeholfen. So vergingen die Abende heiter. Was mich anbelangt, so hatte ich des Tages über hinlängliche Beschäftigung. Ich nahm täglich einmal zu einer bestimmten Zeit die Temperatur der See, viermal jene der Luft und stellte des Tages über von früh sieben bis abends zehn stündliche Barometer-Beobachtungen an. Das Zeichnen gefangener Seetiere, die nötigen Notizen in das, wenngleich nur skizzenhaft geführte Tagebuch, füllte ebenfalls viel Zeit aus.

Was meine Abende betraf, so ging ich wohl häufig auf Deck, um mich umzusehen nach irgendetwas Absonderlichem oder Neuem, obgleich ich augenblicklich gerufen wurde, sobald sich irgendeine Erscheinung zeigte in Luft oder Wasser; aber da ich schon gestanden, dass ich dazwischen dem Laster des Spiels mich ergeben, und dem Sechsundsechzig gefrönt, so will ich noch beifügen, dass ich allabendlich eine Flasche Ale getrunken, und nicht selten dabei an die Fleischtöpfe Ägyptens gedacht habe, das ist ein echtes, aufrichtiges, bayerisches braunes Bier.

Solches war der Tageslauf auf der »Reform« unter dem lieblichen Klima der Tropen, mit ähnlichem Typus, doch hier und da mit unangenehmen Modifikationen, auch unter anderen Breitegraden.

Am 1. Juni (24° 56' Länge, 0. 38' nördlicher Breite) sahen wir einen Zug von etwa achtzig bis neunzig Schwertwalen, von den Seeleuten Butzköpfe genannt *(Delphinus gladiator)*. Die Tiere zogen nicht weit von unserem Schiffe vorüber und schwammen ganz nach Art der Walfische, indem sie nämlich von oben nach unten, im Vorwärtsschwimmen tauchen, mit dem Kopf wieder hervorkommen und wieder tauchen, sodass sie eigentlich eine Reihe bogenförmiger Bewegungen machen. Diese Art sich von Ort und Stelle zu bewegen, verleiht dem ganzen Zug den Anschein lebhafter Beweglichkeit.

Der Kopf dieser Tiere, welche gewiss fünfundzwanzig Fuß lang waren, ist stumpf-mopsartig, daher wohl der Name Butzkopf. Sie haben eine starke spitze Rückenflosse und sind gefürchtet, indem sie, wie die Seeleute sagen, Boote anfallen und überhaupt grimmig und blutgierig sind. Sie verfolgen in Haufen die Walfische, welche sie bisweilen töten sollen. Auch Landenden sind sie gefährlich.

Es ist die Größe dieser Tiere an verschiedenen Stellen sehr abweichend angegeben, auch die Breitegrade, in welchen sie getroffen werden. Ohne Zweifel sind hier verschiedene Arten beschrieben worden. Ich habe später in Valparaiso einen Unterkiefer der Art, welcher wir begegneten, erworben; er hat auf jeder Seite elf kegelförmige, spitze, schwach einwärts gebogene Zähne, welche eng gedrängt an dem vorderen Teile des Kiefers stehen.

Wir passierten am 2. Juni, eigentlich in der Nacht vom 2. auf den 3. Die Linie unter 26° 30' Länge. Es fanden keine jener Festlichkeiten statt, welche bei diesen Gelegenheiten aufgeführt zu werden pflegen, weil der Kapitän unangenehme Reibungen zwischen den Passagieren und der Mannschaft fürchtete, und dies vielleicht nicht mit Unrecht. Es lässt sich wohl denken, dass die Scherze, welche bei der tropischen Taufe vom Stapel laufen, nicht eben der zartesten Natur sind.

Gewöhnlich erscheint Neptun an Bord, mit seinem Obersteuermann und nicht selten mit seinem Hunde. Neptun trägt einen alten Frack oder irgendein anderes altes verwittertes Kleidungsstück, unvermeidlich aber eine mächtige Perücke aus Werg oder Ziegenfell, wenn solches irgendwo aufzutreiben. Der Obersteuermann Neptuns führt Parodien der auf Schiffen nötigen Messinstrumente in kolossalen Dimensionen mit sich. Der Hund Neptuns endlich, ein in Fell genähter oder mit Werg dekorierter Kajütenjunge, bemüht sich nach Kräften possierlich zu sein und den Angenehmen nach seiner Art zu spielen. Auf Schiffen, in welchen sich keine Passagiere befinden, kommt Neptun zum Kapitän, der an diesem Tage einen Teil seiner Würde ablegt, und auf den Scherz eingeht und sagt: er habe nicht umhingekonnt, dem Herrn Kapitän seine Aufwartung zu machen. Letzterer erklärt, wie ihm solches sehr angenehm sei, und fragt, ob Neptun und sein Gefolge etwa ein Glas Wein zu sich nehmen wolle. Neptun meint, dies sei nicht so übel. Man bringt nun vier Gläser und ein paar Flaschen Wein. Einer der Scherze ist nun, dass Neptun bittet, das vierte Glas wegzunehmen, da sein Hund nicht aus einem Glase, sondern bloß von einem Teller zu saufen gewohnt sei. Es wird ein solcher gebracht und der Junge muss nun, so gut es geht, mit der Zunge nach Hundeart den Wein aus einem flachen Teller trinken oder eigentlich schlürfen. Nach einer Reihe ähnlicher Scherze beschließt des Abends ein Tanz der Matrosen, wobei einige Spaßvögel in improvisierter weiblicher Tracht erscheinen, und ein kleines, vom Kapitän gegebenes Zechgelage die Festlichkeit.

Auf Passagierschiffen übt sich der Witz an den Reisenden. Man soll getauft, vorher aber mit Teer eingeseift und rasiert werden. Dies soll auf dem Rahmen eines auf Deck trichterförmig aufgespannten Segels geschehen, welches durch eingegossenes Seewasser wasserdicht gemacht und dann mit Wasser aufgefüllt worden ist. Natürlich wird der mit Teer Bestrichene alsbald kopfüber in das

Segel geworfen. Man kauft sich durch eine Kleinigkeit los, und es scheint überhaupt, als ob zu jener Rasiergeschichte bloß Subjekte ausgewählt würden, welche ohnedies sich nur zweifelhafter Achtung an Bord erfreuten. Doch kommt man nicht leicht ungewässert durch, und fast jeder bekommt, wenn auch scheinbar aus Versehen, plötzlich einen Eimer übergegossen. Dass unter der Linie dies wenig schadet, leuchtet ein.

Wie schon erwähnt, hatten wir nichts dergleichen an Bord, doch gaben die meisten der Kajütenpassagiere eine Kleinigkeit oder Wein, was gut auf- und angenommen wurde.

Am 4. Juni (26° 50' Länge, 2° 41' südliche Breite) sahen wir auf unserer Backbordseite ein großes Schiff, einen Dreimaster, welcher etwa zwei englische Meilen von uns entfernt, gleichen Kurs mit uns segelte.

Das Schiff schien übel zugerichtet. Es hatte den Fockmast verloren und schien auch sonst Havarie erlitten zu haben. Es wurde bald von uns überholt und kam außer Sicht. Es musste jenes Schiff ohne Zweifel von einer plötzlichen Böe überrascht worden sein, wie denn überhaupt unter dem Äquator nicht selten auf geringe Entfernung das Wetter sehr wechselnd auftritt. Wir auf der »Reform« hatten wohl auch in jenen Tagen bisweilen schlimmes Wetter gehabt, welches man, auf der Seereise über den Kanal von Deutschland nach England als »fürchterlichen Sturm« bezeichnen würde, aber so arg war es uns doch nicht geworden, dass Havarie in Aussicht gestanden wäre.

Am 8. Juni (29° 25' Länge, 10° 50' südlicher Breite) sahen wir drei Seeschlangen. Über diese Tiere, namentlich über jene Arten, welche die hohe See bewohnen, ist sicher noch wenig bekannt. Man weiß, dass die meisten Wasserschlangen giftig sind und feststehende Giftzähne haben. Aber gewiss findet sich auf hoher See wenig Gelegenheit und vielleicht noch weniger Lust, diese Tiere einzufangen. Die, welche uns zu Gesicht kamen, konnten eigentlich nur einige Augenblicke beobachtet werden, da das Schiff einen ziemlich raschen Gang hatte. Sie mochten fünf Fuß Länge haben, waren ziemlich dick, hatten einen flachen zusammengedrückten Kopf und breiten, fischartigen Schwanz. Sie schwammen mit schlangenförmiger Bewegung, doch nicht sehr rasch vorwärts und hielten sich dicht nebeneinander. Ihre Farbe schien glänzend blaugrün, da sie aber einige Fuß tief unter Wasser schwammen, so mag dies wohl eine Täuschung und ihre Färbung grau oder weißlich gewesen sein, denn bei klarem Himmel und Sonnenschein erscheinen bei einiger Tiefe auf See alle hellen Gegenstände mit grüner oder blauer Farbe.

Kurz nach den Schlangen, nachdem sich der Wind etwas gelegt und das Schiff einen langsamern Gang angenommen hatte, kam ein großer Fisch an die Seite des Schiffes, auf welchen sogleich Jagd gemacht wurde. Es war *Coryphaena hippurus*, welche Spezies von den Seeleuten allgemein Delfin genannt wird. Warum, wissen die Götter. Der Delfin, hieß es, liebe ausnehmend silberne Gerätschaften, und man hängte deshalb sogleich einen Zinn- oder Blechlöffel an einer Schnur über Bord, damit er herbeigelockt werden sollte und, mit demselben spielend, dann harpuniert werden könnte. Der angebliche Delfin näherte sich auch wirklich dem Löffel, indessen bloß in bescheidener Entfernung, ohne Zweifel entrüstet, dass man ihn mit Zinn anstatt mit Silber ködern wollte. Er folgte noch einige Zeit dem langsam weitersegelnden Schiffe und empfahl sich dann. Wie kurz vorher die Schlangen, hatte auch dieser Fisch eine prachtvolle grünlich blaue Farbe, aber auch unser Pseudosilberlöffel glänzte in ähnlicher Pracht. Indessen zeigt das Tier auch außerhalb des Wassers eine wunderschöne Färbung. Ich hatte später Gelegenheit mehrere derselben genau betrachten zu können, und erfuhr auch dort, es war nämlich auf der Rückreise von Peru nach Europa, vom Kapitän des »Dockenhuden«, warum eigentlich jener Löffel als Lockvogel in die See gehängt wurde. Diese Tiere stellten nämlich den Fliegenden Fischen begierig nach und sollen sich durch den Glanz des Metalles verführen lassen, dasselbe für einen solchen Fisch zu halten. Mit Ausnahme des Glanzes hat freilich ein Fliegender Fisch wenig Ähnlichkeit mit einem Zinnlöffel, aber abgesehen von der Erfahrung, ist die Sache vollkommen glaubwürdig, wenn man sich an die englischen Angelkästen und die in denselben befindlichen Köder erinnert. Die meisten der Letzteren, welche für den Forellenfang bestimmt sind, sind zwar sehr zierlich und solid verfertigt, aber es gibt kein Insekt auf der Erde, welches ihnen ähnlich sieht. Es sind Fantasiefliegen. Dennoch aber gehen die Forellen begierig nach diesen falschen Ködern und werden viel leichter durch sie gefangen, als durch wirkliche Insekten, die man als Lockspeise verwendet.

Ich gedenke mit dankbarer Erinnerung des 9. Juni und der freundlichen Feier, mit welcher an Bord vom Kapitän sowohl als von den Passagieren mein Wiegenfest gefeiert worden. Längere Zeit vorher hatte ich zufällig einmal des Tags meiner Geburt erwähnt, und war nicht wenig überrascht, jene Angabe so gut im Gedächtnisse festgehalten zu sehen. Ich hatte die Nacht auf Deck zugebracht und war gegen Morgen dem Scheuern der Matrosen weichend, zur Koje gegangen. Als ich zum Kaffee in die gemeinschaftliche Kajüte kam, fiel mir allerdings auf, dass alle Genossen bereits versammelt waren, und eine gewisse geheimnisvolle Stille herrschte. Im Begriffe zu fragen, wurde ich durch die freundliche Ansprache eines der Passagiere aufgeklärt. Glück wünschend, in herzlichen und ehrenden Worten, in seinem und der Genossen Namen, wurde mir von demselben zugleich ein kleines Gedicht gebracht, und mit einem Lebehoch geschlossen auf mich und die entfernten Meinen. Dort habe ich mit scherzhaftem Spruche zu antworten gesucht, aber ich war gerührt im Herzen und habe jene Augenblicke festgehalten bis auf die heutige Stunde.

Als das Hoch der Genossen erklungen, erschien der Kapitän auf der Treppe der Kajüte, ebenfalls Spruch sprechend, Glück wünschend und ein Hoch bringend. Als ich aber mit herzlichen Worten antwortete, bat er mich, auf Deck zu kommen. Dort stand mir eine neue Überraschung bevor. Der Kapitän hatte sämtliche Flaggen aufhissen lassen, sodass das Schiff im festlichen Schmucke segelte, und so eine besondere Feier an Bord angedeutet war. Die Passagiere des Zwischendeckes beglückwünschten mich nicht minder freundlich, und vier der Matrosen beschlossen endlich mit seemännischem Spruch und treuherziger Rede die Reihe der mich Begrüßenden.

So wurde mein Wiegenfest auf der »Reform« festlich begangen, und der Tag harmlos und fröhlich beendet.

Schon im Eingange habe ich jenes Pudels gedacht, der im Zwischendecke die Überfahrt mitmachte. Anfänglich hatte derselbe durch allerlei Kunststücke das Seine beigetragen zur Unterhaltung müßiger Passagiere auf Deck. Wohl erfahren in der edlen Kunst des Apportierens, ja Meister in derselben, setzte er durch mächtige Sprünge die Mannschaft in Erstaunen und wusste die kleinsten Gegenstände, welche ihm vorher gezeigt und hierauf versteckt worden waren, allenthalben aufzufinden. Aber aller Orten werden Kabalen erdacht, Intrigen geschmiedet, so auch hier gegen Leo, den Pudel. Das Quarterdeck war mit einem starken Wachstuche, dicht mit Ölfarbe angestrichen, bespannt, und auf dieser zu beiden Seiten etwas abschüssigen Fläche, war es in müßigen Stunden des Abends oder Morgens höchst angenehm zu liegen und je nach Umständen, die Sonne oder die Frische der Luft zu genießen. Fiel aber Regen ein, so hatte jene Fläche eine andere Bestimmung. Es waren am äußeren Rande derselben nach Art der Dachrinnen kleine Blechröhren angebracht, durch welche das abfließende Regenwasser unten aufgesammelt und zu beliebigem Zwecke verwendet werden konnte. Nur wer lange Zeit schlechtes und übel riechendes Wasser genossen hat, weiß auf See einen Regen zu schätzen, und ich habe mit Wollust jenes Wasser getrunken mit einer Temperatur von plus 24 Grad R. und mit allerlei gemengtem Nebengeschmacke.

Leo hatte sich manchmal auch auf dem Quarterdecke eingefunden und freundlich geruht unter den anderen Passagieren. Aber nach einem jener wohltätigen Regen, während welchem man das Regenwasser aufgefangen und zum Trinken benützte, hatten sich üble Gerüchte verbreitet von bedenklichen Dingen, die sich im Wasser gefunden, Dinge, die nicht vom Himmel gefallen sein konnten, wie das Manna der Wüste zur Erquickung der Kinder Israels, Dinge, die vom Organismus als untauglich für den Stoffwechsel ausgestoßen worden waren, kurz Gegenstände, welche man in guter Gesellschaft nie bei Namen nennt, die notwendig von einem Pudel herrühren, und in zum Trinken bestimmtem Wasser unter allen Verhältnissen als höchst überflüssig bezeichnet werden müssen.

Infolge dieser Tatsachen, oder auch böswilligen Verleumdungen, wurde Leo vom Quarterdeck verbannt, und selbst das Apportieren auf Deck wurde missliebig angesehen. Nun saß er halbe Tage trübsinnig und unbeschäftigt am Fallreff in die See starrend und wie es schien in der Hoffnung, irgendetwas aus dem Wasser holen zu dürfen, was zu Hause eine erlaubte Ergötzlichkeit, aber hier zur Unmöglichkeit geworden war. Wenigstens musste er öfters mit Gewalt zurückgehalten werden, nicht einem zufällig über Bord geworfenen, nutzlosen Gegenstande nachzuspringen.

Müßiggang ist bekanntlich aller Laster Anfang, und so mochte es kommen, dass der Hund sich plötzlich in die See stürzte, ohne Zweifel verführt durch irgendeinen sich emporschnellenden Fisch.

Es war fast Windstille, sodass die Bewegung des Schiffes kaum zu bemerken war, aber doch war in kurzer Zeit der Hund weiter als Schiffslänge von uns entfernt, denn ein Schiff auf hoher See, welches vollkommen still und an demselben Ort zu liegen scheint, bewegt sich doch stets von der Stelle; teils wirkt selbst der leiseste Hauch des Windes auf dasselbe ein, wohl aber am meisten die Dünung und hier und da auch eine Strömung.

Man kann sich denken, dass das arme Tier allgemein bedauert wurde. Der Kapitän ließ Back legen, aber eben weil kaum eine Spur von Wind vorhanden, so folgte das Schiff nur langsam den gegebenen Befehlen, wir drehten uns so, dass wir den wacker schwimmenden Pudel bald Backbord bald Steuerbord in Sicht hatten, aber er entfernte sich immer mehr von Bord, statt näher zu kommen, das heißt, wir trieben weiter, und der Hund blieb zurück. Das kleine Boot war erst tags vorher frisch angestrichen, und für die Ankunft in Rio de Janeiro vorbereitet worden, man setzte es also nur ungern aus; doch versprach der Kapitän das Möglichste zu tun, um des Hundes wieder habhaft zu werden. Da entschloss sich einer der Passagiere des Zwischendecks, den Hund schwimmend zu holen. Dieser Entschluss verriet mehr Mut als Besonnenheit, und wurde allgemein beanstandet. Dessen ungeachtet aber begann G. sich zu entkleiden, und schickte sich, trotz der ernstlichen Einreden des Kapitäns, an, über Bord zu gehen. Ohne Zweifel hätte

Letzterer mit Bestimmtheit das tollkühne Unternehmen verbieten können, allein, da in der letzten Zeit zwischen ihm und verschiedenen der Passagiere bereits Misshelligkeiten entstanden waren, wollte er wahrscheinlich kein Machtwort sprechen, und alle friedliche Zusprache nützte nicht.

Während mir der bereits zum Sprunge Bereitete noch seine Schlüssel und andere kleine Gegenstände zum Aufheben gab, sprach ihm der Schiffsarzt zu, sich wenigstens an der Bogleine befestigen zu lassen. Dies wurde angenommen, aber fehlerhafterweise die Leine zu kurz für die Höhe des Sprungs genommen, sodass dieselbe riss, ehe noch der sich in die See Stürzende das Wasser erreicht hatte. Doch schwamm er rüstig weiter und hatte bald den Pudel erreicht, da sich beide, Hund und Mann, entgegenkamen. Recht sichtbar aber wurde erst hier das Törichte des ganzen Unternehmens, und es nahm dieses ebenso schnell eine bedenkliche Gestalt an.

Als G. den Hund erreicht hatte, kletterte der Letztere, bereits ermüdet, sogleich auf den Rücken des Schwimmenden, sodass derselbe nach mehrmaligen Versuchen, den Hund abzuschütteln, untertauchen und sich hierauf auf den Rücken werfen musste, um sich des Tieres erwehren zu können. Der Hund schwamm bald allein für sich weiter, und jetzt konnte man bemerkten, dass während es schon ihm nicht möglich ward, das Schiff einzuholen, der Mann weiter hinter ihm zurückblieb. Ein leichter Wind erhob sich jetzt zur ungünstigen Zeit das Bedrohliche des Augenblicks erhöhend, und uns allen an Bord wurde gleichzeitig die Gefahr klar, in welcher der Schwimmende schwebte.

Es ist eine eigentümliche Sache darum, einen Menschen, noch dazu einen Mann, mit dem man längere Zeit freundlich verkehrt, so plötzlich in drohende Todesgefahr versetzt zu sehen, und so lässt sich leicht die Aufregung begreifen, die an Bord der »Reform« sich kundgab. Wir hatten uns rasch eingeteilt, um den Matrosen hilfreiche Hand zu leisten, wo es nötig und möglich war, ohne mehr zu stören als zu nützen, aber bereits begannen höhere Wellen den Schwimmenden anfänglich auf kurze, bald auf immer längere Zeitdauer zu verbergen, und der mit den Wogen Kämpfende war sich sicher seiner Gefahr bewusst, ja hatte vielleicht bereits die Hoffnung aufgegeben, gerettet zu werden. Man hatte mittlerweile das Boot losgemacht, um es in See zu bringen, aber da dasselbe nur zum Trocknen auf Deck und ziemlich hoch aufgehängt war, dauerte dies längere Zeit. Endlich war es flott, mit vier der tüchtigsten Matrosen bemannt, und ruderte rasch nach der Richtung des Schwimmenden, den wir nur selten und in bedeutender Entfernung sehen konnten. Auch das Boot verschwand jetzt in Zwischenräumen hinter den immer höher werdenden Wellen. Es vergingen Minuten des Zweifels und der Angst, bis endlich vom Mast aus der Ruf erscholl: »Sie haben ihn!« Wohl selten wurde ein lebhafteres und freudigeres Hurra gerufen, als in jenem Augenblicke von den Reisenden auf der »Reform«. Nach einigen Minuten wurde das Boot sichtbar und kam rasch näher. Unser Freund saß in demselben, sehr hinfällig und bescheiden, wie es schien, aber glänzend in allen Farben, einem Chamäleon gleich. Wir konnten uns die Ursache, dieser optischen Erscheinung erst erklären, als wir bemerkten, dass die frischen Ölfarben des Bootes sich abgedrückt hatten auf seinen Körper, als man ihn in dasselbe gezogen hatte.

An den Hund, den unschuldigen Anstifter alles dieses Unheils, hatte niemand mehr gedacht, solange man den Menschen in Gefahr wusste; als dieser aber geborgen im Boote sich dem Schiffe näherte, lugte man auch nach Leo. Er schien verschwunden, und nur einzelne der Passagiere wollten ihn bald da bald dort in weiter Entfernung gesehen haben. Das erste lebende Wesen aber, was an Bord gehisst wurde aus dem zurückgekehrten Boote, war der Pudel, der sich, dem Genius seiner Rasse getreu, erst hier rechtschaffen schüttelte, und dann auf unbefangene Weise im Getümmel verschwand.

Der Gerettete brach, kaum auf Deck angelangt, vollständig entkräftet in sich zusammen, und war erst nach mehreren Stunden Ruhe imstande, seine Koje zu verlassen.

So endete das Abenteuer mit Leo, dem Pudel. Mögen die freundlichen Leser entschuldigen, dass ich so lange sie aufgehalten mit demselben.

Ich habe vorhin von Misshelligkeiten gesprochen, welche zwischen Kapitän und Passagieren entstanden, und muss hierauf zurückkommen. Ich habe erzählt, wie man isst und trinkt, wie man schläft und sich langweilt an Bord, ich habe die Unterbrechungen der Langeweile durch Haie, Fliegende Fische, Delfine und Quallen angegeben. Aber wir haben noch acht Tage, bis wir Rio de Janeiro erreichen, und ich glaube sie zweckmäßig auszufüllen, wenn ich jenes Unfriedens, und überhaupt des Verhältnisses zwischen beiden Parteien gedenke.

Es steht irgendwo geschrieben, das Weib solle dem Manne untertänig sein und ihm folgen in allen vernünftigen Dingen. Alle Welt weiß, dass dies geschieht, und dass das Weib wirklich bisweilen folgt, solange es ein Ding vernünftig findet.

Hier und da aber sind die Meinungen geteilt über das, was vernünftig und unvernünftig ist, und dann entstehen Misshelligkeiten, bisweilen sogar »Familienverhältnisse«.

Ähnliches findet an Bord statt, auf einem Kauffahrteischiffe nämlich. Ernstlich gesprochen, glaube ich, dass wirklich von beiden Seiten viel Takt dazugehört, um ein fortwährend gutes Vernehmen aufrechtzuerhalten. Es trifft sich oft, dass der Kapitän irgendetwas an Bord zu verbieten genötigt ist, es mag auch sein, dass bisweilen Verbote mit unterlaufen, welche ebenso gut oder noch besser vielleicht, ganz unterblieben wären, aber in beiden Fällen hat er nicht die hinreichende Macht, seine Befehle zu unterstützen.

Dies ist gleich gefährlich zu Wasser und zu Land.

Wollte der Kapitän irgendeinen Passagier durch die Matrosen zwingen lassen, Folge zu leisten, so wäre auf einem Passagierschiffe, so zum Beispiel auf der »Reform« mit siebzig und etlichen Reisenden, ein Zusammenstehen der meisten, und mithin offenbare Meuterei sehr zu befürchten gewesen. Aber auch wenn nicht dergleichen in Aussicht steht, so hat der Kapitän doch immerhin den Ruf des Reeders zu bewahren, den Ruf der sogenannten Humanität und des freundlichen Benehmens gegen die Reisenden.

Es gehen viele Leute über die See, aber in Hamburg und Bremen gibt es auch viele Reeder.

Es bleibt mithin das Verhältnis des Kapitäns stets ein sehr eigentümliches. Dazu kommt, dass die überwiegende Anzahl der Passagiere, so wie der Kapitäne und Seeleute überhaupt, ganz gewiss die verschiedensten Lebensansichten haben.

Die meisten der Ersteren haben nie die See gesehen, von den wenigsten der Letzteren kennt einer das eigentliche Leben auf dem festen Lande, mit Ausnahme der amphibienartigen See- und Hafenstädte. Meist unweit der Küste geboren und selbst Kind eines Seemanns, Lotsen und dergleichen, kommt der Knabe mit dreizehn bis vierzehn Jahren an Bord als Kajütenjunge, wird später Matrose oder Leichtmatrose, macht, wenn befähigt, einige Monate in der väterlichen Hafenstadt die Studien der Steuermannskunst, wird hierauf Unter-, später Obersteuermann und im günstigen Falle Kapitän, wenn er nämlich Glück und Geschick hat und nicht etwa zufällig verloren geht. (Landratten-Sprache: bei einem Schiffbruche ertrinkt.)

Die Seeleute, die deutschen wenigstens und ebenso die von anderen Nationen, die ich kennenlernte, sind fast alle wackere, mutige und brave Männer, sie sind barmherzig gegen Mensch und Tier; sie sind bescheiden und ihrem Worte treu!

In näherer Berührung mit ihnen auf der Rückreise während längerer Zeit, bin ich öfters sogar auf den Gedanken gekommen, als sei der Mensch von Natur aus doch nicht so sehr Filou (es macht sich das französisch besser), als es gewöhnlich scheinen will.

Aber dieser Seemensch hat vom Landmenschen, speziell aber von der Spezies Passagier, einen verzweifelt schlechten Begriff.

Seiner Ansicht nach ist der Passagier ein Gegenstand, dessen Gegenwart an Bord den Zweck hat, die nicht vorhandene Fracht des Schiffes nach X oder Y zu decken, das heißt die Kosten des Reeders für die Fahrt, um von dort andere Ware, Tabak, Ochsenhäute, Pfeffer, Farbholz oder andere Sachen einzunehmen.

Der Passagier ist in den ersten Tagen ein jämmerliches Ding, welches seekrank ist, das Deck verunreinigt und allenthalben im Wege steht. Dann wird es neugierig, räsoniert über Salzfleisch und Wasser und lässt vor allem unaufhörlich merken, dass seine einzige Sehnsucht nach dem Lande steht.

Ob die Klagen, welche die Passagiere der »Reform« führten, begründet waren oder nicht, will ich nicht entscheiden. Einige mögen wohl gerecht, andere unbillig gewesen sein. Aber wohl war an den meisten jener Beschwerden der Kapitän unschuldig. Sie betrafen vorzüglich die Kost und das Wasser. Erstere höchst einfach, und das Wasser übel riechend. Aber alles dieses war die Schuld des Reeders, welcher das Schiff nicht zum Besten ausgerüstet hatte.

Die ständige Antwort des Kapitäns auf alle, endlich täglich, ja stündlich wiederholte Klagen war, dass er nicht mehr geben könne, als er habe, und dass es auf anderen Schiffen auch so sei. Aber mehr und mehr fand sich eine gegenseitig gespannte, gereizte Stimmung ein, welche einen unheimlichen Eindruck hervorbrachte, ja bedenklich wurde.

Kapitän und Passagiere grüßten sich nicht mehr bei der Begegnung auf Deck; ein, ich muss es leider sagen, öfters rücksichtsloses Benehmen fand bisweilen von beiden Seiten statt, und als wir uns der brasilianischen Küste näherten, wurde eine Schrift entworfen, welche von allen Passagieren unterzeichnet und dem Konsul in Rio de Janeiro übergeben werden sollte.

Diese Schrift enthielt alle Klagen und Beschwerden, welche man gegen den Kapitän zu führen sich berechtigt glaubte, und war ein Mittelding zwischen Misstrauensvotum und Anklageadresse, ein Nachklang des Jahres 1848. Ich glaube, dass alle Passagiere, außer ich und die beiden in der obern Kajüte wohnenden Reisenden, jene Schrift unterzeichnet haben.

Die Stellung, welche ich in Hinsicht auf diese Misshelligkeiten an Bord beobachtet, war die, welche ich seit langer Zeit unter ähnlichen Verhältnissen allenthalben eingenommen habe.

Einzeln den Parteien gegenüber, gab ich jeder unrecht, suchte aber deren Recht zu verteidigen nach Kräften bei der andern.

Ich habe die Genossen erinnert, dass sie sich nicht in einem Hotel befänden, und dass man für 300 Taler von Bremen bis nach Kalifornien keine lukullische Tafel verlangen könne. Ich habe ihnen gesagt, dass man wohl auf andern Schiffen zäheres Fleisch, fauleres Wasser, schmalere Bissen anträfe.

Dem Kapitän aber versicherte ich unter vier Augen, dass man doch mehr tun könne für die gegebene Summe, dass das Fleisch sehr zäh, das Wasser sehr übel riechend und die Bissen sehr schmal wären.

Da man durch die dicksten mittelalterlichen Mauern einer alten freien Reichsstadt, über ganze Straßen und Stadtviertel hin, genau hört, was gesprochen wird in den Häusern unserer Freunde und Nichtfreunde, was Wunder, wenn solches geschah auf einem Schiffe, wo einige dünne Bretter die dickste Scheidewand?

Auf der »Reform« aber hatte jene akustische Bauart nicht die üblen Folgen, die auf dem Lande nicht selten durch sie erzielt werden, und eine friedliche Lösung der schwebenden Fragen mag bisweilen durch sie bewirkt worden sein.

Ich ward betraut mit der Stelle eines Mittelsmannes zwischen Kapitän und Passagieren; habe Hader verhütet und große Errungenschaften erworben. Man traute mir, da ich jedem meine Meinung sagte, unverhohlen und mit so viel Derbheit, Artigkeit oder Laune, als ich eben zur Hand hatte. Es muss die Seeluft ein besseres Medium sein für unverhohlene Meinungen und Scherze, als die auf dem Lande, und es ist hieran vielleicht ein größerer Jodgehalt der Ersteren schuld.

Um aber wieder auf meine Errungenschaften zu kommen, so muss ich berichten, dass ich unter anderen wöchentlich einen Pudding erwirkt, für die Zwischendeckpassagiere, und eine Tranlampe mehr, zur abendlichen Beleuchtung. Für die Kajütenpassagiere aber habe ich zwei Lichter erhandelt durch gute Worte beim Kapitän, ein Schälchen eingemachter Früchte zum Sonntagsfisch, und Käse für einen Abend in der Woche, um die Frugalität des Souper zu vermindern.

Ich habe die schwebende Zuckerfrage zu einem glücklichen Ende gebracht, und trügt mich mein treuloses Gedächtnis nicht, so wurden durch meine diplomatischen Verhandlungen selbst auf einige Zeit die Speckportionen um ein Unmerkliches größer.

Aber auch dem Kapitän leistete ich wichtige Dienste. Eröffnete ich nicht statt seiner den Passagieren, dass leider die Sauerkohlportionen kleiner werden und bald ganz aufhören würden? Beschwichtigte ich nicht jenen tobenden Sturm, als unter Absingung der Marseillaise und anderer aufrührerischer Lieder, ein Stück Salzfleisch, welches zufällig grün statt rot war, über Bord geworfen wurde?

Ernsthaft aber gesprochen, so drehen sich, trägt nicht spezielle üble Laune und widerwärtiges Benehmen eines Individuums die Schuld, die Uneinigkeiten an Bord zwischen Kapitän und Reisenden meist um das Essen, und es mag mir wohl bisweilen gelungen sein, ärgerliche Auftritte zu verhüten. Ganz aber war die Spannung nicht zu heben. Sie brach unangenehmer als vorher aus, als wir Brasilien wieder verlassen hatten, und machte mir manche trübe Stunde. Ich weiß nicht mehr, ob jene Klageschrift in Rio de Janeiro übergeben worden ist. Unweit Valparaiso wurde aber eine zweite entworfen, unterzeichnet und dort wirklich dem Konsul eingehändigt.

Doch genug von diesen ärgerlichen Händeln. – Ich will einer lieblichen Erscheinung gedenken, welche ich unter diesen Breitegraden, 38° Länge, 22° südlicher Breite in meinem Tagebuch verzeichnet finde. Ich glaube, dass wir dieselbe dort zufällig das erste Mal beobachteten, obgleich sie bei günstigen Verhältnissen unter allen Breitengraden vorkommen muss, und später auch noch verschiedene Male gesehen wurde. Ich meine den Regenbogen, welcher bisweilen an der Leeseite des Bugspriets gesehen wird.

Die Erscheinung zeigt sich, wenn bei vollkommen klarem Himmel und nicht zu hohem Stande der Sonne ein schwacher Wind sich plötzlich erhoben hat, sodass das Schiff rasch durch eine noch nicht zu stark bewegte See geht. Die Sonne muss auf der Luverseite des segelnden Schiffes, nämlich auf der stehen, wo der Wind herkommt. Da der Wind die am Bugspriet emporgeschleuderten kleinen Wassertropfen nach der Leeseite treibt, so ist die dort entstandene regenbogenartige Erscheinung sichtbar, wenn man sich so stellt, dass man die Sonne im Rücken hat.

Noch muss ich des südlichen Himmels erwähnen, den wir später bei Kap Horn freilich »noch südlicher«, aber nicht in der Klarheit wie hier unter den Wendekreisen zu sehen bekommen. Jeder hatte vom südlichen Himmel gehört, gelesen, von seiner Pracht und

Bucht von Rio de Janeiro

Herrlichkeit sich je nach Begriff und Fantasie ein glänzendes Bild entworfen. So kam es, dass das edle *Nil admirari* auf der »Reform« gänzlich vernachlässigt wurde, und alle Welt schwärmte für den Glanz der südlichen Sternenwelt. Insbesondere war es das Kreuz, was zur Bewunderung hinriss. Leider aber zeigte es sich, dass die Ansichten über das Kreuz differierten, nämlich, dass sehr verschiedene Stellen am Himmel angegeben wurden, wo sich das Kreuz befinden sollte, und erst später hat der Kapitän mir das wirkliche Kreuz gezeigt. Die süße Henriette (es hatte aus mir unbekannten Gründen einer der Passagiere diesen Namen an Bord erhalten) äußerte bei dieser Gelegenheit, es gäbe nicht bloß ein südliches, sondern auch ein nördliches, östliches und westliches Kreuz, und jeder sähe das seinige an einer anderen Stelle des Himmels oder der Erde.

Dass das südliche Kreuz keine so außerordentlich glanzvolle Erscheinung darbietet, wie man im Norden nicht selten glaubt, geht vielleicht aus dem Gesagten hervor, denn es mögen die Urteile Unkundiger, die noch dazu den besten Willen hatten, Herrliches zu erblicken, und sich doch nicht einigen konnten, wohl hierfür einen Beweis liefern. Ein schönes Sternenbild aber ist immer das Kreuz.

Dass der nächtliche Himmel unter den Wendekreisen überhaupt schöner und lieblicher als näher den Polen, bedarf keiner Erwähnung. Die Helle und Klarheit dieser Nächte bei mondfreiem Himmel kommt nicht selten einer Nacht unter unseren Breitegraden gleich, die von halb vollem Monde erhellt wird, und das tiefe prachtvolle Blau entspricht allerdings den Schilderungen, die hievon entworfen worden sind.

Wir sahen am 17. Juni zum ersten Mal die Küste von Brasilien. Scheinbar steile Abhänge, hier und da von fast kegelförmigen Formen unterbrochen. Aber die Abstufung dieser Kegel verscheuchte den Gedanken an basaltische oder doleritische Gebilde und ließen granitische Massen vermuten. Ich habe, wo es tunlich war, Profile der Küsten gezeichnet, und was mir dort während der Arbeit bisweilen als eine nutzlose Beschäftigung erschien, gibt mir jetzt, wenn ich mein Skizzenbuch durchblättere, eine klare Erinnerung an das Geschehene, ein, wenn auch schwaches, geognostisches

Bild, und ruft mir jene Stunden der Erwartung deutlicher ins Gedächtnis zurück, als die Notizen meines Tagebuchs.

Kurz nachdem wir die Küste in Sicht gehabt hatten, viel Regen und bald darauf verhüllte ein ziemlich dichter Nebel alle Aussicht, bis endlich plötzlich des Nachmittags die Nebel fielen, und wir in prachtvoller Sonnenbeleuchtung und nicht allzu großer Ferne die brasilianische Küste vor uns hatten.

Die Geschäftigkeit der Seeleute hielt der Schwärmerei der Passagiere die Waage. – Brasilien! Eine Menge fast unbewusster Begriffe verbinden sich mit diesem Namen, welcher mir wenigstens in früher Jugendzeit stets der Repräsentant aller tropischen Pracht, aller überseeischer Herrlichkeit gewesen. Kann ich aber leugnen, dass bei näherer Ansicht der Küste, bei der Hoffnung, wohl morgen schon das Land zu betreten, all das, was ich gelesen über dasselbe in den Werken gelehrter Reisenden, zurückgedrängt wurde von der Erinnerung an jene Fantasien des Knaben? Alle jene Bilder, welche seit mehr als dreißig Jahren vergessen in irgendeinem Gedächtniswinkel gelegen, tauchten dort mit wunderbarer Frische wieder auf. Dort habe ich Bertuchs großes Bilderbuch wieder vor mir gesehen mit den riesigen Faltern und glänzenden bunten Vögeln, welche Zeugnis gaben von der prachtvollen Fauna jenes Landes. Ich habe die ermahnende Stimme jener gütigen verehrten Frau, die Mutterstelle an mir vertreten, wieder gehört, warnend, nicht so in Affekt zu geraten und den Teetisch nicht umzuwerfen. Als aber dort die Küste plötzlich uns entgegentrat, vergoldet von der abendlichen Sonne und umdonnert von der Brandung des durchschifften Ozeans, habe ich mich gefreut, dass ich alles das jetzt sehen würde, jene Falter und Vögel, die Palmen und die Neger und die mächtigen Stämme des Urwaldes mit ihren Schlinggewächsen. Ich habe mich fast verwundert, dass das jetzt doch geschehen, was ich als Knabe für so ganz unmöglich gehalten, trotzdem, dass so vieles geschehen, mir geschehen, was ich als Knabe, als Jüngling und als Mann für noch viel unmöglicher gehalten.

Ich habe vorhin von der Geschäftigkeit der Seeleute beim Anblicke der Küste gesprochen und ich komme darauf zurück. Teils rüstete man sich zur baldigen Landung und traf Vorkehrung, um die Anker werfen zu können, andernteils aber schien es mir, als wisse man nicht ganz genau, wo man sei, und sei bemüht, sich zu orientieren. Gegen Abend wurde etwas von der Küste abgehalten und es dauerte bei der in jenen Gegenden so rasch eintretenden Finsternis nicht lange, als wir Feuer am Lande und zugleich einen Leuchtturm mit Drehfeuer erblickten. Aber es war an diesem Drehfeuer nicht zu erkennen, ob wir Kap Frio oder Rio vor uns hatten. Ich kann mich nicht mehr der Unterschiede erinnern, durch welche beide Leuchttürme erkannt werden. Im Allgemeinen sind die Drehfeuer so eingerichtet, dass einige Sekunden das Licht erscheint, dann eine bestimmte Anzahl von Sekunden verschwindet und hierauf wieder, und bisweilen mit verändertem Farbentone, sichtbar wird. Während wir aber nun sicher waren, eines der beiden Leuchtfeuer vor uns zu haben, traf keins der in den Handbüchern angegebenen Signale mit dem von uns an der Küste gesehenen zusammen. Ich habe mich hievon überzeugt, indem ich abwechselnd mit dem Kapitän die Zeitdauer des Lichts beobachtete. Da besonders für Schiffer, die das erste Mal die Küste von Brasilien besuchen, und ebenso bei nebligem Wetter die beiden Leuchttürme, oder vielmehr die Orte, wo sie stehen, leicht zu verwechseln sind, so dächte ich, dass es ganz einfach und sicher unterscheidender wäre, dem einen der Türme weißes, dem anderen rotes Drehfeuer zu geben. Ein in gewissen Intervallen verschwindendes Feuer ist übrigens notwendig, da in größerer Entfernung und bei Nebel das Signal leicht mit irgendeinem andern, zufällig an der Küste brennenden Feuer verwechselt werden könnte, und umgekehrt.

Unser Kapitän, jung zwar, er macht die erste Reise als Kapitän, aber vorsichtig und gewissenhaft, entfernte sich wieder von der Küste, und da es bei Anbruch des folgenden Tages neblig war, kreuzten wir des Morgens, ohne uns zu nähern. Windstille folgte, und bald auf dieselbe gegen Abend eine ziemlich starke Böe. Es wurden die Segel gerefft und alles angewendet, um uns von der Küste zu entfernen.

Jeder, der einige Zeit lang Salzfleisch gegessen, weiß, dass auf hoher See nur weniges zu befürchten, dass aber eine gewisse Gefahr immerhin an der Küste in Aussicht steht. So war auch bei den Reisenden hie und da ein Anhauch von Ängstlichkeit nicht zu verkennen, und bedenkliche Mienen zeigten sich, als die Feuer an der Küste nicht verschwinden wollten, der Wind stärker und das Schwanken des Schiffes immer heftiger wurde. Doch ging die Nacht ohne Unfall vorüber.

Wir kreuzten des andern Vormittags fortwährend an der Küste, näherten uns aber endlich derselben so weit, dass wir den Eingang zum Hafen in Sicht hatten. Bereits wurde die See belebter. Vögel, Möwen in großer Anzahl schwärmten umher, Quallen von ein bis anderthalb Fuß Durchmesser und scheibenförmig gestaltet, zogen ganz langsam am Bord vorüber und Züge von Delfinen wurden nahe und ferne gesehen. Da nur ein sehr schwacher Seewind wehte, so hatten wir Gelegenheit, alles mit Muße beobachten zu können. So war nicht weit von uns ein eigentümliches Schauspiel zu bemerken. Ein Zug Delfine schwamm in gleichem Kurse mit der »Reform«, und ebenso langsam wie sie dem Hafen zu, und wurde von den allenthalben umherschwimmenden Möwen bemerkt. Alsbald versammelten sich diese Vögel über den schwimmenden Delfinen, anfänglich einzelne, bald mehrere Hunderte, und begannen ein eigentümliches Treiben. Sie stürzten sich aus der Luft mit Blitzesschnelle auf die Delfine, verweilten dort entweder einig Sekunden, oder schwangen sich ebenso schnell wieder in die Luft. Entweder nehmen diese Vögel irgendeine Art Parasiten von der Haut der schwimmenden Tiere ab oder benützten sie die Gelegenheit, um kleine Fische zu fangen, welche nicht selten die Züge größerer warmblütiger Seetiere begleiten. Ich habe deutlich beobachtet, dass sich einzelne Möwen an Delfine anklammerten und unter Wasser gingen, wenn diese tauchten, und erst beim Wiedererscheinen derselben sich in die Luft schwangen. Die Delfine selbst schienen sich nicht im Mindesten um die Vögel zu kümmern, sie setzten mit größter Unbefangenheit ihren Weg fort, und die Letzteren gaben ihre Beschäftigung erst auf, als der Zug der Delfine sich uns auf Schiffsweite genähert hatte.

Kurz hierauf kamen wir an einige Stellen, woselbst die See ganz rot gefärbt war. Die Ursache war eine Unzahl kleiner roter Krebse, von welchen ich einige aufgefischt, sie aber leider später in Chile verloren habe.

Bereits sahen wir schon den Leuchtturm des Hafens. Er scheint von ferne gesehen hart am Ufer zu stehen, befindet sich aber in Wirklichkeit weit ab von demselben, auf einem isolierten in See stehenden Felsen – erinnere ich mich recht, vielleicht zwei englische Meilen vom Eingange des Hafens entfernt.

Wir ließen den Leuchtturm Backbord liegen und hatten uns kurz vor Untergang der Sonne dem Eingange des Hafens bis auf eine kurze Strecke genähert.

In nächster Nähe hatten wir einige vereinzelt liegende ziemlich steile Felsinseln vor uns, und auf ihnen sahen wir die ersten Palmen. Weiter entfernt gegen rechts bewaldete Höhen, auf welchen die scheidende Sonne eben noch erlaubte, die wunderbaren Formen der tropischen Vegetation zu begrüßen. Noch weiter gegen das Land zu, gegen rechts, liegt am Eingange des Hafens das Fort Santa Cruz, welchem gegenüber der Zuckerhut, ein steiler, etwa 1300 Fuß hoher Felsen, den anderen Teil des Hafeneingangs bildet. Ihm schließen sich Berge und Felsen an, prangend im tiefsten prachtvollsten Grün des Pflanzenwuchses.

Es wurde das Lot geworfen, um Tiefe und Beschaffenheit des Ankergrundes zu erforschen, und der Kapitän bat die Passagiere um Ruhe und Stille auf einige Zeit, um ungestört jene Arbeit vornehmen zu können.

Denken lässt es sich, dass alles auf Deck war, was sich rühren konnte an Bord; aber mit Ausnahme der beschäftigten Seeleute, welche hie und da einen Befehl empfingen und Antwort gaben, sprach dort niemand eine Silbe und es wurde dem Willen des Kapitäns die möglichste Folge geleistet. War es die Achtung vor dem Worte desselben, war es die stille Lust am neuen nie gesehenen Anblicke, hatte sich aller eine Stille beschauliche Stimmung bemächtigt? Ich weiß es nicht, aber ich weiß, dass wenig Momente im Leben (angenehmen Andenkens nämlich) mir so unvergesslich sein werden, als jene nächtlichen Stunden.

Wir hatten die Anker geworfen und ein leichter Landwind brachte uns eine Fülle von Wohlgerüchen an Bord, während große

Nachtschmetterlinge um das Kompasslicht flatterten und dann wieder verschwanden.

Der Mond, welcher nur kurze Zeit geleuchtet, hatte den Sternen gestattet, uns das prachtvolle Blau jenes glücklichen Himmels in seiner ganzen Herrlichkeit zu zeigen. Dabei Klänge vom Land, Musik in der Entfernung, in größerer Nähe menschliche Stimmen in fremder unverständlicher Sprache und bewegliche Feuer. Im Hintergrunde und durch das Tor des Hafens ersichtlich die Stadt, beleuchtet von Tausenden von Lichtern längs dem dunklen Saume der Küste.

Alles das ist nichts Besonderes. Aber es macht einen eigenen Eindruck, wenn man es erfährt nach einer fast zweimonatigen Seereise an der Küste eines Landes wie Brasilien und mit der Hoffnung, morgen jenes Land betreten zu können!

Kapitel 2

VON RIO DE JANEIRO NACH CHILE

Der freundliche Leser, welcher in Geduld mich bis hierher begleitet hat, hat ohne Zweifel eine beträchtliche Dosis Langweile ausgestanden. So mag man mir denn nicht widerstreiten, dass ich recht treffend geschildert, und es dahin zu bringen gewusst, die Gefühle des Autors überzutragen auf den Leser. Denn trotz des Zaubers der Tropennächte, der Poesie des südlichen Himmels und des Reizes der »dunkelblauen« Wogen, ist ein achtwöchiger Aufenthalt in der Atmosphäre von Salzfleisch und Zwieback immerhin höchst langweilig.

Leider vermag ich nicht glänzende Genugtuung zu geben, und jetzt durch Schilderung des Aufenthaltes in Rio de Janeiro den Leser in die Heiterkeit meiner Stimmung zu versetzen.

Wir fuhren am 22. Juni gegen Mittag in den Hafen von Rio ein. Vielfach ist seine Einfahrt und die wirklich prachtvolle Lage des Hafens beschrieben worden. Ich will deshalb so rasch als möglich über die dennoch unvermeidliche Schilderung jener ersten Eindrücke hinweggehen.

Die Einfahrt in den Hafen ist etwa 3000 Schritte breit und ist links gebildet durch den sogenannten Zuckerhut, einen steilen, etwa 1300 Fuß hohen Felsen, rechts durch das Fort Santa Cruz. Von dieser Einfahrt bis zur Stadt sind aber wenigstens noch ein und eine halbe englische Meile zu durchschiffen, bis man das Land erreicht. Weiter aber noch in der Breite dehnt sich der Hafen aus, um ihn liegt die Stadt, im Hintergrunde das Orgel- und Sterngebirge.

Abgesehen von verschiedenen Forts, welche neben dem genannten, sowohl die Einfahrt als auch die Nähe der Stadt diese Letztere selbst decken, sind im Hafen selbst zwei Inseln mit Forts, von welchen namentlich das auf der Ilha das Cobras, die Schlangeninsel, die Stadt gut zu schützen vermag.

Ich muss offen gestehen, dass sowohl zur Zeit, wo ich in den Hafen einfuhr, als auch gegenwärtig, die strategische Wichtigkeit dieser sämtlichen Fortifikationen mir nicht besonders am Herzen lag, aber ihre wirklich malerische Verteilung an und im Hafen selbst hat mich entzückt und gewährt in der Tat einen reizenden Anblick.

Allenthalben hebt das glänzende Grün jener tropischen Vegetation die Weiße der Mauern, und unfern der Kanonen steigen schlanke Palmen empor, oder das riesige Blatt der Banane beschattet dieselben.

Es lässt sich kaum die Belebtheit des Hafens schildern. Hunderte von Booten von allen Größen durchkreuzen nach jeder Richtung hin denselben. Die meisten sind mit Negern bemannt, halb nackten, kräftigen Gestalten. So ist das in der Sonne blitzende Grün des Wassers mit der buntesten Staffage dekoriert.

Obgleich ich dort noch nicht die Bekanntschaft des edlen Onkel Tom gemacht, stiegen doch allerlei philantropische Gefühle in mir auf, als ich die ersten dieser Boote erblickte.

Eins derselben näherte sich unserem langsam vorwärtstreibenden Schiffe, und obgleich am Steuer ein Weißer, mit einem etwas verfänglich aussehenden Bambusstabe stand, schien dennoch im schwarzen Volke der Geist ungestörter Heiterkeit zu herrschen. Schnell vorübergleitend an unserm Borde streckten uns sämtliche Neger die Zunge entgegen, und solches war der erste Gruß, den wir von unsern schwarzen Brüdern und überhaupt von menschlichen Wesen im neuen Lande erhielten.

Bald folgte ein zweiter. Unweit eines jener Forts angelangt, rief man uns von demselben aus in englischer Sprache zu: Anker geworfen! Mag es nun sein, dass von uns der Befehl nicht gehörig verstanden oder nicht rasch genug befolgt wurde, gleich darauf donnerte ein Kanonenschuss über uns hinweg und unmittelbar nach demselben der zweite Ruf: »Anker geworfen, oder ich schieße scharf!«

Etwas verwirrte hastige Tätigkeit an der Ankerspille und obligate, vielleicht auch hier und da etwas ängstliche Verwunderung der auf Deck befindlichen Passagiere war die Folge der freundlichen Mahnung. Der Grund derselben aber, dass kein fremdes Schiff jene Linie überschreiten durfte, ohne vorher von Douane und Sanitätskommission besucht worden zu sein.

Als der Anker geworfen, kamen bald Boote in unsere Nähe, welche uns in Augenschein nahmen, teils Leute, welche Geschäfte zu machen suchten, teils müßige Gaffer. Die Neger schnitten uns wieder Fratzen und riefen uns, wie ihre Gebärden zeigten, Schimpfworte zu, von welchen uns indessen bloß das Wort »Californi« verständlich, wenngleich nicht erklärlich war. Wir erfuhren erst später dessen Bedeutung und Ursprung.

Douane und Sanitätskommission kamen kurz nacheinander an Bord. Es wurde geprüft, gezahlt, was allenthalben auf der Welt die Hauptsache zu sein scheint, und hierauf die Erlaubnis gegeben, ans Land zu kommen.

Jetzt legten fast zu gleicher Zeit zwei Boote bei uns an, und es kamen die Agenten zweier Kaufleute an Bord in der Absicht, Kapitän und Passagieren ihre Dienste anzubieten. Die Sache hatte auf den ersten Blick etwas Seelenverkäuferisches an sich und erinnerte an die lieben Landsleute, welche in Nordamerika landende unerfahrene Reisende um den Rest ihrer Habe bringen. Aber es zeigte sich das Gegenteil. Diese Leute suchten nur jene Vorräte und Bedürfnisse an uns zu verkaufen, von welchen sie wissen, dass sie Reisenden nötig, und dafür helfen sie uns über eine Menge Schwierigkeiten hinweg, die sich dem Ankömmlinge im fremden Lande entgegenstellen. Ich schloss mich mit einem großen Teil der Passagiere dem Agenten eines Schweden, Holm, an, von welchem wir später alle unsere Bedürfnisse kauften und gut bedient worden sind. Nur wenige Gegenstände, welche überhaupt in Rio zu haben sind, fehlten im Verkaufsgewölbe dieses Mannes, und verlangte, nicht vorhandene wurden sogleich aus anderen Läden herbeigeschafft. Holm besorgte alle Briefe der Passagiere, ließ dieselben in Häuser führen, welche sie nicht zu finden wussten, und wohin man etwa Empfehlungen hatte, und wurde nicht müde eine Unzahl müßiger und unnützer Fragen zu beantworten, welche unaufhörlich an ihn getan wurden.

Vorläufig fuhr ich mit seinem Boote vom Bord aus ans Land. Hier erst im raschen Durchgleiten des Hafens konnte ich seine ganze Schönheit bewundern und fand die ganze Bestätigung dessen, was ich schon in Europa gehört, dass nämlich der Hafen von Rio zu den schönsten Punkten der Erde gehört.

Rio de Janeiro ist vielfach beschrieben worden, und die naturhistorischen Schätze Brasiliens wurden ausgebeutet und geschildert mit Gelehrsamkeit und Fantasie von Reisenden, welche das Glück hatten, jahrelang jenes Land durchziehen zu können.

Wir hielten uns etwa nur vierzehn Tage in Rio auf und selbst während dieser Zeit konnten wir nur kleine Ausflüge in die Umgebung machen, da der Kapitän die Dauer des Aufenthaltes niemand mitteilte, und uns anbefahl, jeden Tag der Abreise gewärtig zu sein.

Ein Teil der Passagiere, zu denen auch ich gehörte, wurden von Holm in einen ziemlich guten Gasthof, »Nationalhotel« von August Sprengel, gewiesen, und ich brachte den ersten Abend und den größten Teil des folgenden Tages damit zu, in der Stadt umher zu streifen, um einen Totaleindruck zu erwerben. Ich kann ihn nicht wiedergeben, denn viele Bogen würden nur ein unvollständiges Bild hervorrufen. – Mit Ausnahme einzelner größerer, und meist öffentlicher Bauten sind die meisten Häuser zweistöckig und haben die Bauart des südlichen Europa, unbedingt aber modifiziert durch den Einfluss der Tropen. Dass die farbige Bevölkerung für ein ungewöhntes Auge anfänglich wohl den meisten Reiz hat, lässt sich denken. Kann ich aber hier Neues berichten? Wohl schwerlich, denn je nach der Auffassungsgabe einzelner Individuen sind all diese Dinge uns schon unzählige Male erzählt worden.

Als recht charakterisierend und bezeichnend aber für den reichlichsten üppigsten Überfluss, welchen jener glückliche Himmelsstrich erzeugt, muss ich des Viktualienmarktes erwähnen. Ich habe selten vorher ein reizenderes, lieblicheres und zugleich belehrenderes lebendes Bild gesehen. In einer großen, im Viereck gebauten Halle liegen alle jene Früchte aufgehäuft in massenhafter Menge und um einige Pfennige zu kaufen, welche bei uns teils mit so viel Talern bezahlt werden müssten, teils gar nicht zu haben, ja kaum dem Namen nach bekannt sind.

Inmitten mächtiger Hügel von Ananassen, Orangen von allen Arten und von unglaublicher Größe, von essbaren süßen Zitronen, Bananen, Kokosfrüchten, Feigen, Yams, süßen Zwiebeln, Artischocken und einer Unzahl anderer Dinge mit barbarischen

Namen, aber höchst kultiviertem Geschmacke, sitzen frische, reizende Negerinnen, lustig und guter Dinge ihre Ware anpreisend, singend und trällernd, wohl auch kokettierend, und um sie und zwischen den Früchten glänzen die glühenden Blüten des Landes zum Verkauf oder zur Zierde dorthin gestellt. Andere jener schwarzen, plaudernden Dirnen sind fast gänzlich versteckt hinter Bergen von riesenhaften Gemüsen. Dort habe ich mich kaum getraut, den biederen deutschen Kohlkopf als Landsmann zu begrüßen, so mächtig war sein Haupt, so tropisch seine Haltung.

Fabelhaftes Seegetier, lebend und tot, wird in anderen Regionen zu Kauf und Schau geboten. Fische in allen denkbaren Formen und Farben, Krebse, Hummer, Krabben, Austern und Muscheln aller Art, und dort könnte der Zoologe reiche und ganz gewiss noch unbekannte Schätze erwerben, welche vielleicht hundert Jahre lang verkauft und gespeist worden sind, ohne die Ehre gehabt zu haben, wissenschaftlich beachtet zu werden.

So habe ich selbst später in Valparaiso, dessen Fauna gegen jene von Rio eine ärmliche zu nennen, einen neuen Schmarozerkrebs gefunden, der ohne Zweifel, solange jene Stadt besteht, in einem Seeigel zu Markte gebracht und täglich dort gegessen wird.

Das bunteste und lebendigste Gemälde aber bietet auf jenem Markte in Rio der Geflügelverkauf, oder besser der Wildbretmarkt, der einen weitern Teil der Halle einnimmt. Wildhühner und Enten, alle Variationen des Haushuhns, Perlhühner, Truthähne, wechseln mit lebenden glänzenden Aras und bunten Papageien. Dazwischen sind in Käfigen jene großen schwarzen Schweine ohne Rückenborsten zu sehen, deren Fleisch ganz dem Schwarzwild ähnlich, oder ein Stachelschwein, oder ein kleines unzenartiges Tier, was sich anständig und zahm gebärdet, dann Affen von allen Arten und anderes fremdländisches Getier.

Fremde von allen europäischen Nationen, die sich jenes Treiben besichtigen, Schwarze aus allen Stämmen Afrikas, verkaufend und einkaufend, arbeitend und müßig einherschlendernd, beleben das Ganze und vermehren dessen Reiz.

Die ersten Tage in Rio benütze ich, um einige Empfehlungsbriefe abzugeben, die ich dahin hatte. Die Mehrzahl derselben habe ich später bei Kap Horn in die See geworfen, und sie sind ohne Zweifel von den Albatrossen verschluckt worden, die dem Schiffe folgten. Binden nicht spezielle Bande den Schreiber und Empfänger solcher Briefe, oder walten nicht besondere günstige Verhältnisse ob, so bringen sie meistens wenig Nutzen.

Halb Nabob, halb Englishman steht der Empfänger des Briefes vor euch, die Daumen in den Armlöchern der Weste, mit den Augen halb den Schützling musternd, halb zur Türe hin bekomplimentierend, und aus allen diesen Halbheiten wird euch bald ganz klar, dass ihr am besten sogleich wieder geht. Ich habe es redlich getan, freundlich, lachend, und mit höflich ausgesprochenem Troste, dass ich nicht wiederkommen werde. Zu Schutz und Entschuldigung aller jener Empfänger braucht aber kaum bemerkt zu werden, dass, wenn jeder derselben nur einen halben Tag einer solchen Empfehlung opfern wollte, der Leichtsinn, mit welchem sie häufig gegeben werden, ihm wohl wenig freie Zeit übrig lassen würde.

Als ich am nächsten Tage des Abends in das Gasthaus zurückkehrte, fand ich einen ziemlichen Teil der Schiffsgenossen krank und in jämmerlichem Zustande. Der unmäßige Genuss von Früchten trug ohne Zweifel die Schuld. Ich empfahl Mäßigkeit für die Folge und ließ heißen starken Tee ohne irgendeine andere Zutat nehmen. Durchfall und Erbrechen hoben sich überraschend schnell und die gefürchteten Fieber blieben aus. Ich für meine Person habe während meines dortigen Aufenthaltes ganz nach Belieben meine Lieblingsfurcht, die Orange, und ebenso Ananas gegessen, dazwischen selbst mit Einschluss des Wassers, jedes Getränk genommen, ohne je irgendein Übelbefinden zu spüren. Auch die gefürchteten Moskitos ließen sich erträglich an, und ich habe in Franken in manchen Jahren während einer Nacht mehr von den dort so genannten Schnaken *(Culex pipiens)* ausgestanden als während meines ganzen Aufenthalts in Brasilien von den Moskitos. Im Innern des Landes und in der Nähe von Sümpfen leugne ich natürlich nicht das Beschwerliche dieser Gäste. Diejenige Art derselben, welche uns heimsuchte, war klein, etwa zwei Linien lang und mit gefiederten Fühlfäden. Sie summt und pfeift nach Art unserer deutschen Schnaken und ihr Stich hinterlässt einen kleinen Hügel, der mehrere Tage bleibt und in der Mitte einen schwarzen Punkt hat. Wir hatten auf dem Schiffe, nachdem wir Rio verlassen hatten, einige Tage lang fast mehr von ihnen zu leiden, als am Lande selbst.

Einen der lohnendsten Ausflüge in der Umgegend von Rio de Janeiro machte ich nach einigen Tagen meines dortigen Aufenthaltes nach dem Corcovado, dem höchsten Berge in der Nähe der Stadt. Man geht eine große Strecke längs einer Wasserleitung, welche allenthalben berühmt ist und sicher diesen Ruf verdient. Über zwei Stunden weit wird vom Corcovado aus das Wasser einer Quelle des Rio Catetes in die Stadt geführt. Der Bau besteht aus achtzig Doppelbogen, und ist an manchen Stellen über hundertundsechzig Fuß hoch. Das Wasser läuft in demselben gedeckt und verschlossen, aber an vielen Stellen kann der Vorübergehende seinen Durst löschen, indem Öffnungen mit eisernen Gittern das Schöpfen erlauben.

Die nächste Umgebung der Stadt, der Weg nach dem Berge selbst, der durch den bereits unweit der Stadt liegenden Urwald führt, die kostbaren Fernsichten, welche sich allenthalben, wo der Wald eine Lücke bildet, eröffnen, sowie die fantastischen Formen jener Vegetation, bieten einen unbeschreiblichen Zauber dar. Man wandert zwischen prachtvollen Stämmen riesiger Geoffracen, Rhexien, Cisalpinen und anderer gigantischer Bäume, die durch fast armsdicke Schlinggewächse dekoriert und verbunden sind, und zwischen ihnen hindurch leuchten in brennenden Farben Begonien, Lantanen, Pastifloren und hunderte jener Blumen, die bei uns mit Mühe gezogen werden.

Der Vordergrund jener herrlichen landschaftlichen Gemälde, die häufig durch Lichtungen des Waldes erblickt werden, wird bald durch vereinzelte Negerhütten inmitten mit Früchten überschütteter Orangenbäume, bald durch pittoreske Felspartien, bald wieder durch gefallene und mit Parasiten bedeckte Stämme gebildet. Wohl blickt man auch, frei ab von der Höhe, über eine waldige Talschlucht hinaus in die glänzende Ferne, auf den Hafen und einen Teil der Stadt und des Orgel- und Sternengebirges.

Kap Horn

Ich will einen Negertanz erwähnen, den wir, heimkehrend, zu beobachten Gelegenheit hatten. Im Hofe eines jener Landhäuser, die schon unweit der Stadt beginnen, und dann stets isolierter und vereinzelter bis in weite Entfernung von derselben angetroffen werden, hatten sich die Schwarzen beiderlei Geschlechts versammelt und führten einen ihrer Nationaltänze auf. Die Wahrheit zu gestehen, war bei diesem Tanze wenig zu bemerken von kindlicher Unschuld eines Naturvolkes oder ungekünstelter Grazie. Die Tanzenden waren je nach dem Geschlechte in zwei Reihen gestellt. Einer der Männer sprang vor und näherte sich mit hüpfenden Schritten, welche allerdings einige entfernte Ähnlichkeit mit regelrechten *Pas* hatte, der weiblichen Reihe. Die gewählte Dame, vor welcher er stehen blieb, trat vor, und nun begann der Tänzer eine Reihenfolge von Bewegungen, welche nichts weniger als zweideutig genannt werden dürfen, sondern vielmehr höchst unzweideutig und nicht näher bezeichenbar waren. Hatten sämtliche schwarze Herren ihre Tour beendet, begannen die Damen dieselben Manöver. Ich brauch wohl kaum zu merken, dass was, gelinde bezeichnet, bei den Männern als burlesk betrachtet werden konnte, von Frauen ausgeführt höchst widerlich erschien. Das Ganze löste ich in eine wilde, verworrene, jauchzende und tobende Gruppe, worauf wieder das vorher geschilderte Spiel begann.

Als begleitendes musikalisches Instrument diente ein rohes an der Sonne getrocknetes Kalbfell auf eine Tonne gelegt, nicht gespannt, und mit einem harten Holzstücke geschlagen und fast ununterbrochen von den Tanzenden mit einem eintönigen Gesange begleitet. Wir glauben die ewig wiederholten Worte *Aira Aira, re!* versanden zu haben.

Man hat mich von glaubwürdigster Seite versichert, dass jener Tanz ein Nationaltanz der Neger sei und nicht die Parodie oder Nachäffung des Menuett, wie ich teilweise zu glauben geneigt war.

Das lebhafte rege Leben, was in tropischen Städten erst mit dem Abende beginnt und bis in die späte Nacht fortdauert, ist so bekannt, dass eine Schilderung desselben vollständig überflüssig.

In Rio de Janeiro aber sind die Abende schon vor Sonnenuntergang prachtvoll, weil der Seewind, der dort herrscht, kostbar erfrischt. Ich brachte bisweilen, war ich gerade nicht auf einer größeren Exkursion, solche Abende in einer jener Restaurationen nahe am Hafen zu, welche einem Franzosen gehörte, und woselbst ich später kurz vor der Abreise auch einige Tage wohnte. In diesen Anstalten herrschte eine merkwürdige Mengung von französischer Eleganz, brasilianischem Überflusse und zugleich, wie soll ich mich ausdrücken – einer gewissen Einfachheit der Sitten.

Die großen bogenförmigen Türen sind in den zu ebener Erde und gegen die See liegenden Speisezimmern stets geöffnet, sodass die frische Luft ungehindert Zutritt hat, an den Wänden schöne Kupferstiche, die kleinen Speisetische mit Silber und Kristallglas geziert und in der Mitte des geräumigen Gemaches eine Art Buffet zierlich, ja malerisch geschmückt mit allen jenen essbaren Produkten des Landes aus Tier- und Pflanzenreich, die bei uns mit Gold gewogen, dort um einige Kreuzer zu haben sind. Eine Miniaturausgabe des besprochenen Viktualienmarktes. Hinter einem anderen in der Tiefe des Zimmers befindlichen Buffet beaufsichtigt eine zierliche Französin die Spirituosen. Aber der Kellner geht in Hemdärmeln, in abgetretenen Pantoffeln, nicht selten ohne Strümpfe und die Bedienung ist, wenn gerade nicht langsam, doch eigentümlich. Ich war Augenzeuge, wie ein Fremder ein Glas Cognac verlangte. Der am Buffet lehnende Garçon hatte zufällig die linke Hand in der Tasche seiner Beinkleider stecken. Es war ihm lästig, sie zu entfernen, und so ergriff er die in der Nähe stehende Cognacflasche mit der Rechten, beseitigte den Stöpsel mit den Zähnen, füllte ein Gläschen und verkorkte die Flache wieder auf dieselbe Weise, ohne die Linke zu rühren. Hier wusste die Linke nicht, was die Rechte tat, und umgekehrt, wie es häufig in unseren Kammern der Fall ist.

In jener Restauration versammelte sich ein großer Teil der Reisenden, deren Schiffe im Hafen lagen, und das babylonische Gewirre aller Sprachen, welches meist dort herrschte, ist schwer zu beschreiben. So war ein nordamerikanisches Schiff, welches, wie wir, nach Kalifornien bestimmt war, bei Kap Horn wegen Havarie gezwungen gewesen, umzukehren, und dessen Passagiere gaben uns jeden Abend Gelegenheit, Yankeesitte vor Augen zu haben.

Eine Zigarre oder Kautabak im Munde, und war es halbwegs möglich, beide Füße auf dem Tische, spuckten diese Gentlemen mit bewundernswürdiger Virtuosität weit ab von sich an Wände und Gerätschaften. Aber ich hatte auch Gelegenheit, den durchweg praktischen Sinn jener Leute zu beobachten. Sie hatten an einem Abend auf der Straße vor dem Gasthause Händel mit den Brasilianern angefangen, man hatte die Messer gezogen, und einige der Nordamerikaner waren, ich weiß nicht auf welche Art, durch tiefe Querschnitte über den Rücken verwundet worden. Es war nötig, vor der Übermacht auf der Straße sich durch das Haus auf die andere Seite ins Freie zurückzuziehen, und sie bewirkten diesen Rückzug, indem sie gänsemarschartig sich mit außerordentlicher Geschmeidigkeit durch alle Gäste schoben, den Einzelnen wegstoßend, größeren Gruppen ausweichend und die Verwundeten so mit sich schleppend, dass diese mit beiden Händen sich an den Schultern des Vordermanns festhielten, während ihr Hintermann sie selbst am Kragen gefasst hielt.

Nicht leicht habe ich den Ausdruck heiterer und harmloser Freude über eine ganze Bevölkerung ausgebreitet gesehen als in Rio de Janeiro am Vorabende des Johannisfestes.

Sicher ist es eine der glücklichsten Segnungen der meisten warmen Länder, dass ihre Bewohner eine gewisse kindliche Gemütlichkeit, einen eigentümlichen gütlichen Leichtsinn bewahren, die sich bei jeder Gelegenheit äußern: Am Johannisfeste freut sich alles, eben weil man sich freut. Auf den Straßen eine heitere, wogende, jubelnde Menge, in den Häusern geladene Gäste, freundliche Hausherren und geschäftige Diener, Scherz und Lust in jedem Winkel des Hauses, in jeder Laube des duftenden Gartens. Sobald es zu dunkeln beginnt, erheben sich Tausende von farbigen Ballons in die Luft, die entweder in der Höhe verschwinden oder durch ein angebrachtes Feuerwerk in Flammen geraten und Leuchtkugeln oder Raketen auswerfen. Aber auch auf der Erde entzünden sich allenthalben plötzlich farbige Leuchtsätze und nicht selten wird irgendeine zärtliche Gruppe unfreiwillig beleuchtet, Raketen steigen in die Höhe, Schwärmer und sogenannte

Frösche blitzen und knallen allerorten. Das eigentliche Johannisfeuer aber, von welchem sich auch in Deutschland an mehreren Orten noch Spuren erhalten haben, brennt vielfach in jeder Straße und auf größeren Plätzen in mächtigen Flammen. Alte Kisten und Tannen, unbrauchbares Hausgerät und hundert andere brennbare Dinge werden aufgespart auf diesen Tag, und jedermann sucht sein Scherflein beizutragen für diese allgemeinen Freudenfeuer.

Mich hat dort verwundert, wie geduldig die Pferde über jene Feuer hinwegliefen, denn da die Letzteren in ganz engen Straßen brannten, wo an kein Ausweichen zu denken war, mussten alle Wagen, welche zu Hunderten die Stadt durchzogen, durch die Flammen fahren, sodass brennende Holzstücke oft zwanzig Schritte weit von den Rädern hinweggeführt wurden.

Die Heiterkeit des Abends wurde wieder durch eine Anzahl Nordamerikaner gestört, welche Unfug verübten und durch die Polizei zur Ruhe gebracht werden mussten. Wir erfuhren bei dieser Gelegenheit die Bedeutung des Wortes »Californi!«, welches man uns bei der Einfahrt in den Hafen zugerufen hatte. Es hatten schon vor unserer Ankunft die Passagiere mehrerer gleichzeitig im Hafen von Rio verweilender nordamerikanischer Schiffe manchfache Tollheiten und Unarten verübt, in Schenken zum Beispiel statt die Zeche zu zahlen, Geräte zerschlagen, Raufereien begonnen, Dirnen misshandelt und so weiter. Da jene Schiffe nach Kalifornien bestimmt waren, so kam unter dem Volke als Schimpfwort jener Name in Umlauf, mit welchem man ohne Unterschied alle nach Kalifornien Reisenden belegte.

Man wird von mir keine statistischen Notizen über Rio verlangen, die allenthalben ebenso gut oder schlecht als ich sie geben könnte, nachzuschlagen sind. Dass die 100 000 Einwohner, welche mit Einschluss der Neger die Bevölkerung ausmachen, sich durch das, einige Monate nach meiner Anwesenheit ausbrechende gelbe Fieber bedeutend vermindert haben, ist bekannt; aber solche Verluste ersetzen sich schnell in der Neuen Welt, teils durch fremde Ankömmlinge, teils wie hier in Rio, durch Schwarze.

Das Militär hat keinen sehr günstigen Eindruck auf mich gemacht. Es besteht, mit Ausnahme von Fremden, welche in brasilianische Dienste getreten sind, aus Negern, und es ist in der Tat kein Scherz, wenn ich sage, dass der erste Anblick dieser Krieger mich an eine Affenkomödie erinnert hat. Sich selbst überlassen, stehen die Schwarzen meist mit gebogenen Knien, wodurch die ohnedies langen Arme noch länger erscheinen und dies, vereint mit den schwarzen, bisweilen wirklich fratzenhaften Physiognomien bringt jenen pavianartigen Typus zuwege. Doch stehen sie wacker und ernsthaft Schildwacht und wissen, ganz auf europäische Weise, Zudringliche von verbotenen Stellen zu entfernen.

Ich habe den Kaiser Dom Pedro mehrmals auf der Parade gesehen, welche er zu Pferde besuchte. Die Generäle und hohen Stabsoffiziere fahren in kleinen einspännigen, geschlossenen Wagen dorthin. Der Kaiser scheint durchgängig beliebt zu sein und zwischen den beiden dort herrschenden Parteien die Waage zu halten. Soviel mir während meines kurzen Aufenthaltes von den dortigen politischen Verhältnissen klar geworden, besteht eine sogenannte altportugiesische Partei, welche die früheren Verhältnisse zurückwünscht, und auf der anderen Seite die Partei der Brasilianer, welche das konstitutionelle Kaisertum erhalten wissen will, wohl auch noch weitere Fortschritte in diesem Sinne wünscht. Der Kaiser, welcher eine sehr geringe Zivilliste bezieht, soll bei ernstlichen Händeln zu verschiedenen Malen mit Bestimmtheit gedroht haben, abzudanken, was stets eine rasche Vereinigung der streitenden Kräfte herbeiführte. Von beiden Seiten mag man wohl eingesehen haben, dass einesteils ein Kaiser in Brasilien wenigstens für die Gegenwart und ohne eine vollständige Anarchie herbeizuführen, nötig, vielleicht haben auch gefürchtete Eingriffe von außen, im Falle einer Umwälzung, das Ihrige beigetragen. Wohl aber ist es auch beiden Parteien klar, dass man mit so wenigen Opfern wie gegenwärtig kaum irgendwie ein Staatsoberhaupt werde erhalten können. – Vielleicht ist hier, da ich doch einmal begonnen, von politischen Dingen zu sprechen, der passendste Ort, der Sklaverei zu gedenken.

Die Sklaverei ist in Brasilien zwar nicht aufgehoben, indessen insofern beschränkt, dass keine neuen von Afrika aus eingeführt werden sollen. Das heißt, es existiert ein Gesetz, welches dies verbietet; nichtsdestoweniger kommen indessen fortwährend Ladungen dieser schwarzen Ware an die Küste, werden heimlich ausgeladen, in die Pflanzungen geschafft und dann endlich nach und nach in die Städte gebracht, wenn man ihrer bedarf.

Man braucht nicht zu sagen, dass die Behandlung der Sklaven eine schlechte sei, es reicht hin, zu bedenken, dass sie eine willkürliche ist.

Wenn aber ein Individuum der Willkür eines andern, und wie hier, kaum mit dem Schatten eines Gesetzes geschützt, überlassen ist, kann man die Folge wohl erraten. Selbst bei bessern Gemütern liegt es leider oft nahe, Ärger und üble Laune an der Umgebung abzulassen. Es ist klar, dass gemeine und boshafte Naturen jede üble Disposition den unbeschützten Schwarzen fühlen lassen. Ein verfehltes Handelsgeschäft trägt dem Sklaven Prügel ein von seinem Herrn, und die Frau, der etwa ein Liebeshandel entdeckt oder vereitelt worden, peinigt ihre Sklavin bis aufs Blut, wie die Damen überhaupt mit eigentlichem methodischen Quälen in jeder Beziehung besser umzugehen wissen als Männer, welche einmal derb darein schlagen physisch oder moralisch, und dann Ruhe geben, wenigstens auf einige Zeit.

Was mich am meisten empört hat, ist das Misshandeln der Mütter in Gegenwart ihrer Kinder und umgekehrt. Ich habe zehn Mal und öfter vielleicht in einem Morgen gesehen, wie die Herrin in der Küche der dort beschäftigten Sklavin im Vorübergehen einige Hiebe versetzte, je nach Bequemlichkeit auf Kopf oder Rücken, und mit dem Gegenstande, den sie eben gerade in der Hand hatte, während ihre Gehilfin das Kind der Negerin mit einem Fußtritte aus der Küche schleuderte.

Wisst ihr, Freunde der Humanität, was ich dort getan habe? Ich habe jenem schlagenden Drachen Konfekt überreicht, welches ich zufällig vorher gekauft hatte, und der Schwägerin, welche dem Kinde ihre Aufmerksamkeit durch Fußstöße erzeigte, sagte ich einige Schmeicheleien, denn beide Damen waren sanfte, deutsche Landsmänninnen. Man begreift, dass verdoppelte Misshandlungen die Folge gewesen wären, hätte ich gewagt, Gegenvorstellungen zu machen. War man Zeuge einer solchen Behandlung, und ich habe

Analoges öfter gesehen, so begreift man schwer, wie der lustigste heiterste Teil der Bevölkerung doch unbedingt immer die Neger sind. Der kurz vorher durchgeprügelte Schwarze entwickelt ganz ungetrübt Fröhlichkeit, wenn die Folgen der Strafe ihn nicht allzu deutlich an dieselbe erinnern, ja er wird unverschämt, wenn er nicht stets im Zaum gehalten oder an sein »Verhältnis« erinnert wird.

Ich will jetzt erzählen, wie ich selbst Neger geprügelt habe.

Fast sämtliche Passagiere der Kajüte hatten bei Kaufmann Holm sich Bedürfnisse für die weitere Reise gekauft und einer der Passagiere und ich hatten aus Gefälligkeit den Transport dieser Gegenstände auf unser Schiff übernommen. Ich muss hier ausdrücklich bemerken, dass jener Passagier, ein junger begabter Mann für Freiheit, Menschenrechte und dergleichen großartig schwärmte und infolge des Jahres 1848 sich 1849 etwas rasch aus Deutschland entfernt hatte.

Wir hatten etwa zwanzig Neger gemietet, denselben unsere verpackten Waren gegeben, und wollten sie so zum Hafen führen. Aber schon nach den ersten Straßen, welche wir zurückgelegt hatten, schnitten uns die Neger Fratzen, führten allerlei Kapriolen aus, und machten ersichtlich Anstalt, sich nach allen Richtungen hin zu zerstreuen. So machte mir mein junger Freund selbst den Vorschlag, um uns »Respekt« zu verschaffen, einige allenthalben zum Verkaufe ausstehende Bambusrohre zu erstehen. So rasch dies geschah, so schnell waren die Neger wieder in Reihe und Glied, singend und guter Dinge zum Hafen wandernd.

Ich bin mir dort sonderbar vorgekommen, mit meinem Bambusstocke eine Reihe Sklaven führend.

Angekommen am Kai, lohnten wir die Neger bedungenermaßen ab, aber einige derselben gaben uns durch leicht verständliche Zeichen zu erkennen, sie wünschten ein Trinkgeld. Ich gab mehreren eine Kleinigkeit, nun aber hatten sie mich vollständig zum Besten, drängten uns immer weiter an den Rand des Kai, und gerade die, welche etwas erhalten hatten, waren die tollsten und ausgelassensten.

Als mich endlich einer bei den Schultern fasste, riss meine Geduld, ich holte aus, und schlug derb auf die wolligen Krausköpfe nach allen Richtungen hin, während mein freisinniger Freund, Gleiches tuend, mich getreulich unterstützte. Der Erfolg war, dass die Neger auseinanderstoben und sich mit Gelächter zerstreuten. So waren wir also, eigentlich buchstäblich um uns zu schützen, genötigt, eine Handlung auszuüben, welche wir wohl beide vorher als eine Rohheit erklärt hatten.

Ich glaube, dass eine strenge Behandlung nötig ist, wo einmal Sklaverei herrscht, ja dass dieselbe eines der Mittel ist, wodurch eine allgemeine Empörung verhütet wird. *Exempla sunt odiosa.*

Aber der Hauptgrund, weshalb wenigstens in Rio de Janeiro und Brasilien überhaupt kein eigentlicher Sklavenaufstand ausgebrochen, ist der, weil die meisten der Sklaven, wenigstens der importierten, sich untereinander tödlich hassen. Sie gehören verschiedenen Stämmen Afrikas an, die, in der Heimat sich bekriegend und selbst gegenseitig als Sklaven an die Weißen verkaufend, hier in Brasilien ihre Feindschaft umso eifriger fortsetzen, da sie sich wechselseitig als die Ursache ihres gegenwärtigen schlimmen Loses betrachten.

Die Sklaverei ist allerdings etwas Schändliches und das Empörende derselben ist noch augenfälliger für den, der nicht von erster Jugend an diesen Anblick gewöhnt ist, und für den – welcher keinen Vorteil davon hat.

Man hat eingewendet, dass man von den frühesten historischen Zeiten an Sklaven gehabt und sie behandelt hat, wie man es gegenwärtig tut; man hat gesagt, dass im Vaterland der Neger selbst die Sklaverei zu Hause; das ist alles richtig, ja es ist sogar wahr, dass man bei sehr vielen Negerstämmen nicht selten einen wohlgenährten Sklaven, welcher ein zartes Fleisch zu liefern verspricht, aufspeist.

Aber gibt das frommen und gläubigen Christen, oder den aufgeklärten freien Republikanern ein Recht, solche heidnische und barbarische Gebräuche beizubehalten? Oder hat es Grund, dass die Fortschritte des Menschengeschlechts vorzugsweise repräsentiert werden durch Dampfmaschinen und Schnellpressen, durch Kleider ohne Naht und Streichfeuerzeuge, durch vulkanisierten

Kautschuk, Missionsgesellschaften und die Anwendung der Galvanoplastik?

Eine traurige Tatsache ist, dass unter den Tropen weiße Männer kaum oder gar nicht Feldarbeit verrichten können und dass der dort geborene Indianer nie zu gedungener Arbeit zu bringen ist, sodass afrikanische Arbeiter unvermeidlich erscheinen, wenn Weiße jene Länder überhaupt benützen und bewohnen wollen.

Die ganze Welt weiß, dass diese Wahrheit eine der wichtigsten Lebensfragen für die Einigkeit wenigstens der nordamerikanischen Freistaaten ist.

Der Preis eines Sklaven ist sehr verschieden, 200 Taler (à 2 fl. 30 kr.) für ein männliches Individuum, was halbwegs rüstig, ist wohl das Minimum, aber diese Preise steigen mit der Kunstfertigkeit des Negers bedeutend, 800, 1000 Taler und auch höher, wie man mir sagte. Weiber sind im Verhältnisse billiger, indessen bestimmen auch hier körperliche Vorzüge und Geschick den Preis.

Wer sich kürzere Zeit in Brasilien aufhält, kann sich Sklaven mieten, und hier sind die Preise ebenfalls wieder bedingt durch die Fähigkeiten derselben, durchschnittlich 20 bis 30 Taler per Monat. Ja man kann sich in Rio de Janeiro allerorten Sklaven auf Tag und Stunde mieten, indem es dort eine häufige Spekulation ist, die Schwarzen beiderlei Geschlechts des Morgens hinauszuschicken, um eine gewisse Summe zu verdienen, welche des Abends abgeliefert wird. Der Mehrverdienst gehört den Sklaven, was beim Weniger geschieht, braucht kaum erwähnt zu werden.

Ein freundlicheres Bild als diese Sklavenzustände gibt der botanische Garten, aber in allen Notizen über Rio de Janeiro ist dessen erwähnt, sodass ich nur wenig über denselben berichten werde. Der Stifter dieses Gartens war ein Mönch, und die Grundidee, welche denselben leitete, die, alle Kulturpflanzen der Erde, einheimische unter gleichen Breitegraden oder im wärmeren Klima überhaupt, dort zu vereinigen, die Bedingnisse ihres Gedeihens zu studieren, und sie dann in Brasilien zu verbreiten. Soviel ich weiß, ist dieser Zweck nur unvollkommen erreicht worden, obgleich von Zeit zu Zeit die Regierung ihn kräftig unterstützt hat. Ich halte diesen Garten für den schönsten der Welt und habe ihn an Ort und Stelle für eine lebende Illustration zu »Tausend und einer Nacht« erklärt.

Die Anlage desselben ist einigermaßen im altfranzösischen Stile gehalten, aber jene Kinder der tropischen Flora haben sich nicht binden lassen durch Schnürleib und Perücke, und so ist nur das Zierliche der Etikette geblieben, und deren Steifheit verschwunden.

Man kann sich denken, welchen Effekt mächtige Baumgruppen machen, die zusammengestellt sind aus den abenteuerlichsten und prachtvollsten Blattformen der Erde.

Eine lange Allee des australischen Brotfruchtbaums fällt beim ersten Anblick in die Augen und überrascht durch die eigentümliche Form der Stämme. Mächtige Gruppen von Bambusrohr imponieren durch ihre Höhe, während andernwärts ein Feld mit Teestauden, ferner Kaffeebäume, Baumwollenbäume, Kakaobäume und alle Gewürze Indiens vor unsern Augen blühen oder Früchte tragen. Lauben, mit phantastischen Schlinggewächsen überzogen, kleine künstliche Bassins, das mystische Dunkel mehrerer Partien des Gartens, sowie die allenthalben beschäftigten Neger vollenden das prachtvolle Bild, jener Abteilung des Gartens gar nicht zu gedenken, in welcher man die kostbarsten Blumen blühen sieht und wo selbst europäische Zierpflanzen, möglichst kühl gehalten und durch Tücher vor der Sonne geschützt, gezogen werden.

Wenn man das über den Hafen fahrende Dampfboot benützt, hat man von der Stadt aus etwa eine Stunde bis zum botanischen Garten. Auf jenem Wege habe ich wieder auffallende Beweise von der stellenweise so starken Verwitterung des Granits gefunden und bezeichnende Handstücke erworben.

Einige Tage, ehe wir Rio verließen, liefen abermals einige Schiffe ein, welche teils bei Buenos Aires, teils näher bei Kap Horn so bedeutend beschädigt worden waren, dass sie umwenden und im Hafen von Rio den erlittenen Schaden ausbessern mussten. Zugleich verbreitete sich das Gerücht, als sei in diesem Jahre die Schifffahrt bei Kap Horn gefährlicher als je. Das schien bedenklich.

Mehr aber noch war die fast gleichzeitig eingelaufene Nachricht vom Vaterlande aufregender Art. Die Revolution sei erneut und vollständig ausgebrochen. Ein Teil der Fürsten sei getötet, die anderen verjagt, die Armeen zum Volke übergetreten. Blutige Rache werde genommen an Besitzenden, und Deutschland gehe einer freien, schönen Zukunft entgegen.

Vielleicht hat selten eine Nachricht bei Leuten verschiedener Parteien einen gleicheren Eindruck hervorgebracht.

Diejenigen, welche an die Schönheit jener Zukunft glaubten, bedauerten, das Vaterland verlassen zu haben im entscheidenden Augenblicke. Wir andern, die bescheidene Zweifel hegten, waren in Sorge, der zurückgelassenen Angehörigen halber. So bedauerte jeder, nicht anwesend zu sein in der Heimat, und wir trösteten uns beinahe gegenseitig, statt uns zu befeinden.

Es war die erste Nachricht vom badischen Aufstande, welche also vergrößert über die See gedrungen war. Erst in Chile erfuhren wir durch vor uns gekommene Dampfer den wirklichen Verlauf der Sache.

Wieder auf der »Reform« und geschaukelt auf den sanften Armen der alten Thetis, schien uns anfänglich alles sich vereinigt zu haben, die Fahrt zu einer angenehmen zu machen. Segelnd bei dem Winde mit Nord-Ost, oder mit Nord vor dem Winde und bei aufgesetzten Leesegeln kamen wir so rasch vorwärts, dass wir in den ersten Tagen fast täglich drei Breitengrade durchfuhren und bald die Höhe von Buenos Aires erreicht hatten.

An Bord war ein reges Leben. Die Passagiere suchten die in Rio de Janeiro gekauften Vorräte, meist alle essbarer Natur, unterzubringen. Ich verpackte und verstaute Naturalien, welche ich dort erworben, indianische Waffen und andere Gegenstände, und des Abends wurde dem erstandenen Lissabonwein, der an Portwein erinnert, aber süßer ist, nicht selten wacker zugesprochen. So machte es wenig Eindruck, dass, kaum aus dem Hafen von Rio ausgelaufen, uns der »Express« begegnete, ein Schiff unseres Reeders, welches vor uns von Bremen abgesegelt und auf der Höhe von Buenos Aires übel zugerichtet worden, sodass es umkehren und in Rio bessern musste. Die Barke hatte am linken Mast Braam- und Royalstangen verloren und sah höchst jämmerlich und zerschunden aus.

Die Fauna des Meeres ist in jenen Breitegraden eine reichliche. Wir sahen häufig Quallen von allen Arten, unter welchen Scheibenquallen von mehreren Fußen Durchmesser nicht selten. Delfine begegneten uns, Züge von Butzköpfen wurden gesehen, und mannigfache Seevögel, worunter auch schon Albatrosse, begleiteten das Schiff.

Aber auf der Höhe von Buenos Aires schon begannen wir einen Vorgeschmack zu bekommen von den Freuden des Kap Horn. Die See ward stürmisch und die häufigen Gewitter, welche unter jenen Breiten herrschen, trieben uns bald ost-, bald westwärts. Dort kamen die ersten starken Wellen über Bord und ich erinnere mich noch des eigentümlichen Anblicks, welcher uns in der Kajüte während des Mittagessens durch einen solchen unwillkommenen Gast zuteilwurde. Eine ziemliche Anzahl der Passagiere des Zwischendeckes standen an der Luvseite des Schiffes, als plötzlich eine mächtige See über Bord schlug, und da gleichzeitig sich das Schiff rasch auf die Seeseite legte, wurden sie sämtlich ziemlich unsanft, aber desto rascher von der Backbordseite auf die Steuerbordseite geschleudert, begleitet und durchnässt von einer mächtigen Wassermasse. Da unser Skylight mit vergittertem Glase gedeckt war, blieb es unbeschädigt, aber keiner von uns in der Kajüte konnte sich anfänglich erklären, was die Menge von Armen, Beinen und Köpfen zu bedeuten hatte, welche rasch und polternd und bunt durcheinandergemengt, das Skylight passierte.

Bald übrigens erlangt man die Übung, beurteilen zu können, ob die See über Bord kommen wird oder nicht, und kann so der namentlich in höheren Breitegraden unangenehmen Durchnässung ausweichen, oder sich schützen.

Die meisten Gewitter, welche uns dort überraschten, kamen des Nachts und waren von einem heftigen Winde begleitet. Das Schaukeln des Schiffes, das Brüllen des Donners und der über Bord schlagenden Wellen, in Gemeinschaft mit dem Lärmen, der durch Bergen der Segel und auf Deck nicht selten herumrollenden Gegenstände verursacht wurde, machten manchem der Genossen schlaflose Nächte, zudem da die Seekrankheit wieder alle dafür Empfängliche stark befallen hatte. Ich selbst blieb davon verschont und wurde auch von dem nächtlichen Lärmen nicht sonderlich beunruhigt, indem ich mich bald an denselben gewöhnt hatte.

Es wurde jetzt von Tag zu Tag die See stürmischer, und das, was wie es scheint beinahe allen Schiffern, die Kap Horn umsegeln, geschieht, begegnete auch uns, wir verloren unsere Hühner. Es wurde nämlich der Hühnerkasten eines Morgens von einer starken Welle zerschlagen und ein Teil seiner Insassen teils über Bord gespült, teils beim Bruche des Behälters getötet, die wenigen wieder eingefangenen aber, welche trübselig und durchnässt im notdürftig reparierten Kasten ihres weiteren Schicksals harrten, wurden samt dem Kasten in folgender Nacht vollständig in die See gespült.

Wir hatten jene Hühner in Brasilien eingenommen, sie waren von einer hochbeinigen Rasse und schienen das Seeleben überhaupt nicht gut zu vertagen, indem sie sichtlich abmagerten und überhaupt sich jämmerlich gebärdeten, während die früher von Deutschland mitgenommen frisch und munter blieben, wurden sei gleichwohl nicht übermäßig fett befunden.

Am 16. Juli unter 50° 54‘ Länge und 44° 50‘ südlicher Breite, wurde mir von den Matrosen ein Regenbogen gezeigt, welcher am Himmel stand, während an dem Orte, wo wir uns befanden, weder Regen noch Sonnenschein war. Die Seeleute nennen die Erscheinung Sturmsack, wohl vom englischen Stake herkommend, welches Stock, Pfosten bedeutet. Wie der Ausdruck bezeichnet, bezieht man sie auf nahenden Sturm, welcher aber jenes Mal sich nicht einstellte.

War schon auf der Höhe von Buenos Aires häufig Wasser über Deck gekommen, so war jetzt buchstäblich keine trockene Stelle mehr auf demselben, indem sich das Wetter täglich verschlimmerte, und neben den fortwährend einschlagenden Wellen häufiger kalter Regen fiel. Auch die Temperatur sank bedeutend, des Mittags zum Beispiel stand am 16. Juli das Thermometer + 6,3° R. Dazu kam, dass während in der Kajüte selten gelüftet werden konnte, es doch auch dort kaum wärmer war, weil die fortwährende Nässe, erzeugt teils durch von oben eindringendes Wasser, teils durch die Menge der durchnässten Kleidungsstücke, alles erkältete. Geheizt wurde jetzt so wenig als später, da kein Ofen vorhanden, und dunkle Gerüchte, die sich von einem am Bord befindlichen Ofen verbreitet hatten, welcher in jenen Breiten aufgestellt werden sollte, sich nicht bestätigten. So wurde der Aufenthalt auf der »Reform«, je mehr wir uns dem Süden näherten, stets unbehaglicher, und diese Unannehmlichkeiten wurden noch vermehrt durch die erneut ausbrechenden Misshelligkeiten zwischen Kapitän und Passagieren.

Ich habe, wie ich schon früher erwähnte, dort mehrfach begütigt und mancherlei ersonnen, um die streitenden Teile auseinanderzuhalten, bald mit mehr, bald mit minderem Erfolge, aber ich gehe über diese Dinge hinweg, die den Leser ermüden müssten, wie sie mir zu jener Zeit zum Ekel geworden sind.

In der Nacht vom 25. auf den 26. Juli hatte ich Gelegenheit, eine eigentümliche Modifikation eines Mondhofes zu beobachten. Der Mond stand bei leicht bedecktem Himmel etwa 15 Grade hoch. Genau dem Durchmesser des Mondes gleich zeigte sich in senkrechter Richtung ein leuchtender Streif ober- und unterhalb desselben, von einer Totallänge von ebenfalls etwa 15 Graden und ziemlicher Lichtstärke, welche am intensivsten in der Nähe des Mondes selbst war. Rasch vorüberziehende Wolken oder Nebelschichten dämpften oder hoben, je nach ihrer Stärke, die Lebhaftigkeit des Lichtes, welches bisweilen ziemlich glänzend erschien. Man kann sich die Erscheinung am leichtesten versinnlichen, wenn man sich einen gewöhnlichen, aber ziemlich großen und hellen Hof um den Mond denkt, an welchem auf beiden Seiten, bis an die Ränder der Mondscheibe hin, zwei Segmente abgenommen worden sind.

Obgleich ich häufig Gelegenheit gehabt hatte, sowohl in Europa als auch auf und über der See den nächtlichen Himmel zu beobachten, habe ich doch bloß einmal später in Nürnberg (März 1852) eine ähnliche Erscheinung gesehen, indessen, wenn ich mich so ausdrücken darf, bloß angedeutet, nicht klar ausgesprochen und von geringer Intensität.

Wir gingen am 28. Juli des Morgens zwischen Staatenland und Good Success, der südlichsten Spitze des Feuerlandes, hindurch und hatten Gelegenheit, bald die eine, bald die andere der beiden Küsten ziemlich deutlich beobachten zu können. So viel teils mit freiem Auge, teils durch einen Feldstecher von Plössel zu beobachten war, möchte ich die sichtbar gewordene Küste des Feuerlands in der massenhaften Bildung ihrer Formen sehr ähnlich bezeichnen mit dem Typus der Westküste Amerikas überhaupt. Kleine Hügel schienen mehr oder weniger weit in See vorgeschoben und bildeten die äußerste Küste. Sie waren dunkel, fast schwarz gefärbt, teilweise in pittoresken Formen und schienen basaltischen und doleritischen Gebilden oder plutonischen Konglomeraten anzugehören, wie solche so häufig allenthalben an der Westküste in größerer oder geringerer Ausdehnung getroffen werden. Das mit Schnee bedeckte Gebirge, das gegen das Innere zu sich über jene dunklen Vorgebirge erhebt, trägt den Charakter granitischen Gesteins in weiterer Ausdehnung des Begriffes, wie denn solches eben auch an der Westküste der Fall, wo mächtige Massen von Granit, Gneis und Glimmerschiefer das Festland bilden, bis sie durchbrochen werden von der Andeskette, jener gigantischen Musterkarte aller plutonischen und vulkanischen Gesteine der Erde.

Staatenland, uns, den Vorübersegelnden, auf der Backbordseite liegend, zeigte im Allgemeinen ähnliche Formen und jene ins Meer reichenden Felsgebilde traten bisweilen noch klarer ausgesprochen hervor. Es mag nicht bezweifelt werden, dass Staatenland verbunden gewesen mit dem Feuerlande, und entweder getrennt worden ist von demselben bei der Hebung beider über die Oberfläche des Meeres, vielleicht aber auch durch eine jener gewaltigen späteren Katastrophen, die periodisch eingetreten sein müssen noch nach der Entstehung jener Länder.

Wem, wohnend auf dem, wenigstens wie es scheint geognostisch ziemlich feststehenden Boden unsers guten alten Deutschlands, eine solche gewaltsame Trennung so bedeutender Massen in vorhistorischer Zeit unglaublich erscheint, den verweise ich auf die erst vor 100 Jahren (1746) vor sich gegangene Entstehung der Insel San Lorenzo bei Callao, welche früher ein Teil des Festlands, im genannten Jahre durch ein Erdbeben losgerissen wurden, und jetzt eine Viertelstunde weit in See liegt.

Wir hielten uns, verloren wir auch bald die Küste aus den Augen, doch stets nicht weit vom Lande entfernt, und die Temperatur sank infolgedessen ziemlich bedeutend, sodass das Wasser jetzt stets um einige Grade wärmer war als die Luft; so stand des Abends am 28. Juli das Thermometer an 0° R., während das Wasser + 4° R. zeigte.

Ich will hier eine kurze Schilderung unseres Lebens und Treibens während der Umschiffung des Kap Horn geben.

Jämmerlicher und trostloser kann nicht leicht etwas gedacht werden als eine solche Reise für den Passagier. Wir passierten das Kap unter 56° 18‘ südlicher Breite, aber wie ich schon erwähnt, hatte das schlimme Wetter bereits auf der Höhe von Buenos Aires begonnen und so hatten wir über fünf Wochen mit Unannehmlichkeiten aller Art zu kämpfen.

Eine See, die fast unaufhörlich zwanzig Fuß hohe Wellen wirft, Regen, Schnee, Hagel und eisige Nebel, das waren die Erholungen auf Deck, wenn man sich retten wollte aus der Kajüte vor dem Gestöhne der Seekranken, der kalten dumpfen Luft, dem ekelnden Schmutze, der Nässe und der Finsternis, welche dort herrschte.

Die Tageshelle begann zwischen zehn und elf Uhr, und verschwand wieder vor drei Uhr des Nachmittags. In der Kajüte aber war die einzige Helle die, welche durch die geöffnete Tür von oben eindringen konnte, oder die spärlichen Strahlen, welche durch die einen Zoll breiten und sechs Zoll langen Prismen in die einzelnen Kojen fielen, denn das Skylight war durch einen hölzernen Kasten gedeckt worden, da die unaufhörlich über Deck einschlagenden Wellen dasselbe in kurzer Zeit zertrümmert hätten.

Trotzdem, dass die Fugen dieses Kastens mit Teer und Werg verklebt waren, drang doch hie und da, von besonders ungünstig einschlagenden Wellen, Wasser durch dasselbe in die Kajüte, und ebenso kamen durch die geöffnete Tür häufig ganz artige Wassermengen in unser Gefängnis und vermehrten die Nässe und den Schmutz.

Es war durchaus nötig, von Zeit zu Zeit auf Deck frische Luft zu schöpfen. War man aber auch durch Übung imstande, meistens den einschlagenden Wellen auszuweichen, so wurde man doch durch den fast unaufhörlich fallenden Regen unbedingt durchnässt und kehrte in die Kajüte mit nassen Kleidern zurück. Da diese aber nie getrocknet werden konnten, so besaß in kurzer Zeit niemand mehr ein halbwegs trockenes Kleidungsstück.

Man kann sich eine Vorstellung machen von der Atmosphäre in dem engen uns angewiesenen Raume, in welchem achtzehn Menschen aßen, schliefen, teilweise Tabak rauchten, ihre nassen Kleider aufbewahrten und nebenbei zum großen Teile seekrank waren, mit allen Erscheinungen jener Krankheit, welche ich nicht näher bezeichnen will.

Kap Horn ist als die Region des fortwährenden Regens bezeichnet, oder besser als die Region der kontinuierlichen meteorischen Niederschläge, und in der Tat wechseln dort Schnee, Regen und Hagel ohne Aufhören, und nur selten wurde auf einige Augenblicke die Sonne gesehen als eine gelbliche, schwach leuchtende Kugel, verdrießlich zwischen Wolken hervorblickend und sofort wieder von diesen verdeckt. Bisweilen fiel ein so dichter Nebel, dass auf keine zwanzig Schritte weit gesehen werden konnte und vom Steuer aus am Bugspriet stehende Männer vollkommen unkenntlich waren.

Schlimmes Wetter, wie es die Seeleute nennen, herrscht immer in jenen Breiten, aber es ist von der Art, dass man es getrost heftigen Sturm nennen kann. Bisweilen aber treten plötzlich Windstillen ein, die einige Stunden anhalten, sodass das Schiff dem Steuer nicht mehr folgt und buchstäblich treibt. Aber die heftige Dünung, das heißt die hohen stoßenden Wellen, welche vom kurz vorher stürmenden Wind zurückgeblieben sind, werfen das Schiff dann so nach allen Seiten hin, und ohne eine bestimmte Richtung, dass wie die Seekranken sagen, diese Bewegung unangenehmer ist, als die des höchsten Sturmes. Meist wird eine solche Windstille durch eine plötzliche heftige Böe beendet, bei welcher nicht selten die Schiffe zu Schaden kommen. Strömungen des Meeres von West nach Ost erschweren die Fahrt in jenen Regionen, wenn man beabsichtigt westwärts zu gehen, wozu noch kommt, dass am Kap Horn und in jenen Breiten überhaupt fast stets Westwinde wehen.

Unser Leben war dort ein kümmerliches und trübseliges, und blieb ich auch von der Seekrankheit verschont, so hatte ich desto mehr von der Kälte zu leiden, welche stets mein arger Feind gewesen ist. Es ist eine schlimme Aufgabe, Tag und Nacht Frost und Nässe zu ertragen, mehrere Wochen hindurch, ohne sich nur ein einziges Mal halbwegs erwärmen zu können. So kam, trotzdem dass die Temperatur in der Kajüte nicht unter + 6° R. fiel, doch häufig Erfrieren der Hände und Füße vor, und ich selbst hatte viel daran zu leiden, obgleich ich früher in Deutschland zu manchen Zeiten bei hohen Kältegraden den Tag und die halbe Nacht hindurch im Freien zugebracht hatte. Das Übel macht sich bemerkbar durch Rötung und Anschwellen der Finger und Zehen und brennenden Schmerz in denselben. Ich habe als das beste Mittel gegen dasselbe, bei anderen und bei mir, Bleisalbe erprobt, welche rasch heilend wirkte, und bei mir wenigstens keine der später wiederkehrenden Folgen erfrorener Glieder bemerken ließ.

Ich bin in jener Zeit täglich, wie sonst des Morgens auf Deck gegangen und habe mich mit Seewasser gewaschen, wobei ich mich freilich sonderbar genug behelfen musste, da des heftigen Schwankens halber kein Waschgefäß gestellt werden konnte, oder vielmehr stehen blieb. Den übrigen Teil des Tages brachte ich größtenteils in der Koje liegend zu, welche ich mir möglichst artig und behaglich mit in Brasilien gekauften Schaffellen ausgefüttert hatte. Halb schlafend, halb wachend, habe ich dort böse Träume gehabt, und wer sich je eine erlaubte anständige Erholung damit verschaffte, mich zu quälen und zu kränken, kann mit Satisfaktion diese Zeilen lesen. Die stündlichen Beobachtungen des Barometers und die der Temperatur waren die einzige nützliche Beschäftigung, welche ich dort vorgenommen habe.

Noch jetzt ist die eigentliche Gefahr bei der Umschiffung des Kap Horn nicht ganz beseitigt und manche Schiffe werden dort übel zugerichtet. In früherer Zeit aber gehört diese Fahrt zu den berüchtigtsten. Manche Schiffe waren gezwungen, umzuwenden, und um das Kap der Guten Hoffnung segelnd, den großen Ozean und das Ziel ihrer Bestimmung zu erreichen. Ansons Reise in den Jahren 1740 bis 1744 gibt hierüber interessante Aufschlüsse und Beispiele wie ganze Geschwader zerstreut und verschlagen wurden, und wie gegen die Jetztzeit eine unverhältnismäßig große Menge von Schiffen vollkommen zum Dienste untauglich wurden, oder selbst verloren gingen.

Man verdankt den Verbesserungen in der Schifffahrt, vor allem wohl den Änderungen im Bau der Schiffe selbst, die gegenwärtig sehr verringerte Gefahr, denn eine bedeutende Veränderung in den klimatischen Verhältnissen, in Windrichtung und Strömung und in der Intensität beider ist nicht wohl denkbar und geht aus den Schilderungen jener Zeit und den Erscheinungen der Gegenwart auch nicht hervor.

Wir hatten am 31. Juli des Morgens Kap Horn in Sicht. Ich zeichnete die Felsengruppe, wie ich es vorher auch bei den Küsten von Feuerland und Staatenland getan hatte. Kap Horn ist eine wild und grotesk aus dem Meere hervorgeschobene Felsenpartie und gehört, so wie Diego Ramirez und andere Felseninseln jener Region, wohl unzweifelhaft den basaltischen und doleritischen Formen an, deren ich schon vorher erwähnte, als ich von der Küste des Feuerlandes und Staatenland gesprochen habe. Zwei dunkle mächtige Felsen, scheinbar dicht aneinanderliegend, wurden uns als das eigentliche Kap bezeichnet, dann aber breitet sich gegen Osten hin eine kleine Kette mit Schnee bedeckter kegelförmiger Berge aus, welche wohl in der Wirklichkeit höher sind, da sie aber weiter zurückliegen, niedriger erscheinen.

Kap Horn in Sicht hatten wir nach kurz vorausgegangener Windstille eine heftige Böe aus Nordwest und dann plötzlich Ostwind, sodass wir, was selten der Fall, mit ganzen Leesegeln rasch vorübersegelten. Es ist übrigens kein seltener Fall, dass man näher vorüberfahrend dennoch das Kap nicht zu sehen bekommt, da häufig dichte Nebel dort alles verdecken; viele Schiffe gehen auch weiter südlich, sodass man sich immer glücklich preisen kann, bei der Umschiffung den berüchtigten Felsen selbst gesehen zu haben.

Den meisten Passagieren stieg der Mut, als wir so rasch dahinflogen und der größte Teil der Beschwerden war vergessen, trotz des Hagels, der dicht auf unsere Köpfe fiel, und des Eises am Tauwerk, welches trotzdem, dass das Thermometer + 2° R. zeigte, erst gegen Mittag verschwand.

Des folgenden Tages, am 1. August, stieg gegen Abend das Barometer plötzlich sehr rasch, und es stellte sich alsbald ein so heftiger Nordostwind ein, dass wir die schlimmste Nacht der ganzen Reise hatten, und selbst der alte Steuermann versicherte »nicht oft« so schlimmes Wetter erlebt zu haben.

Auch die bestmöglichst verstauten Effekten der Passagiere flogen in allen Ecken umher; Fässer und Kisten, unsere Privatvorräte, Mützen, Pfeifen und Schuhe, kurz, all unser ärmliches Gerät wurde bunt durcheinandergewürfelt, und manches zerstört und verdorben. Bei dieser Gelegenheit ging auch der Rest der für unsern Gebrauch bestimmten Trinkgläser in Stücke, und die einzige Wasserkanne entleerte im Sterben ihren Inhalt in die Koje eines Freundes, der sich übel gebärdete, und anfänglich die plötzliche Nässe den durch ein Leck eindringenden Meeresfluten zuschrieb.

Es hat sich nicht selten getroffen, dass in jenen Breiten auf ein Steigen des Barometers etwas weniger übles Wetter folgte, und mein Pariser Aneroid, vermöge welchem ich leichter, als es auf des Kapitäns Quecksilberbarometer geschehen konnte, ein leichtes Steigen oder Fallen anzugeben imstande war, hatte sich Ruf erworben am Bord, aber in jener Nacht erlitt sein prophetischer Ruf einen bedeutenden Stoß.

Bis zum 5. August blieb der Himmel stets so bedeckt, dass weder Länge noch Breite genommen werden konnte, und zugleich fiel unaufhörlich ein kalter Regen, häufig mit Hagel wechselnd. Wir sahen, mutmaßlich unter dem 50.° südlicher Breite die ersten Walfische an der Westküste, und häufige Züge von Butzköpfen, aber sonst mit Ausnahme weniger Vögel, Albatrosse und der Kaptauben, kein lebendes Wesen, ebenso keine Spur von Leuchten der See. Delfine indessen und eine ziemliche Anzahl Vögel verschiedener Art zeigten sich wieder am 6. und die folgenden Tage. Endlich am 10. August sahen wir zum ersten Male die Küste von Chile, welche ich mit speziellem Interesse betrachtete, da ich beabsichtigt, dort längere Zeit zu verweilen.

Die erwähnten schwarzen doleritischen und basaltischen Formen fehlten hier, und es schien, von der Ferne gesehen, die Küste aus einer Reihe flacher und sanft abgerundeter Hügel zu bestehen, hinter welcher aber direkt sich eine Kette schroffer mit Schnee bedeckter Berge erhob, in welcher Piks und groteske Formen nicht fehlten.

Wir sollten in einigen Tagen, so hieß es, in Valparaiso, wörtlich: im Tal des Paradieses sein, und konnten uns nicht recht erklären, wie die Palmen und Orangenhaine dieses glücklichen Landstriches so dicht bei wilden eisigen Bergen liegen sollten.

Man vergaß das wieder, als wir, abhaltend von der Küste, sie bald wieder aus dem Auge verloren; aber ich, der ich später in Chile blieb, trug den Glauben, als seien die Gipfel dicht an der Küste liegender Berge mit Schnee bedeckt wohl zehn Tage mit mir umher, und habe gezeichnete Skizzen auch in diesem Sinne, wie ich es sah, behandelt.

Erst später habe ich erfahren, dass jene schneeigen Gipfel, welche wir schon von Bord aus gesehen, die Andeskette waren, die *Cordillera alta*, das viel besprochene, aller Welt bekannte Gebirge. Eine eigentümliche optische Täuschung, welche fast allenthalben in Chile auftritt, ließ die vierzig bis fünfzig Stunden weit von jenem niedern Küstengebirge entfernte Kette der hohen Cordillera uns als dicht hinter demselben aufsteigend erscheinen. Es fehlt das, was die Maler Lichtperspektive nennen, und ich hatte später von der Cordillera aus, gegen See blickend, eine ähnliche Erscheinung.

Noch an demselben Tage beschied mich der Kapitän in seine Kajüte und eröffnete mir, dass wir demnächst in Valparaiso einlaufen würden, zugleich stellte er mir die Schiffsbücher zur Disposition, sodass ich zu meinen Thermometer- und Barometerbeobachtungen die tägliche Länge und Breite beizufügen imstande war.

Es ist Gebrauch auf den meisten Schiffen, auf welchen sich viele Passagiere befinden, sorgfältig die Länge und Breite geheim zu halten. Ja selbst die Matrosen wissen kaum, wo sie sich befinden, und vermögen nur mutmaßlich zu schätzen. Es hat dies seinen guten Grund. Abgesehen davon, dass der Kapitän sich kaum retten könnte vor der Unzahl müßiger Fragen taktloser Reisenden, warum man zum Beispiel westwärts und nicht mehr nach Osten steure, und umgekehrt, warum es heute so langsam gehe, und bis zu welcher Zeit man diesen oder jenen Ort erreichen werde, würde auch der Missmut der Passagiere besonders bei Reisen, wie die um Kap Horn, bedeutend gesteigert werden, wenn man sich plötzlich um einige Grade zurückgeworfen oder verschlagen sieht, oder wenn der Kapitän zu lavieren gezwungen ist. Bei bedrohlicher Stimmung der Mannschaft aber, und offener Meuterei, hat der Kapitän immer die Mittel in der Hand, irgendwo einzulaufen oder wenigstens in die Nähe eines Hafens zu gelangen, wo Hilfe und Schutz erwartet werden mag. Mir speziell hatte der Kapitän die freundliche Erlaubnis schon in der ersten Zeit der Reise gegeben, täglich nach dem Journale die Länge und Breite zeichnen zu dürfen. Aber ich lehnte dankend ab, da ich einerseits, als Mitwisser des alle interessierenden Geheimnisses, ebenfalls bestürmende Fragen befrüchtete, auf der anderen Seite aber Sorge trug, für den Verräter desselben gehalten zu werden, wenn etwa der Wahrheit nahe kommende Vermutungen laut geworden wären. So zog ich vor, erst jetzt das Fehlende nachzutragen in den freigelassenen Spalten meiner Tabellen.

Wir sahen am 11. des Nachmittags zum zweiten Mal die Küste von Chile und liefen am 12. August des Morgens in den Hafen von Valparaiso ein.

Verwöhnt von der üppigen Pracht Brasiliens, wollten uns die kahlen, verbrannten Hügel, die vor uns lagen, keinen besonders glänzenden Eindruck hervorbringen, doch tröstete man sich für die Folge mit Ausflügen »ins Innere«, für die nächste Gegenwart aber mit der Hoffnung, bald wieder festen Boden unter den Füßen zu haben, und, vor allem, Landkost zu verspeisen.

Kapitel 3

VALPARAISO

Natürlich ist vor allem die Frage: Wie wird das Wort ausgesprochen? Man schreibt Valparaiso, aber spricht man auch Valparaiso? Oder spricht man Valparaïso? Oder vielleicht gar Valpareso? Die großartige Wichtigkeit dieser Frage hat mir erst eingeleuchtet, als ich, nach Deutschland zurückgekehrt, von fast allen meinen Freunden mit solchen Fragen bestürmt worden bin. Leider habe ich an Ort und Stelle mein deutsches Blut so weit verleugnet, keine Nachforschungen anzustellen, welches die richtige, von dortigen Gelehrten anerkannte Aussprache ist. Ich kann also nicht verbürgen, ob Valparaiso oder Valpareso recht oder fehlerhaft, aber ich kann sagen, dass die Chilenen beide Aussprachen gebrauchen, bald so, bald so sprechen, und dass mir an Ort und Stelle die ganze Sache höchst gleichgültig gewesen ist. Woher die Stadt den Namen bekommen, werde ich später berichten.

Nachdem, leider indessen höchst mangelhaft, dieser unzweifelhaft interessanteste Punkt abgehandelt, muss ich mit wenigen Worten vorausschicken, wie und in welcher Form ich berichten werde, was ich in Chile gesehen. Ich werde einige der größten Städte, welche ich besuchte, beschreiben und das Leben und Treiben daselbst, die Sitten und Gebräuche schildern, soviel mir davon bekannt geworden. Dann werde ich deren Umgebung gedenken, weiterer Exkursionen, und der Reisen durch das Land. Indem mir so Gelegenheit werden wird, der Tier- und Pflanzenwelt zu erwähnen, der Berge und Täler, der Flüsse und Seen, sowie klimatischer Verhältnisse, mag es vielleicht gelingen, eine Skizze zu geben von Chile, ohne durch tägliche Berichte den Leser zu ermüden.

In den ersten Tagen aber mag es mir vergönnt sein, mehr von mir selbst zu sprechen, als es später geschehen soll.

Kaum ans Land gestiegen, wo sich die Passagiere nach allen Richtungen zerstreuten, eilte ich zu dem Kaufmanne, auf welchen ich Wechsel zu beziehen hatte, um solche zu präsentieren, wie man es, wenn ich nicht irre, nennt, und zugleich zu bitten, den Betrag noch zu verwahren, da ich in fremdem Lande mich nicht mit unnötigem Gelde beschweren wollte. Alle Geldgeschäfte haben von jeher für mich etwas so unendlich Widerwärtiges gehabt, dass ich sie so rasch als möglich beendete, und eben dessen froh, das Store verlassen wollte, als ich mit Gerstäcker bekannt gemacht wurde, der bereits seit drei Wochen in Valparaiso, sich ebenfalls im Store eingefunden hatte, um Landsleute zu begrüßen und Neues aus Europa zu hören.

Gerstäcker war der erste Landsmann, ja der erste Mensch, der in der neuen Welt mir mit der liebenswürdigsten Freundlichkeit und Offenheit entgegengekommen ist, und mir sogleich am ersten Tage unserer Bekanntschaft die wesentlichsten Dienste erzeigte, indem er mit Aufopferung seiner eigenen Zeit, mir eine Wohnung suchen half.

Ich hatte an einen deutschen Kaufmann, dessen Namen ich vergessen habe, einen Empfehlungsbrief von Haus mitgebracht, und wurde empfangen, wie ich bereits in Brasilien frostige Vorläufer erhalten. Ich erhielt den Rat, so bald als möglich ins Innere zu reisen, da in Valparaiso nichts für einen Naturforscher zu machen, und wurde zugleich wiederholt gefragt, was denn eigentlich mein Geschäft sei, auf das Naturforschen allein reise man ja doch nicht. Natürlich ließ ich mich nicht in weitläufige Erklärungen ein, wie ich denn doch nur allein in »diesem Artikel mache«, sondern bat, wie ich ausdrücklich sagte, als erste und letzte Freundlichkeit, mir auf eine halbe Stunde einen jungen Mann mitzugeben, welcher mir, der noch keines Wortes der spanischen Sprache mächtig, eine Privatwohnung möge suchen helfen, aber ich wurde abgewiesen; man sei zu sehr beschäftigt und Ähnliches, kaum aber Spuren entschuldigender Form.

Ich ließ den Menschen in seinem Musterlager sitzen und erzählte gleich darauf Gerstäcker die Geschichte, obgleich er, wie ich später erfuhr, dringende Arbeiten für Europa hatte, dennoch jenen Tag noch mehrere Stunden mit mir umherlief, mit seinem wie er sagte sechswöchigen Spanisch wacker dolmetschte, und mir wirklich eine für Valparaiso ganz erträgliche Wohnung verschaffte.

Ich habe manche heitere Stunde mit Gerstäcker in und um Valparaiso verlebt, wir versprachen uns, auf weiterer Reise nicht die Hälse zu brechen, gesund nach Hause zurückzukehren und uns in Europa wieder zu treffen. Wir haben uns getreulich Wort gehalten und ein freundliches Wiedersehen in Nürnberg gefeiert. Wer aber wissen will, wie Gerstäcker nach Chile gekommen und Weiteres, mag seine Reisebeschreibung kaufen, die ohne Zweifel bereits erschienen ist, während ich Gegenwärtiges schreibe.

Bald hatte ich das nordamerikanische Hotel, in welchem ich zuerst eingekehrt, verlassen, und war in meiner neuen Wohnung eingerichtet. Vier kahle Wände, ein mit gebrannten Steinen gepflasterter Boden, eine aus Holzstückchen zusammengesetzte Decke und freies Wasser, was man sonst in den meisten Häusern kaufen muss, war die Herrlichkeit, welche monatlich eine halbe Unze kostete, das heißt etwa einundzwanzig Gulden. Ich mietete einen alten Tisch für einen Peso per Monat, warf meine Matratze auf den Boden und indem ich meine drei Koffer als Sofa und Stuhl benutzte, war meine erste Einrichtung beendet. Ich hatte meine Hausfrau nur einmal gesehen, den Hausherrn in den ersten acht Tagen gar nicht, ich hatte Haus- und Zimmerschlüssel, obgleich Ersterer kaum nötig, da das Haus bis nach Mitternacht stets offen. So war ich wieder, nach langer Zeit einmal Herr in meinen vier Pfählen und lief ins Freie, mir die Stadt zu besehen.

Valparaiso mag eine schöne Stadt genannt werden, wenn vielleicht nicht ganz im alteuropäischen Sinne, wo viele solcher Prachtgebäude gefordert werden. Aber der unverkennbare Ausdruck des raschen und rüstigen Vorwärtsschreitens, des fortwährenden Wachsens wirkt wohltätig und erfreulich auf den Fremden, der sich zum ersten Male die Stadt besieht. Wohl eine Stunde und weiter, zieht sich dieselbe dicht am Ufer des Hafens hinweg, schmal, an vielen Stellen öfters nur einige Straßen breit, an einer Stelle nur zusammenhängend durch wenige Häuser, an anderen Orten aber sich wieder weit ausbreitend, wie es eben die Berge erlauben, an welchen die Stadt liegt, und welche an manchen Stellen fast an die See vorgeschoben sind. Der ausgebreitetste Teil der Stadt ist der, wo früher das Dorf Almendral lag. Jetzt ist dort die

Calle des Almendral, eine breite, jeder Hauptstadt würdige Straße, und von dem Kote, von welchem frühere Reisende missfällig berichten, ist dort nichts mehr zu sehen. Auf den Hügeln nächst der Mitte der Stadt und unweit des Hafens, liegen zierliche Häuser in südeuropäischem Geschmacke meist mit kleinen Gärten versehen, umrankt und beschattet von Schlingpflanzen und mit kostbarer Aussicht auf Hafen, See und Stadt. Meist werden diese lieblichen kleinen Villen von den reicheren Kaufleuten und häufig von Deutschen bewohnt, und sind gastfrei dem geöffnet, der einmal Zutritt gefunden. Ich werde zu gegebener Zeit Freundliches hievon zu berichten haben, denn ich bin artig aufgenommen worden von allen Deutschen, die ich kennenlernte; zuvorkommend aber und herzlich von mehreren Männern, denen ich stets ein dankbares Andenken bewahren werde.

In den Tälern zwischen jenen Hügeln und den nicht selten steil abfallenden Schluchten, werden wohl auch noch hie und da hübsche Häuser getroffen, doch wohnen dort meist ärmere Leute, und oft weit sich an jenen Abhängen verzweigend, enden Häuser und Hütten, immer mehr sich vereinzelnd endlich die Stadt.

Recht deutlich können diese Ausläufe der eigentlichen Stadt unweit der Almendral bemerkt werden, und ich möchte solches als charakteristisch bezeichnen für die meisten größeren Städte Südamerikas. Die ansehnlicheren Gebäude werden in solchen Teilen der Stadt allmählich seltener und wechseln mit kleineren bescheidenen Wohnungen, welche endlich in Hütten übergehen. Gleichzeitig verschwinden die Trottoirs, bald auch das Pflaster, man findet sich nicht selten im tiefsten Kote, ohne recht zu wissen, wie man dahin gekommen.

Die Hütten aber, anfänglich dicht aneinandergebaut, stehen bald vereinzelter und können endlich isolierte Gehöfte genannt werden, wären sie bedeutender. In Rio de Janeiro sind es freundliche Landhäuser, welche, so allmählich von der Stadt sich entfernend, den Tälern einen malerischen Reiz verleihen, hier aber in Valparaiso sind jene Vorposten der Stadt von den Lazaroni Chiles bewohnt. Die europäische Tracht, die im zivilisierten Teile der Stadt allgemein ist, macht hier dem halb indianischen Kostüme

Platz und tief braun gefärbte Frauen mit wildem verworrenen Rabenhaar und glühenden Augen sitzen an der Erde, kaum halb bekleidet, und umzingelt von ihren nackten unbändigen Sprösslingen.

Das ist wohl noch Ursitte des Landes. In der Stadt selbst möchte ich die Bauart als eine dreifache bezeichnen. Es sind die meisten Häuser zweistöckig erbaut, und man hat, Rücksicht nehmend auf die häufigen Erdbeben, alle Mühe darauf verwendet, sie gleichsam elastisch zu konstruieren.

Die öffentlichen Bauten, meist von der Regierung in früherer Zeit gebaut, sind fast durchgängig bescheiden, wenn auch ihrem Zwecke entsprechend.

Von den Kirchen, die eigentlich den Baustil repräsentieren sollten, vermag ich leider wenig Tröstliches zu berichten, Reminiszenzen an altspanische, mitunter fast maurische Zeit, aber jämmerlich, ja barock verflochten mit Zopf und Perücke, und mit einer hie und da so sonderbaren Ornamentik versehen, dass ich keinen Vergleich mit unserem Lande dafür zu finden weiß, das ist der Eindruck, welchen ich von den Kirchen in Valparaiso bewahrt habe. Ein einfaches, bloß aus dem Erdgeschosse bestehendes Gebäude ist das Hospital, welches vielleicht recht die ältere Bauart vertritt, wie sie noch zu Zeiten der spanischen Herrschaft geübt wurde. Es ist ziemlich weitläufig und besteht aus mehreren Vierecken, deren innere Höfe den Genesenden zum Spazierengehen dienen. Luftige Arkaden im Innern fehlen natürlich nicht und das Ganze scheint seinem Zwecke zu entsprechen. Die Krankensäle sind luftig, frei und reinlich gehalten. Da in jenem glücklichen Lande fast stets Türen und Fenster geöffnet erhalten werden können, so ist das Erstere nicht mit besonderen Schwierigkeiten verknüpft. Es befinden sich 180 Betten für männliche Kranke und 154 für weibliche dort, welche natürlich getrennt sind. Eine medizinische und chirurgische Abteilung besteht indessen nicht, und die Kranken liegen untereinander, so viel ich weiß, in der Ordnung, wie sie eben in die Anstalt kommen. Ein Oberarzt leitet das Ganze und ihm sind zwei Assistenten beigegeben, von welchen jeder 20 Peso den Monat Besoldung bezieht. Im Hospitale befinden sich ein Sektionszimmer und eine Apotheke mit Laboratorium. Beide gut und zweckmäßig eingerichtet. Ich habe bei dieser Gelegenheit den Preis eines Blutegels erfahren, der 6 Realen ist. Zu meiner Schande aber muss ich gestehen, dass ich nicht weiß, ob man im Lande selbst diese Tiere fängt, oder ob sie alle aus Europa dorthin gebracht werden. Dass dies mit größeren Sendungen der Fall ist, habe ich erst später erfahren.

Es mag im Allgemeinen bemerkt werden, dass die häufigsten Krankheitsformen Icterus, Syphillis in ihren verschiedenen Formen, und ebenso Phthisis und Tuberkulose sind.

Die wenigen Notizen über den Krankheitsgenius von Chile, welche ich gesammelt habe, muss ich indessen für einen anderen Ort versparen, da ich eigentlich hier nur von den Gebäuden der Stadt zu sprechen beabsichtigte.

Ein anderes Hospital, erbaut auf einem der Hügel, welche die Stadt umgeben, ist für kranke Seeleute bestimmt, doch werden, wie mir schien, auch vermögende Kranke aus anderen Ständen aufgenommen, welche ihre Verpflegung bezahlen. Es ist dort eine wirklich luxuriöse Einrichtung und das Haus liegt versteckt in einem wohlgepflegten Garten mit kostbarer Aussicht auf Hafen und See.

Ich sollte jetzt noch vom Theatergebäude berichten und etwa von dem Justizpalaste oder wie man eben die Anstalt benennt, in welcher die öffentliche Rechtspflege ausgeübt wird. Abermals aber muss ich ein, wenn nicht reuevolles doch offenes Bekenntnis ablegen, wie oben in Betreff der Blutegel. Ich habe mich um das Wesen der Justiz, um die öffentlichen Sitzungen und um die wirklichen theatralischen Vorstellungen im Opernhaus so wenig gekümmert, als ich es auch stets in Deutschland getan habe, und so vermag ich, da das Innere mich wenig interessiert hat, auch nur anzugeben, dass das Äußere der Gebäude einfach und zweckmäßig erscheint und nicht störend einwirkt auf den guten Geschmack.

Vom Hauptsitze des Gouvernements, von Santiago aus, werde ich später über Regierung und staatliche Einrichtungen zu sprechen haben, da ich dort zuverlässige Nachrichten erhalten.

Um aber die flüchtige Skizze der Stadt und ihres Weichbildes zu beenden, sei es mir erlaubt, der nächsten Umgebung von Valparaiso zu gedenken, so weit ein guter Fußgänger dieselbe zu durchstreifen vermag.

Ich habe schon der Hügel gedacht, zwischen und teils auf welchen sich die Stadt längs der Meeresbuch hinzieht. Diese Hügel gewähren an und für sich ein kahles und trostloses Ansehen. Sie bestehen aus Granit, aber die Oberfläche desselben ist verwittert und so hat sich ein eintöniges Braun erzeugt, bedeckt mit spärlichem und wenig zierlichem Pflanzenwuchse, und das nur an einigen Stellen.

Erklimmt man die Spitze jener größeren Hügel, so nimmt allmählich die Landschaft einen anderen Charakter an. Es beginnt der Pflanzenwuchs auch gegen die Höhen hin mehrfachere Ausbreitung zu gewinnen und anfänglich kleine, bald aber ausgedehntere Gehölze oder Buschwerke bedecken die Höhen. Gegen Norden zu und dort, wo die oben beschriebenen »Ausläufe« der Stadt unweit der Almendral sich allmählich verlieren, beginnen pittoreske Felsenpartien die Ufer der See zu bilden. Fischerhütten und einzelne kleine Landhäuser liegen malerisch zerstreut zwischen jenen steilen Felsenabhängen. Bisweilen ist der Weg an und um dieselben so schmal, dass man kletternd und halb über dem Wasser hängend, sich um irgendeine Ecke winden muss.

In den ersten zehn bis zwölf Tagen meines Aufenthaltes hatte ich bereits einige der nötigsten Worte und Fragen gelernt, um mich im Spanischen verständlich machen zu können. So war ich in jenen Klippen streifend auf ein kleines fast von der See bespültes Plateau gekommen, wo einige Chilenen sich mit einsammeln von Muscheln beschäftigten, und frug, da mit Ausnahme der Seite an welcher ich gekommen, allenthalben steile Wände waren, wo der »Weg« sei. Die Leute zeigten alle mit der größten Bereitwilligkeit auf eine senkrecht stehende Felsenwand, und bloß ihre freundlichen und unbefangenen Mienen bewiesen mir, dass sie mich nicht zum Besten hatten, indem sie mir eine scheinbar unübersteigliche Mauer als »Weg« bezeichneten.

Valparaiso

Näher getreten aber und bei genauerer Beobachtung fand ich bald einzelne Vorsprünge und Einbiegungen, sowie Spuren von Fußtritten und indem ich jenes Mal zuerst wie auf einer Leiter aufwärtskletterte, überstieg ich auf späteren Exkursionen häufig jene Stelle ohne mehr der Hände zum Klimmen zu bedürfen.

Von jenen Felsengruppen aus gibt es einzelne wundervolle Blicke auf die Stadt und den Hafen, welcher mit seinen Schiffen und der Unzahl von Barken, die ihn beleben, den Vordergrund bildet. Ich habe dort, fast allzu schwärmerisch, manche halbe Stunde verträumt, statt pflichtschuldigst Exemplare zu formen von den Graniten, und diverses Gewürme in den Klüften und spalten des von der See bespülten Gesteins zu fangen.

Folgt man in dieser Richtung hin noch weiter der Küste, so wird das Ufer wieder flacher und bloß einzelne Felsgebilde stehen aus dem sandigen und mit Muschelfragmenten bedeckten Boden hervor.

Bloß ungewöhnlich hohe Springfluten dringen weiter vor und man kann zu Pferde bequem allenthalben weiterkommen, wenn man die oben auf den Bergen hinziehende Straße, die ins Innere führt, verlässt.

Jene bewaldeten Schluchten, von denen ich oben gesprochen, münden dort häufig gegen die See hin aus, und es bilden sich nicht selten einzelne Partien so zierlichen Baumschlages, eingeschlossen in Felsgruppen, dass man unwillkürlich an künstliche Gartenanlagen denkt.

Besteigt man die Hügel, zwischen welchen sich jene Schluchten hinziehen, so findet man die Höhe meist bewaldet, doch fehlen auch angebaute Felder nicht, indem sich in günstiger Lage einzelne Ansiedler niedergelassen haben.

Aber es ist Zeit, dass wir zur Stadt zurückkehren und versuchen, deren leben und Treiben näher kennenzulernen.

Ich hatte meine Zeit etwa in der Art eingeteilt, dass ich des einen Tages die Umgegend durchstreifte, Mineralien, Gebirgsarten und Pflanzen sammelte und geognostische Durchschnitte zeichnete, oder mit der Flinte auf dem Rücken in den Schluchten kletternd, Vögel schoss, wohl auch am Ufer der See Conchylien und andere Seetiere fing. Des folgenden Tages wurde das Erworbene geordnet. Die erlegten Vögel abgebalgt, die Pflanzen eingelegt und Notizen ins Tagebuch eingezeichnet. Was ich von Tieren lebend erhalten konnte, suchte ich zu beobachten, so lange als möglich, und man mag sich wohl denken, dass es bunt genug in meiner Stube ausgesehen und ich genug Arbeit hatte.

Bald hatte sich ein kleiner Kreis von jungen Deutschen um mich gebildet, welche, meist Kaufleute, dort eine Stelle zu finden hofften, aber vorläufig noch ohne Beschäftigung waren. Sie haben mir getreulich beigestanden und mich vielfach unterstützt in allen meinen Geschäften, indem sie mich teils auf die Jagd begleiteten und tätigen Anteil nahmen an derselben, teils freundlich genug waren, die mineralogischen Hämmer, den Barometer und die Botanisierkapsel zu tragen, wohl auch bei größeren Exkursionen den Mundvorrat zu schleppen. Da auch bei der sichtenden Arbeit des folgenden Tages ich häufig mich solcher Beihilfe zu erfreuen hatte, so vermochte ich in kurzer Zeit mannigfache Schätze zu sammeln und wurde bald als der »deutsche Naturforscher« in Valparaiso bekannt, dem noch überdies manche freundliche Gabe geboten wurde von selbst gesammelten Naturalien und allerlei Eigentümlichem, welches man eben durch Zufall erworben.

Auch von den Passagieren der »Reform« erhielt ich Besuche, solange noch das Schiff im Hafen lag, und Beweise von freundlicher Gesinnung gegen mich. Ich hatte in Bremen einen größeren Vorrat von Rauchtabak gekauft, konnte aber der Douane halber denselben nicht gänzlich ans Land schaffen, obgleich ich einen Teil desselben, sowie Zigarren, wohl teils durch Nachsicht der Maut-Bediensteten eingeschmuggelt hatte.

Arbeitend in meinem Zimmer wurde ich kurz vor der Abreise der »Reform« überrascht durch den Besuch von zwölf der Passagiere, welche, meine Klause fast gänzlich ausfüllend, von mir knurrend und brummend empfangen wurden, mit ärgerlichen Redensarten von Störungen in der Arbeit, welche selbst in Südamerika ebenso fortdauerten wie in Deutschland, und anderen halb scherzhaften halb verdrießlichen Worten. Aber ich wurde überrascht und beschämt, als jeder der Besuchenden mir ein Pfund jenes zurückgelassenen Tabaks überreichte. Sie hatten, wohl wissen, wie ungern ich denselben vermisste, ihn einzeln ans Land geschmuggelt und so den letzten Beweis ihrer Freundschaft gegeben.

Lange verbrannt sind jene Blätter, aber noch heute freue ich mich aufrichtig jenes mir bewiesenen Wohlwollens.

Einige Tage darauf segelte die »Reform« aus dem Hafen ihrem eigentlichen Bestimmungsorte San Francisco zu, und ich sah mit teilnehmendem Herzen die Männer einem ungewissen Schicksale entgegengehen, die mir freundlich gesinnt waren und mit welchen ich manche Fährlichkeit bestanden, manches Ungemach ertragen.

Ich habe durch Gerstäcker, der mit ihnen nach Kalifornien reiste, über Einzelne erst in der Neuzeit Nachricht erhalten, das Schicksal der meisten aber ist mir unbekannt geblieben. Gleich mir blieben in Valparaiso zurück ein junger Kaufmann, Münchmeier, und ein Musiker aus Bremen mit seiner Familie. Ich blieb während meines Aufenthaltes in Chile mit dem Ersteren im freundlichsten Verhältnisse und wir wechseln noch heute Briefe.

Wie ich dann nach der Abreise der »Reform« mit den in Valparaiso lebenden Europäern und Deutschen zuerst in nähere Beziehung getreten, will ich ihrer auch zuerst erwähnen, da ich von den Bewohnern der Stadt und von Chiles Bevölkerung im Allgemeinen spreche.

Namentlich für Valparaiso erscheint dies nicht unbillig, da, wenn auch nicht der größere, doch jedenfalls ein bedeutender Teil der Einwohner dort aus Fremden, das heißt aus Europäern besteht.

Ich glaube, man kann sagen, dass die Hälfte der dortigen Kaufleute Deutsche sind, während der Rest aus Engländern und Franzosen besteht. Der Deutsche genießt in ganz Südamerika, besonders aber in Chile, die allgemeinste Achtung und dieser Ruf ist wohlbegründet und erworben durch Fleiß, Tätigkeit und ein reelles Benehmen, so wie er durch eine gewisse Gentilität erhalten wird. Die dortigen Deutschen unterstützen Ärmere und nicht ganz unwürdige Landsleute und suchen allenthalben das Ansehen der Nation aufrechtzuerhalten. Wie sehr die chilenische Regierung die Deutschen bevorzugt, geht schon allein daraus hervor, dass sie keine anderen als deutsche Einwanderer haben will, und solchen die günstigsten Bedingungen stellt.

Eine Partei in Deutschland, die der Missvergnügten und Superklugen, erschöpft sich in unaufhörlichen Lamentationen über die wenige Achtung, welche der Deutsche im Auslande besitze. Der Grund solcher Wehklagen braucht kaum entwickelt zu werden, es soll vor allem das Missvergnügen gesteigert werden. Was indessen Nordamerika betrifft, haben diese Leute leider recht. Aber ich glaube, sie selbst sind so gut wie ich im Innern überzeugt, dass weder unsere Regierung, noch der Mangel einer Flotte schuld an dieser Missachtung ist, sondern das arbeitsscheue Gesindel selbst, oder jene Menschen, welche die abenteuerlichsten Ideen dort zu realisieren suchen, und welche zusammen die überwiegende Masse der Einwandernden bilden.

Man würde sich einer groben Unwahrheit schuldig machen, wollte man Ähnliches von Südamerika behaupten, sowohl hinsichtlich des Charakters der Einwanderer, als auch der Achtung, in welcher sie stehen.

Es versteht sich von selbst, dass in Chile ansässige Deutsche nicht jedem Landsmann sogleich den Zutritt in ihre Familie gestatten, ohne denselben vorher genauer zu kennen. Ich war aber dennoch bald herzlich aufgenommen und wurde wie ein alter langjähriger Freund behandelt. So namentlich in Valparaiso von Alto Uhde, in dessen Hause ich fröhliche Stunden verbrachte, und dessen Benehmen gegen mich während meines ganzen Aufenthaltes eine Reihe von Freundschaftsbezeigungen gewesen ist, von J. Freundt, dessen Empfehlungsbrief nach Santiago mir mehr geholfen als sämtliche von Europa mitgebrachten Briefe, und von andern dortigen Deutschen. Auch mit einem deutschen Arzte, Dr. Ried, bin ich bekannt geworden und in freundschaftliche Berührung gekommen. Neben der herzlichsten Aufnahme in seinem Hause verdanke ich ihm manche schätzbare Notiz über Chile und die interessantesten Mitteilungen aus seinem viel bewegten Leben.

Die Engländer sind nach den Deutschen die beliebtesten; dann kommen die Franzosen. Ich bin in Chile mit den stolzen Söhnen Albions wenig in Berührung gekommen, da ich mich nicht berufen fühlte, alle die Zeremonien zu überstehen, welche verlangt werden, um Zutritt zu erhalten; aber mit den leichtsinnigen Franzosen habe ich mich gut vertragen, und sie dort so liebenswürdig gefunden, wie allenthalben auf der Erde.

Die Eingeborenen von Chile, das heißt die Abkömmlinge der Spanier mögen keck als ein gutes, ja liebenswürdiges Volk bezeichnet werden. Es fehlen nicht die Sünden und Mängel des südlichen Blutes, aber sie werden aufgewogen durch die Tugenden, die es bedingt.

Beide fehlen nicht bei den höheren Ständen, aber, teils abgeschliffen, teils verdeckt durch die Kultur, treten sie hier weniger hervor als beim Volke. Ich habe manchfach den Vorwurf aussprechen hören, als seien die Chilenen eigennützig, aber ich glaube, dass sie dieser Vorwurf nicht mehr und weniger trifft als jeden andern Menschen, wenigstens habe ich nie Gelegenheit gehabt, das Gegenteil zu erfahren. Aber ich habe sie bescheiden gefunden, und, so viel Untugenden stets verknüpft sind mit habsüchtiger unverschämter Zudringlichkeit, so kann auf der anderen Seite der bescheidene Mann schon von vorneherein mit günstigem Auge betrachtet werden. Durch kleine, scheinbar unbedeutende Züge aber gibt sich oft solches zu erkennen.

Oft bin ich, allein in den Bergen umherschweifend, Jägern begegnet, welche mich um Pulver oder Schrote ansprachen. Aber nie hat einer derselben, war mein Vorrat nur noch klein, die Gabe angenommen. Da ich neben dem größeren, in der Tasche befindlichen Pulverhorne ein kleines führte und meist aus diesem das Gewünschte geben wollte, habe ich oft und mit Vergnügen dies beobachtet. Derselbe Fall war mit Tabak zu den dort vorzugsweise im Gebrauche stehenden kleinen Papierzigarren.

Ich bin einmal in jenen oben geschilderten Felsen an der See unweit Valparaiso umhergeklettert, und traf auf mehrere Fischer, welche zwar mit Tabak versehen waren, aber kein Papier zur Fertigung der Zigarren hatten. Sie sprachen mich an, und ich wollte ihnen ein weißes Blatt aus meiner Schreibtafel geben. Da drängte sich der ganze Haufe mit fast mich anfangs überraschender Heftigkeit um mich, um das zu verhindern: Es sei schade um das schöne Buch, sie würden eher den Tabak in die See werfen. Und das waren sonnenverbrannte, wilde, halb nackte Menschen, die diesen Takt entwickelten, den ihnen kein Hofmeister und keine Gouvernante andressiert hatte. Dort sprang ich zurück, riss rasch eine Handvoll weißer Blätter aus dem Buche und warf sie in die Luft. Nun freilich wurden sie aufgehascht und selbst die in See gefallenen geholt. So war ich denn nach mancher Verständigen Urteil ein ebenso großer Narr als jene, die eine gebotene Gabe aus Bescheidenheit ausschlugen, während ich sie ihnen aufdrang.

Es liegt im chilenischen Volke ein Zug von poetischer Auffassung wirklicher Naturschönheiten, der schon an und für sich auf ein feines Gefühl hinweist. Als ich mich später einige Wochen auf der Cordillera aufhielt und zwei chilenische Knechte mit dorthin genommen hatte, wurde mir manche Gelegenheit, dies zu beobachten. Beide waren so wenig als ich jemals in der Cordillera, und ich staunte, welchen Eindruck eine glänzende Fernsicht auf sie hervorbrachte, oder eine wilde und großartig durcheinandergeworfene Felsenmasse, die uns plötzlich vor Augen kam. Sie sprangen in solchen Fällen jauchzend in die Höhe, oder tummelten verwegen ihre Pferde auf den Klippen, indem sie riefen: Nicht wahr, unsere Cordillera ist schön! Oder haben andere Länder auch eine solche Cordillera!

Ich bin vor Jahren einmal in Begleitung eines deutschen Knechtes fußreisend in eine der schönsten Felsenpartien der Fränkischen Schweiz getreten. Nun, Claus, rief ich, was sagst du dazu? »Ich bin froh, dass alle diese Steine nicht zu Haus bei uns sind, da könnte der Teufel Frucht bauen!«, war Clausens prosaische Antwort.

Ein Nordamerikaner hätte ohne Zweifel überlegt, ob jene Steine etwa zu einer großartigen Kalkbrennerei tauglich, und ein Schweizer hätte das Heimweh bekommen – nach einer rentablen Gebirgsherberge der Heimat. Ländlich, sittlich!

Doch noch einen chilenischen Zug. In einem jener wilden grotesken Täler der Cordillera, die plötzlich durch einen schwarzen, in die Wolken reichenden Kegelberg mauerartig geschlossen erscheinen, hielt ich einst mit Carlos, dem jüngeren der Knechte, an. Eingedenk der deutschen Volksromantik der Teufelsmauern, Teufelsbrücken und so weiter, rief ich aus: »Das ist das Haus des Teufels!« Aber Carlos erwiderte: »Nein, Herr! Das ist das Haus Gottes!«

Liegt hierin nicht eine tiefe, eine kindlichere und feinere Poesie als in zehn Druckbogen rosenfarbener Verse?

Trotzdem gibt Euch der chilenische Wechsler in den Städten fast immer einen oder den andern nicht gültigen Realen, und der Handwerksmann, der Euch den Fremden ansieht, verlangt unmäßige Preise, *tout comme chez nous*; aber dafür beginnt dort in den Städten die Industrie zu blühen, Bildung und Intelligenz entwickeln sich kräftig, und jene Prellereien werden als »Geschäft« behandelt.

Es mag durch Lebensweise und Gebräuche, sowie durch das Äußere übrigens vielleicht am besten der Charakter des Menschen entwickelt werden.

Die Chilenen beiderlei Geschlechts sind eher unter als über der Mittelgröße, mit auffallend kleiner Hand und zierlichem Fuße. Die Augen kohlenähnlich, die Haare von so glänzender Schwärze, dass sich kaum in Deutschland ein Gleiches finden wird. Anlage zur Dickleibigkeit fehlt nicht gänzlich, schien mir indessen bei Frauen seltener als bei uns. Auch Kahlköpfigkeit habe ich selten getroffen. Das Ergrauen der Haare aber kommt häufiger vor und scheint wohl wie allenthalben individuell zu sein. Rasch erblühend und reifend, altert das Weib auch verhältnismäßig schneller; eine gewisse Regelmäßigkeit der Züge aber, bei vielen Individuen, bewahrt auch dann noch die Spur jugendlicher Schönheit. Vielleicht ist dies bei der rein erhaltenen spanischen Rasse mehr der Fall als bei Familien, welche früher mit dem indianischen Blute sich vermischt haben. Doch ist dies bloß Vermutung und etwas Gewisses lässt sich jetzt kaum mehr hierüber entwickeln. Die Bewegungen der Frauen sind graziös und zierlich. Gleich den ersten Tagen unserer Ankunft wurden unsere Passagiere der »Reform« und ich in das Haus eines Kaufmanns geladen und gebeten, auch für die Folge an den wöchentlich einmal stattfindenden Abendunterhaltungen teilzunehmen. Kaum noch eines Worts Spanisch mächtig, war ich dort in bedeutender Bedrängnis, aber ich war erstaunt über die Artigkeit, mit der man mir zu Hilfe zu kommen sich bemühte, und zugleich über die Schnelligkeit, mit welcher man eine Fremde Sprache auf solche Weise erlernt. Dort habe ich die Lieblichkeit bewundert, mit welcher die Frauen alle europäischen Tänze ausführten, und vorzüglich die Leichtigkeit, mit welcher sie sich im deutschen Walzer bewegten. Im Schweiße meines Angesichts habe ich manche halbe Nacht dort auf den Fußspitzen zugebracht, rastlos tanzend mit allen Damen, und – kreuzlahm des anderen Morgens.

Ein solcher Salon ist meist mit einigen Nipptischen geziert, welche Seltenheiten enthalten und Luxusgegenstände aus Europa, aber selten fehlen auch die reichen silbernen Geräte, die noch von dem Silberüberflusse früherer Zeit ein Zeugnis geben. Ist der Hausherr zufällig Minenbesitzer, sind meist auch pracht- und wertvolle Stufen aus den Bergwerken zur Schau gestellt, nach welchen ich oft begehrliche Blicke geworfen.

Wachslichter auf großen silbernen Leuchtern brennend, erhellen das Gemach, dessen Türen und Fenster geöffnet sind und meist den Blick in den Garten gestatten, der selbst zu jener ersten

Zeit meines Dortseins, zur Winterzeit, reichlich mit Blumen geschmückt ist. Trotzdem hat die Hausfrau auf dem Sofa im Kreise der geachtetsten älteren Damen meist den Brasero, das Kohlenbecken, vor sich, an dessen Glut sich bisweilen die Damen die Finger wärmen, obgleich im Salon dies wohl kaum nötig. Der Hausherr sitzt in einer Ecke sich auf einem Lehnstuhl wiegend, und auf Bänken rings an den Wänden haben die übrigen Gäste Platz genommen. Nie fehlt der Flügel, und nach kurzer Zeit der Unterhaltung musiziert oder tanzt man. In den Pausen wird chinesischer Tee gereicht, aber stets auch Paraguaytee nach der Sitte des Landes, dann Eis, feine Liköre und Backwerk. Die Zigarre ist dem Cavalléros unvermeidlich. Vor dem Ende einer solchen Abendunterhaltung, mehr eigentlich einer nächtlichen, denn man versammelt sich gegen neun Uhr und geht um eins oder zwei des Nachts auseinander, werden stets alle Heimkehrenden mit Blumen beschenkt, wie denn auch schon während des Abends bisweilen die Damen irgendeinem der Männer Blumen oder Zuckerwerk senden, oder selbst bringen.

Aber diese süße duftende Sitte mag den Eitlen nicht glauben lassen, dass er besonders bevorzugt sei. Sie ist bloß durch Artigkeit bedingt und spricht keine spezielle Auszeichnung aus. Männern, mit denen die Damen nur halbwegs bekannt sind, werden Blumen ins Haus geschickt, und es wird sehr freundlich angenommen, macht man ein analoges Gegengeschenk. Ich war kaum drei Wochen in Valparaiso, so war ich stets mit so vielen Blumen versehen, dass ich füglich eine Ziege hätte ernähren können. Jenen prosaischen Gebrauch habe ich nun freilich nicht von den zarten Kindern der Flora gemacht, aber ich habe Galanterie und Ökonomie vereinend, jene Blumensträuße umgebunden, so unkenntlich gemacht und mit beschnittenen Stielen zu Gegengeschenken verwendet.

Nun ich des heiteren Lebens der höheren Stände gedacht, will ich der Freuden des Volks erwähnen. Handel und Wandel, Handwerk und Arbeit mag später seine Licht- und Schattenseiten zeigen.

Das Befreiungsfest in Chile gibt hiezu eine passende Gelegenheit. Es beginnt am 18. September und ist der Jahrestag, an welchem sich Chile für unabhängig von der spanischen Herrschaft erklärt hat.

Mit dem frühesten Morgen erweckte der Donner sämtlicher Kanonen von allen Forts des Hafens die Bevölkerung der Stadt. Die im Hafen liegenden fremden Schiffe, zu jener Zeit sicher siebzig bis achtzig größere Fahrzeuge, hatten alle Flaggen aufgezogen, wobei natürlich die chilenische nicht fehlte und meist an der Spitze prunkte. Ebenso waren alle Häuser der Stadt mit Fahnen geschmückt, wohl auch am meisten die chilenische vorherrschend, doch flatterten die Farben aller Nationen dazwischen, denn jedes Banner darf entfaltet werden, mit Ausnahme des spanischen. Dann Glockengeläute, festlicher Gottesdienst und Parade.

Das eigentliche Fest des Volks begann aber erst jetzt und wurde mit einem Wettrennen der Boote im Hafen begonnen. Eine ziemlich weite Strecke wird mit fabelhafter Schnelle durchrudert, und die Rudernden sollen oft so angegriffen sein, dass sie ärztlicher Behandlung bedürfen. Den Wettkampf dürfen auch die Matrosen fremder Schiffe mitmachen, ich glaube aber, an jenem Tage bestanden die Kämpfenden bloß aus Chilenen; der erste Preis besteht aus zwei Unzen Gold.

Des Abends und die Nacht hindurch wurde beleuchtet, indessen ohne Zwang. Ich sah Laternen und farbige Gläser, in welchen Lampen brannten, meist wieder die Landesfarben und hie und da ein Transparent. Sehr glanzreich war das Ganze eben nicht. Das Fest dauerte acht Tage, und erst an diesen sprang die Eigentümlichkeit des Volkes und seiner Belustigungen in die Augen, während am ersten und Haupttage europäische Formen vorherrschten.

Auf einem der großen Plateaus, unweit des Leuchtturms, waren Zelte und Buden aufgeschlagen und dort trinkt, isst und tanzt man. Aber man sitzt nicht friedlich stundenlang an einem und demselben Orte, mit Andacht genießend, was der liebe Gott beschert hat, sondern man rast und tobt von einer Bude zu anderen, ein Glas hinunterstürzend, und wieder weitereilend, und das häufig zu Pferde; Mann, Weib und Kind wie toll untereinander umherjagend, über Gräben setzend, und wo es halbwegs der Raum erlaubt, nicht das Terrain, denn das ist gleichgültig, wettrennend.

Der fast einzige Tanz, den ich dort habe tanzen sehen, ist die Zambacueca, welche man den chilenischen Fandango nennen kann. Sie gehört dem Volke an, und ich habe gefunden, oder glaube gefunden zu haben, dass man in den höheren Ständen sie vor Fremden nicht gerne tanzt, da man sie nicht für europäisch mithin für »gebildet« genug hält. Ein einziges Paar führt den Tanz aus, welcher aus einer Menge zierlicher und mehr oder weniger leidenschaftlicher Bewegungen besteht. Lockend beginn der Mann. Das Weib zieht sich fliehend zurück, der Mann folgt, scheint endlich zu verzichten und wendet sich; nun nähert sich die Spröde halb entschuldigend, halb aufmunternd, um später wieder das frühere Spiel zu beginnen. Die Bewegungen sind graziös, nicht heftig, und beide Teile haben ein Taschentuch, auf dessen zierliche Handhabung bald Lockung und Einladung, bald Schutz und Abwehr bedeutend, viel ankommt. Selten begleitet mehr als eine Gitarre den Tanz, aber die im Kreise sitzenden Frauen begleiten ihn mit Gesang, der unerlässlich ist.

Die wilde tolle Lustigkeit auf solchen Plätzen, durch Tanz und Wein aufs Höchste angeregt, macht sich bei der Heimkehr durch das verwegenste Reiten Luft. Es ist in Valparaiso verboten, im Galopp durch die Straßen zu reiten oder zu fahren, und nur die berittenen Polizeidiener und die Ärzte dürfen dies tun. Streng wird hierin die Ordnung gehandhabt und häufig sah ich Übertreter von den Vigilanten abgeholt und zur Strafe (ein Peso!) gebracht. In jenen Tagen aber rast alles in wütender Carrière durch die Stadt. Männer und Frauen, oft sechs- oder siebenjährige Kinder hinter sich, und in Haufen zu zwanzig bis dreißig Personen, sprengen so durch die Straßen, da von dem Feste heimkehrend, alles durch die Stadt passieren muss.

Häufig umschlingen Liebende, wer weiß vielleicht auch Eheleute, sich mit den Armen während des rasendsten Laufes der Pferde, und es werden Kunststücke ausgeführt, welche jedem Kunstreiter zur Ehre gereichen würden. Es ist ein beliebtes Spiel der Chilenen, sich reitend dicht aneinanderzudrängen und zu versuchen, ob einer den andern vom Pferde zu bringen vermag. Die Tiere, meist hieran gewöhnt, unterstützen ihren Reiter, indem sie sich, im Sinne seiner Bewegung, gegen das andere Pferd neigen, sodass beide Reiter einen spitzen Winkel bilden. An einer stark abschüssigen Stelle des vom Feste abführenden Weges, habe ich dort gesehen, wie galoppierend zwei Männer dieses Spiel übten, und der eine bereits hart bedrängt, fast zu unterliegen schien, als ein schönes junges Weib, seine Freundin oder Frau, ihm zu Hilfe eilte, mit einem gewaltigen Satze ihres Pferdes an seine Seite kam, und stets nebenhersprengend durch ihr Gewicht den Freund ins Gleichgewicht brachte, sodass bald der Gegner abstehen musste.

So macht sich Lust und Jubel im übermütigsten Reiten Luft, aber die Gewandtheit der Reitenden und die Güte und Sicherheit der Pferde macht die Sache weniger gefährlich, als sie dem unkundigen Zuschauer erscheint.

Was die Gesamt-Lebensweise betrifft, so spreche ich absichtlich erst hievon, nachdem ich solche einzelne Bilder gegeben. Mir schien, als haben die in Valparaiso wohnenden Fremden einen Teil der Sitten des Landes angenommen. Man steht ziemlich spät auf, hingegen wird mehr als die halbe Nacht wachend zugebracht. Man macht Besuche des Nachts um zehn, um elf Uhr. Da der Gang des ganzen öffentlichen und gesellschaftlichen Lebens hienach eingerichtet ist, muss sich jeder nach demselben richten, selbst wenn es ihm anfänglich unbequem fallen sollte. Des Morgens um neun Uhr wird ein Frühstück nach englischer Weise genommen, Tee, Kaffee, Eier, Schinken, Fische und so weiter. Des Abends um fünf oder sechs Uhr die Mittagsmahlzeit. In den Häusern der Fremden ist natürlich mehr oder weniger die Kochkunst ihres Landes repräsentiert, der Norddeutsche genießt mit Anstand seine süße Fruchtsuppe, von welcher sich der Süddeutsche und Franzose schaudernd abwendet. Wie in den meisten wärmeren Ländern spielt der Pfeffer in der chilenischen Küche eine bedeutende Rolle und ist beliebt bei Arm und Reich. Man gewöhnt sich rasch an denselben, obgleich im Anfange die den Speisen zugesetzte Menge dieses Gewürzes fast bedrohlich erscheint.

Die vorzüglichste Nahrung des Volkes, das heißt, wie es scheint, die beliebteste, sind die Erbsen, Garbanzos genannt. Sie werden mit wenig Fett in größerer Menge geschmort, anfänglich warm, und dann später meist kalt, hie und da aber auch einige Mal wieder aufgewärmt gegessen.

Man hat mancherlei Ideen von der besonderen Nahrhaftigkeit dieser Erbsen gehabt und ich bin mehrfach nach meiner Zurückkunft aufgefordert worden, Aufschlüsse über dieselben zu geben. Sie unterscheiden sich indessen in nichts von den unsrigen. Ich habe solche Erbsen nicht selten an Ort und Stelle selbst gegessen und habe auch eine Quantität derselben mit nach Europa gebracht und sie untersucht. Aber in wärmeren Ländern ist die Masse der Fleischnahrung nicht nötig, welche in kälteren Gegenden unter höheren Breitengraden zum Bedürfnis wird. Liebigs hierüber aufgestellte Sätze sind allgemein bekannt, ich brauche sie nicht zu wiederholen. Sie haben sich auch hier bestätigt, wie vieles, was dieser Gelehrte ausgesprochen, und was man angegriffen hat.

Ein Engländer, Besitzer eines Landguts unweit Valparaiso, erklärte seinen chilenischen Arbeitern, sie vermöchten unmöglich bei jener schlechten Kost die gewünschten Dienste zu leisten, und ließ ihnen kräftige Fleischnahrung reichen, aber sämtliche Chilenen erklärten nach einigen Tagen, dass die Fleischkost ihnen nicht behagt, und dass, sollten sie arbeiten, ihnen wieder die Erbsen gereicht werden müssten.

Instinktartig greift hier der Mensch nach dem Tauglichsten. Die Macht der Gewohnheit lässt freilich den Fremden in jedem Lande längere oder kürzere Zeit seine alte Lebensweise beibehalten, nicht selten wohl zu seinem Nachteile; übergesiedelt aber, befolgt die zweite Generation die Gesetze der Natur.

Es ist indessen in Chile Fleischnahrung nicht ausgeschlossen, man führt auf Reisen den Charque, das getrocknete Ochsenfleisch mit sich, und auch der Ausländer gewöhnt sich leicht an dasselbe, obgleich dessen Genuss anfänglich einigermaßen an Talglichter erinnert.

Das frische Rindfleisch ist sehr schmackhaft, und es hat die Eigentümlichkeit, sogleich von frisch getöteten Tieren genossen werden zu können. Ich habe Ochsen mit dem Lasso fangen, töten und zerstücken sehen. Aber während die noch von tierischer Wärme rauchenden Stücke an den Wänden der Hütten hingen, siedete schon eine andere Portion desselben Fleisches im Topfe und wurde nach kaum anderthalb Stunden von uns als vollkommen wohlschmeckend befunden. Trefflich ist die Hühnersuppe, die Casuela, welche ungewöhnlich rasch bereitet, dem im Lande Reisenden häufig eine sehr willkommene Speise abgibt.

Unweit der See wird fast alles gegessen, was man fangen kann, oder was durch die Flut ans Land geworfen wird. Krabben, Seespinnen, Kebse aller Art, Echiniten und fast alles, was das Aussehen einer Muschel hat. Vielerlei hievon wird in der Stadt zum Verkaufe angeboten, und ich habe dort einen neuen Schmarotzerkrebs aufgefunden und mit nach Deutschland gebracht, welcher fast in jedem Exemplare der Seeigel getroffen wird, die dort verkauft und samt jenem Eindringling verspeist werden.

Arme Leute, welche nicht weit entfernt vom Ufer des Meeres wohnen, gehen zur Zeit der Ebbe dorthin, lesen die von der See ausgeworfenen Tiere auf und essen sie roh oder auch gekocht, wenn eben ihre Bequemlichkeit erlaubte, einen Topf und Feuerung mitzunehmen. Da ich bisweilen in Gesellschaft solcher Leute die Küste besuchte und Mahlzeit mit ihnen hielt, wohl auch ein paar Vögel, die ich geschossen, zum Besten gab, so habe ich ohne Zweifel mehrere zoologische Seltenheiten verzehrt, ohne sie im Drange der Zeit gehörig zu würdigen.

Diese meine Gastfreunde führen im Übrigen ein sehr freies, sehr faules und, wenn man will, ein sehr glückliches Leben, und unterscheiden sich wesentlich von dem Chilenen der Stadt, welcher Handel treibt und ein Gewerbe ausübt, oder vom eigentlichen Landmanne.

Eine kleine, fast notdürftig zusammengebaute Hütte, die allernotwendigsten Kleidungsstücke und analoger Hausrat ist ihr Besitz! Um zur Ergänzung des mit der Zeit Fehlenden einige Realen zu gewinnen, bringen sie einmal einige Fische oder Krebse zur Stadt, oder arbeiten auch, etwa im Hafen Last tragend, einen Tag. So wird das Nötigste erworben, Tabak und Erbsen gekauft, und im Schatten der Hütte liegend geraucht, geschmaust und geschlafen, bis entweder die See neue Speise ans Land bringt, oder nach einiger Zeit der Erwerb im Hafen wieder hervorgesucht wird.

Die für die Fremden bestimmten Gasthöfe sind in Valparaiso gut, wenngleich nach unseren Begriffen eben nicht sehr billig. Es ist dort ein amerikanisches Hotel und ein französisches, deren Namen ich vergessen habe, und außerdem mehrere andere Gasthäuser, fast alle aber von Ausländern gehalten, man zahlt für den Mittagstisch einen Peso, eine Flasche Wein, Bordeaux (weißer Wein mit Ausnahme von Champagner wird kaum getroffen), Bier ebenso einen Peso, chilenisches Bier 2 bis 3 Realen. Champagner 2 Peso. Eine Portion Kaffee 2 Realen, derselbe mit Brot 3 Realen, Beefsteaks 2, 3, mit Ei auch 4 Realen. Für die ganze Verpflegung mit Einschluss der Wohnung, aber ohne geistiges Getränke, nur 2 Peso des Tages. Man ist hierbei gut gehalten und für den, welcher des Abends nach der um fünf Uhr gehaltenen Mahlzeit noch etwas zu genießen wünscht, stehen im Gastzimmer die Reste des Bratens oder ähnliche Speisen zu beliebiger Disposition. Trinkgelder werden nicht gegeben, und auch nicht auf Rechnung gesetzt. Außer diesen Gasthöfen existieren noch eine ziemliche Menge kleiner Schenken verschiedenen Ranges, in welchen man speisen kann, und Fremde, welche sich nur kurze Zeit dort aufhalten, oder nicht Zutritt in Familien haben, bringen manchen Abend in einer der beiden Konditoreien zu, wo zugleich Kaffee, Bier, Wein und alle verschiedenen andern Getränke geschenkt werden.

Das Volk in ganz Chile ist mäßig in Speise und Trank, und geistige Getränke werden nicht, wie fast allgemein bei uns, täglich genossen, sondern bloß bei besonderen Gelegenheiten und selbst dann nicht mit jener Virtuosität wie in gewissen andern Ländern. Es ist vorzugsweise der einjährige rote Wein, welcher vom Volke getrunken wird und den man Choqali nennt. Er wird am häufigsten in Conception gebaut, indessen auch weiter gegen Süden zu. Man keltert, lässt über den Hülfen gären und füllt ihn dann in große, oft mannshohe Töpfe oder in Schläuche. Die Chincha, ein gegorner Apfelwein wird, wie mir scheint, mehr im Süden, in der Provinz Valdivia bereitet und auch genossen, doch wurde mir auch in Valparaiso ein gutes derartiges Getränke vorgesetzt.

Der Markt ist, namentlich was Gemüse und Früchte betrifft, sowohl in Valparaiso und Santiago, als auch in Valdivia und näher dem Süden zu, gut bestellt. Man findet dort alle Gemüse, welche im südlichen Deutschland gezogen werden, und alle gut. Derselbe Fall ist es mit Früchten, bei welchen ich aber die Pfirsiche ausnehme, denn diese wohlschmeckendste der Früchte, welche die Ananas und Orange an Aroma übertrifft, ist dort schlecht, und wird von der in deutschen Gärten gezogenen weit übertroffen. Dafür treten die Erdbeeren, Frutillos, in einer so enormen Größe auf, dass ich die ersten, welche ich sah, für eine fremde, unbekannte Frucht hielt. Die Sandilla, die Wassermelone, ist eine häufige beliebte Speise der ärmeren Chilenen, man erhält vier Stücke derselben von einem Schuh Länge für einen Medio und ihr Genuss ist unschädlich, wird er nicht übertrieben; man hält ihn für ein gutes Mittel gegen Syphilis, und vielleicht nicht ganz mit Unrecht. Es ist die Bemerkung vielleicht nicht uninteressant, dass diese Melonen sich auf der See sehr lange Zeit halten. Ich habe deren am Bord verwahrt von Chile bis nach Peru und von da, um Kap Horn bis fast an den Äquator, mithin fast fünf Monate lang. Alle haben sich nicht gehalten, und auch diese hatten natürlich nicht mehr das frühere Aroma, allein es war doch immer eine frische, dem Seefahrer willkommene Frucht.

Außerdem besitzt man Granaten, Zitronen, Mandeln, Kastanien, Oliven, Orangen, die Cheremoya und andere Früchte, aber an Wildbret, mit Ausnahme der Wildenten, ist der Markt schlecht bestellt, und an vierfüßigem Wilde ist vollkommener Mangel, wenigstens in Valparaiso. Der Weizen ist die Körnerfurcht, welche am häufigsten gebaut und selbst nicht unbedeutend ausgeführt wird, dann Mais und Gerste. Hafer und Roggen wurden bloß in Valdivia bis jetzt vorzugsweise von Deutschen gebaut.

Wie in den höheren Ständen europäische Sitte durchweg in Chile tiefere Wurzel schlägt, so ist dies auch mit der Kleidung der Fall. Man trägt sich, in den Städten wenigstens, allgemein nach europäischer Mode und sucht ängstlich das Neueste zu erhalten.

Meist werden bereits fertige Kleidungsstücke von Europa aus importiert, welche indessen wo möglich alle aus Paris sein müssen. Wie manches ehrliche deutsche Beinkleid als Pariser Fabrikat mit unterläuft, will ich nicht entscheiden. Ich war in diesem Bezuge übel dran. Gut ausgerüstet mit Reise-, Reit- und Jagdkostüm, war ich nur spärlich versehen mit dem, was die Mode erheischte, und indem dort, wenigstens sicher nicht minder als anderwärts, Kleider Leute machen, war ich gezwungen, zu teuren Preisen mir jene Dinge zu kaufen. Liebig sagt: Der jährliche Verbrauch der Seife sei der Maßstab für den Kulturzustand eines Volks. Ich möchte aussprechen, dass die Grenzsteine dieser Kultur durch den schwarzen Hut repräsentiert sind. Wo der ist, folgt der Frack bald nach, und das bisschen andere Bildung kommt dann schon später.

Ich war alsbald in Valparaiso gezwungen, mir einen solchen Repräsentanten für eine halbe Unze Gold zu kaufen, und zu analogen Preisen ähnliche Dinge, die ich in Europa, teuer gerechnet, für den vierten Teil des Preises bekommen haben würde.

Es versteht sich von selbst, dass die Damen noch erpichter auf die neuesten europäischen Moden versessen sind als die Männer, indessen finden sich doch in Valparaiso, wie in ganz Chile, noch zwei Luxusgegenstände, welche, wenn auch nicht chilenisch, doch wenigstens nicht aus Europa gebracht werden.

Es ist das schwerere und reich mit Handstickerei versehene große Umschlagtuch aus China für die Damen, der Strohhut aus Panama für die Männer.

Ich habe den chinesischen Schal in Santiago häufiger getroffen als in Valparaiso, woselbst er durch die sogenannte französische Mode auch schon teilweise verdrängt erscheint. Der Panamahut aber ist mit Ausnahme der Wintermonate noch allgemeiner im Gebrauch und für die feineren Sorten wird ein Preis bezahlt, der uns in Deutschland fabelhaft erscheint. Es kostet die geringste Sorte etwa vier Taler, ein halbwegs anständiger Hut aber zwölf, zwanzig, dreißig und vierzig Taler und es gibt welche, die mit zwölf Unzen, also fast mit 500 Gulden bezahlt werden. Diese sind freilich selten, allein jene für zwanzig bis dreißig Taler sind häufig im Gebrauche. Der Hut ist ganz ähnlich unseren Strohhüten, niedrig und mit breiter, doch nicht allzu großer Krempe, das Gewebe natürlich dem Preise nach stets feiner und bei den besseren Sorten feiner Leinwand ähnlich. Da sie ohne allen Schaden gewaschen werden können, und die Form derselben durch die Mode nie verändert wird, kann derselbe Hut viele Jahre getragen werden und es wird hiedurch der hohe Preis etwas modifiziert.

Mit Vergnügen berichte ich, dass eine unserer Modetorheiten, Handschuhe im Sommer zu tragen, in Chile kaum bis jetzt Eingang gefunden hat.

Eine beim Volke noch ganz allgemeine Tracht ist der Poncho, eine eigens hiezu gewebte Decke, mit einer Öffnung in der Mitte, durch welche der Kopf gesteckt wird, während die beiden Seiten des Poncho über Brust und Rücken fallen und zugleich die Arme teilweise bedecken. Die reichen Hazienda-(Landgut)-Besitzer und alle Städter, welche Reisen oder Partien im Lande machen, tragen dieses Kleidungsstück, welches von einigen Peso an ebenfalls bis auf mehrere Unzen je nach Feinheit des Gewebes im Preise steht.

Ich glaube, dass der Poncho von den Indianern auf die spanische Bevölkerung der Westküste übergegangen ist, denn bei den jetzt in Chile lebenden freien Indianern, den Uraukanern, ist er ganz allgemein in Gebrauch und ebenso wird er auf mehreren der Südseeinseln getragen. Dass spanische Maultiertreiber in Spanien selbst ebenfalls wollene Decken auf ähnliche Weise tragen, beweist wenig, auch unsere Fuhrleute bedienen sich bisweilen einer solchen Tracht.

Der größte Luxus wird in Chile mit dem Reitzeuge getrieben, und obgleich in Städten der englische Sattel ebenfalls, doch meist aber nur bei den Fremden in Gebrauch ist, bedient man sich bei größeren Touren doch fast allgemein des chilenischen Sattels, welcher, ist man gezwungen, im Freien oder in irgendeiner Hütte zu übernachten, zugleich als Bett dient. Es besteht derselbe aus fünf oder sechs übereinander auf das Pferd gelegten Schaffellen, welche fest gegürtet werden. Hierauf folgt ein hölzernes Gerüste als eigentlicher Sattel, und dem ungarischen Bocke ähnlich, dann kommt manchmal die gleiche Anzahl der unten liegenden Decken, und über dem ganzen turmartigen Gebäude liegt zuletzt der sogenannte Pellon, ein gefärbtes feineres Schaffell. Man sitzt nicht so warm, als man glauben sollte auf allen diesen Fellen, aber jedenfalls unendlich fest und bequem, und es haben alle Nationen, welche vorzüglich gut reiten, zum Beispiel die Ungarn, Türken, ähnliche

Chilenische Kupfermine

Sättel, statt auf einem kaum gekrümmten und spiegelglatten Stück Leder zu sitzen, welches den englischen Sattel vorstellt.

Die Sporen der Chilenen sind mächtig groß, die Räder derselben haben zwei bis drei Zoll im Durchmesser und ich habe in Santiago ein Paar gekauft und mitgebracht, bei welchen die Räder sieben Zoll im Durchmesser haben und welche sechs bayerische Pfunde wiegen.

Entsprechend sind die Steigbügel, meist schwer aus Holz geschnitzt, während das Riemen- und Zaumzeug aus geflochtenem Leder, beim Zaume von der Dicke eines Fingers besteht. Bei den reichen Chilenen finden sich alle diese Gegenstände entweder, so wie die Sporen, ganz von Silber oder so schwer beschlagen und überkleidet, dass ein vollständiges Reitzeug auf tausend Peso wohl auch höher zu stehen kommt. Die Alforia, die Reisetasche, hängt bei längeren Reisen fast immer am Sattel, unentbehrlich aber ist der Lasso, den man bekanntlich in ganz Südamerika trefflich zu handhaben weiß.

Man weiß anfänglich nicht, soll man die Kunstfertigkeit des chilenischen Reiters oder die Ausdauer des Pferdes mehr bewundern, indessen gehören beide zusammen, um so vollkommen zu sein, wie sie wirklich sind. Ich habe in der ersten Zeit meines Dortseins öfter geglaubt zufällig einem Kunstreiter vom Fach zu begegnen, welcher Privatübungen anstellte. So ging ich noch während der ersten Tage meines Aufenthaltes in Valparaiso auf einem schmalen, sehr abschüssigen Pfade, der rechts von einer scharfen Felswand, links von einem mehrere hundert Fuß tiefen Abgrunde begrenzt und kaum mehr als drei Fuß breit war. Indem ich nun über mir, an der Felswand, den Granit mit einer jener Quarzadern durchzogen sah, für welche ich mich sehr interessierte, suchte ich eine passende Stelle, um aufwärtszuklettern und den Quarzgang in der Nähe betrachten zu können. Da höre ich, eben halb hängend, halb stehend auf einem kleinen Vorsprunge, plötzlich Hufsschlag und sehe zugleich einen Chilenen im wütenden Galopp den schmalen Weg dergestalt abwärtsjagen, dass ich der festen Überzeugung war, das Pferd sei im wildesten Durchgehen begriffen, und jeden Augenblick einen furchtbaren Sturz in die Tiefe erwartete. Da hält, keine zehn Schritte vor mir, der Reiter plötzlich sein Pferd an, und das mit einem so gewaltigen Rucke, dass es sich vollständig auf die Hinterbacken setzt, und schneller als ich das Folgende niederschreiben kann, hat er sich eine Papierzigarre gewickelt, angebrannt, sprengt sein Pferd vom Platze aus wieder zum Galopp an und ist eher um eine schroffe Biegung des Weges verschwunden, als ich mich besinnen kann. Warum ist jener Mensch so unsinnig geritten? Einfach zum Vergnügen! Und ich selbst bin vier Wochen später, soll ich es gestehen, nicht ganz zum Vergnügen, doch aber, nun – eben um nicht zurückzubleiben, ebenso toll einen ähnlichen Weg hinabgejagt, indem ich einem deutschen Landsmann folgte.

Man gewöhnt sich rasch an dieses Reiten, da man bald die Vortrefflichkeit der Pferde erkennt, welche selten straucheln, aber fast nie stürzen, und welche man zudem durch das scharfe Gebiss gut in der Hand hat und fast buchstäblich niederreißen kann.

Eine beliebte Übung des chilenischen Landvolks ist folgende: Von einem frisch geschlachteten Stiere wird die Haut mit der feuchten und schlüpfrigen inneren Seite aufwärts auf den Boden mit Pflöcken befestigt. Man stellt sich zwei bis dreihundert

Schritte davon auf, sprengt im Carriere an und arretiert auf der spiegelglatten Haut.

Aber die Pferde, gewöhnt von Jugend auf an solche Übung, sind willig und gutartig und haben dabei eine Sicherheit des Ganges und eine Ausdauer, welche unglaublich erscheint.

Man reitet zwanzig bis fünfundzwanzig Stunden des Tags ohne das Pferd nur ein einziges Mal zu füttern, höchstens reitet man es bis an den Bauch in einen Bach, lässt es nach Belieben trinken und reitet im Galopp weiter, denn alle diese Reisen werden galoppierend gemacht, das Traben kennt man nicht.

Aber hat man solche starke Touren gemacht, so lässt man das Pferd wenigstens einige Wochen lang ausruhen, und geht es an, auch länger. Überhaupt bleibt ein Pferd nicht länger im Dienste als etwa vier Wochen. Man schickt es dann aufs Land, wo es ebenso lange Zeit frei umherläuft, auf den Felsen umherklettert, und überhaupt ganz nach Willkür lebt. Es gibt Landleute, welche größere und unbebaut liegende Landstrecken zu diesem Zwecke benützen. Man schickt seine Tiere einem solchen, und die bereits ausgeruhten werden mit dem Lasso gefangen und wieder zur Stadt zurückgebracht.

Selbst in den Städten besitzt fast jedermann einige Pferde, auf dem Lande aber, wo der Unterhalt derselben fast gar nichts kostet, ist kaum irgendjemand, der nur eine Hufe Landes besitzt, ohne fünf, zehn oder mehr Pferde, welche alle frei umherlaufen, grasen und sich, bis man ihrer bedarf und sie mit dem Lasso fängt, vollständig selbst überlassen sind. Auch die Ställe in den Städten sind von den unsrigen sehr verschieden. Es sind Schuppen, in welchen die Tiere frei umherlaufen und sich des Winters gegen etwaigen Regen, oder im Sommer gegen allzu starke Sonne, unter einem im Ecke des Schuppens angebrachten Dache schützen.

Es erhellt aber, dass auf solche Weise das Pferd nie den freien Gebrauch seiner Glieder verliert und nachdem es wochenweise auf Felsen umhergeklettert ist, um sich seine Nahrung zu suchen, später ebenfalls nicht ängstlich ist oder strauchelt, wenn es seinen Reiter über schmale Felsenpfade oder an Abgründen vorübertragen soll.

Die Pferde werden mit Gerste gefüttert, da man den Hafer nicht kennt, Grünfutter ist indessen die vorzüglichste Nahrung derselben.

Der Preis eines Pferdes ist sehr verschieden; um zwei bis drei Unzen erhält man ein ganz taugliches Pferd, bisweilen aber werden wohl auch vier- bis fünfhundert Peso für eins gezahlt. Ich muss als eine Eigentümlichkeit erwähnen, dass man in Chile die Gewohnheit mancher Pferde, im Passgange oder Schritt die Vorderfüße übereinanderzuwerfen, für eine ganz besondere Schönheit hält, während bei uns dies für einen sogenannten Schönheitsfehler angesehen wird. Indessen weiß ich weder den deutschen noch den spanischen Kunstausdruck für diese Tugend oder Untugend der Pferde, obgleich ein solcher existiert. Man sucht sorgfältig Stuten und Hengste, welche diese Eigenschaft haben, zusammenzubringen, und gut ausgefallene Fohlen, welchen man möglichst noch durch Dressur nachhilft, werden dann zu den oben angegebenen hohen Preisen verkauft.

Maultiere und Esel werden von den Chilenen weniger zum Reiten als zum Warentransport und Lasttragen verwendet, doch sieht man ärmere Leute auf Eseln reiten. Unbedingt aber zieht man in Chile die Pferde den Maultieren für gefährliche Gebirgsreisen vor. Letztere sind, wie alles, was zum weitverzweigten Geschlechte der Esel gehört, störrisch und eigensinnig, ja selbst boshaft, und es gilt in Chile als Regel, stürzt man mit einem Maultiere, sich sogleich, selbst bei gefährlichem Terrain, so weit als möglich vom Tiere hinwegzuwälzen, da es augenblicklich nach dem Kopf des Liegenden schlägt.

Ich habe den Pferden und dem Reiten eine, vielleicht anscheinend ungebührlich lange Stelle gewidmet, aber da der Chilene als Kind von drei Jahren aufs Pferd kommt, und die siebzigjährige Matrone noch Tagreisen auf demselben macht, so mag dem treuen Genossen jener Menschen diese Schilderung seiner Vorzüge wohl gegönnt sein.

Ich komme jetzt auf einen eigentümlichen fast schwierig zu behandelnden Gegenstand, welcher nichtsdestoweniger doch mit einigen Worten erwähnt werden muss. Ich meine das, was man die Sittlichkeit eines Volkes im engeren Sinne des Wortes nennt.

Allenthalben ist man geneigt südlichen Völkern einen größeren Hang zur Sinnlichkeit beizumessen, als solchen, welche in kälteren Landstrichen wohnen. Man spricht von heißem Blute, von unbezähmbaren Leidenschaften, von dem Feuer, welches sich in jenen glühenden Blicken verrate, und dergleichen mehr. Ich möchte dem nicht unbedingt beipflichten, nach allem, was ich erfahren habe in kalten und heißen Ländern, und vielleicht gerade in dem Punkte, im Punkte der sinnlichen Liebe. Es will mir scheinen, als sei der Same der alten Erbsünde nahebei gleich stark verteilt in den Herzen aller Menschen, unter Blonde, Braune und Schwarze, und es neige sich der Sohn des kalten Nordens so stark zu verbotener Liebe, als das Kind der tropischen Sonne.

Aber ein bisschen mehr Verstellung versteht der Erstere zu üben, mancher zügellose Wunsch wird dort mit dem Schleier der Sittsamkeit bedeckt, und die scharfe Zunge einer Heuchlerin tadelt an der Nachbarin das Vergehen, dessen sie selbst schuldig.

Näher dem Äquator ist man nicht so ängstlich bemüht seine Leidenschaft zu verbergen, man sündigt weniger geheim, und begeht deshalb in Wirklichkeit weniger Sünde, weil man minder lügt, minder heuchelt.

Eigentlich mag Valparaiso im Betreff der Sittlichkeit, behalten wir den Ausdruck bei, keine sichere Norm abgeben, denn es ist eine Hafenstadt und in dieser begegnet man auch in tugendreichen Landen, mehr als in anderen Städten, gefallenen Töchtern und verlorenen Söhnen.

Aber eben wegen der Freiheit, mit welcher man in Chile gewisse Dinge behandelt, tritt kein so strenger Gegensatz zwischen anderen Städten des Innern auf, und dort so wie hier, öffnen des Abends jene Damen, von welchen ich oben erzählte, dass sie den Maskenball besuchten, ihre Türen und lassen ein paar Blumen, ein paar Bilder an den Wänden, ein Licht und eine freundliche Miene sehen. Fremde und Einheimische treten ein, man spricht, scherzt, die Gitarre erklingt (bisweilen indessen verzweifelt verstimmt) und man trinkt wohl auch ein Glas aus der Nachbarschaft geholten

Weines. Endlich werden die Türen wieder geschlossen, und die Besuchenden sind gegangen. Ich kann keine Rechenschaft ablegen davon, ob nicht etwa einer derselben geblieben ist, aber ich kann bezeugen, dass der Vorübergehende nicht in diese Zimmer gelockt oder gerufen wird, ohne Zweifel bloß deshalb, weil man weiß, dass ohnedies eintritt, wer Belieben dazu trägt. Das ist schon ein großer Unterschied zwischen Valparaiso und anderen Hafenstädten in Europa. Bisweilen sieht man vor solchen geschlossenen Türen einen Mann oder ein altes Weib kauern und friedlich wartend eine Zigarre rauchen.

Ein Freund, der sich nähere Kenntnis erworben, hat mir versichert, dies sei nach der Aussage der Mädchen *un amigo* oder *mi matre*, welche vorläufig außen verweilend, den Schlaf der Freundin oder Tochter bewachen, und später wieder eintreten. Ländlich, sittlich!

Mancherlei noch wusste mein Freund zu berichten, aber streng und nördlich gesinnt, habe ich alles wieder vergessen, bis auf die burleske Schilderung, die er mir entworfen von der künstlerischen Ausschmückung jener Zimmer. Es bestünden die Bilder an den Wänden dort meist aus deutschen Lithografien, und friedlich habe er dort nebeneinanderhängen gesehen europäische und deutsche Fürsten, Marien und Heilige, Robert Blum und Hecker. Sieht man da nicht, sagte mein Freund, wie Liebe, Unschuld und ein kindliches Gemüt alle Gegensätze zu einen wissen?

Im Kreise der höheren Stände und der Leute, welche Geld besitzen, hat man sich ohnedem ganz nach europäischem Typus eingerichtet, wie solches, mit Ausnahme der Glacé-Handschuhe, auch mit den Kleidern geschehen ist; es ist also wohl auch derselbe Fall mit der Tugend und Moralität eingetreten, gegen außen wenigstens.

Aber manche rosenfarbene Sünde, die geheim betrieben wurde, mag auch durch geheime Buße und Reue gesühnt worden sein, denn noch sind die Frauen fromm und gläubig in Chile.

Aber es ist Zeit, wieder einmal von mir selbst zu sprechen. Ich hatte fast acht Wochen in Valparaiso und der Umgebung zugebracht. Da meine Exkursionen mich oft weit ab von der Stadt führten, hatte ich häufig Gelegenheit, oder war viel gezwungen, auf dem Lande in einem einsamen Gehöfte oder einer Hütte zu übernachten, das Leben der Landbewohner kennenzulernen und praktisch so viel Spanisch zu erwerben, dass ich notdürftig ein Gespräch führen konnte. Allenthalben wurde ich gastlich aufgenommen, und obgleich von Chilenen selbst vor Räubern gewarnt, ist mir doch nie das Geringste begegnet. Indessen wurde einmal während meines Aufenthalts in Valparaiso eine Räuberbande, oder wenigstens in die Gattung einschlagendes Gesindel eingebracht. Von einem Morde aber oder von einem räuberischen Anfalle verlautete während der ganzen Dauer meines Aufenthaltes nichts. Fürchten aber mag man sich wohl vor Ähnlichem. Wenn ich des Abends oder während der Nacht allein auf einsamen Straßen ritt und mir ein oder mehrere Reiter entgegenkamen, bin ich denselben nicht ausgewichen, sondern ritt stets auf derselben Seite der Straße, welche sie behaupteten; meist wich dann der Entgegenkommende schon in der Entfernung aus. Lenkte ich aber mein Pferd nochmals auf die Seite der fremden Reiter, so bogen jene häufig von der Straße ab, gaben auch wohl querfeldein Fersengeld. Freilich war ich stets bewaffnet und mag einem »Ladron« nicht unähnlich gesehen haben in meinem Reise- und Jagdkostüme.

Wenn man aber fragt, warum ich eigentlich jenen Reitern entgegengeritten, so muss ich antworten, dass dieses ziemlich aus demselben Grunde geschehen, aus welchem sie auswichen. Da ich denn doch nicht wusste, wem ich das Vergnügen haben sollte zu begegnen, so zog ich vor, das Präveniere zu spielen.

Vierzehn Tage wohnte ich während jener Zeit auf den Windmühlen etwa zwei Stunden von Valparaiso. Ein deutscher Aufseher namens Schmids, der dort wohnte, trat mir freundlich eine Stube ab, stellte mir seine Pferde zur Disposition, und half mir gefällig in meinen Arbeiten. Ich habe in seiner Begleitung größere Touren in das Land gemacht, und noch später überbrachte er mir für mich gesammelte Naturalien nach Valparaiso. Mit wahrhaft aufrichtiger Freude gedenke ich stets der deutschen Landsleute aus allen Ständen, welche mir im fernen Lande so freundlich entgegengekommen sind, und ich schalte bei dieser Gelegenheit ein, dass während meines zweiten Aufenthaltes in Valparaiso, vier Monate später, mir mehrere deutsche Handwerker, welche dort als Gesellen arbeiteten, Käfer und Conchylien überbrachten, da sie das Gerücht erfahren hatten, dass ich Naturforscher sei und solche Dinge sammle.

Die Abende auf jener Mühle wurden gewöhnlich bei einem Italiener zugebracht, welcher eine Frau aus Buenos Aires geheiratet hatte und dort an der Straße nach Santiago einen kleinen Kaufladen und eine Schenke unterhielt. Sein Lager war ziemlich gut mit verschiedenem Getränke versehen, aber wie überhaupt in jenen Ländern gebräuchlich, waren alle Flaschen und Vorräte auf Gestellen längs den Wänden aufgestellt, und durch kürzlich vorgenommene Baureparaturen in einige Unordnung gekommen. Selten war das Richtige zu finden, und so kam es, dass statt chilenischem Biere Portwein, statt Teneriffa Ale, und statt Madeira Bordeaux gereicht wurde. Nach einigem Suchen überreicht der Wirt irgendeine Flasche mit der stehenden Redensart: »Ich weiß nicht, was es ist, aber es wird wohl auch gut sein«, und auch die Preise wurden willkürlich gemacht.

Diese Art, Wirtschaft zu betreiben, ergötzte mich höchlich. Die durch Zufall erworbene Flasche wurde meist mit den Wirtsleuten geteilt, während ich an ihrem Abendessen teilnahm und Paraguaytee mit ihnen trank. Obgleich bei Tage schon stärkere Hitze eingetreten, waren doch die Abende und Nächte ziemlich kühl, da der Berg, auf dem die Mühlen erbaut, der höchste der nächsten Umgebung und dem Winde stark ausgesetzt war, und es fehlte bei diesen abendlichen Unterhaltungen nie der Brasero. Ich habe dort gemütlich am Kohlenfeuer sitzend manche schätzenswerte Aufschlüsse über Chile und die benachbarten Länder erhalten, welche teils der Deutsche, teils der Italiener durchzogen hatte, und welche ich großen Teils, einmal aufmerksam gemacht, bestätigt fand.

Ich muss bei dieser Gelegenheit einer eigentümlichen Notiz erwähnen, welche mir dort mitgeteilt wurde, und welche zwar allerdings teilweise gewiss eine Fabel, ebenso gewiss aber auch nicht ganz aus der Luft gegriffen ist. In den La Plata-Staaten – erzählte der Müller – also auf der »andern Seite« wie man in Chile zu sagen pflegt, existiert ein sonderbares und gefährliches Tier. Es ist eine Schlange von etwa fünfzehn Fuß Länge, aber von der Dicke eines sehr starken Mannes, wohl auch stärker. Dieses Tier hat eine nur langsame Bewegung, aber eine furchtbare Kraft im Atem. Selbst größere Säugetiere, zum Beispiel Füchse werden, sind sie einmal auf zehn oder zwölf Schritte im Bereich der Schlange, von ihr angezogen und verspeist. Die Tiere, welche, einzig durch das mächtige Einziehen der Luft, dem Untier immer näher gebracht werden, stemmen sich mit aller Kraft dagegen, und schreien häufig aus Angst, aber alles ist vergebens. Die Schlange zieht auf gleiche Weise kleine Kinder an sich und ist sehr gefürchtet, da sie sich nicht selten in der Nähe von Dörfern und Städten blicken lässt. So bei Mendoza, San Juan, La Bioja. Da sie keine raschen Bewegungen hat, können kräftige Männer ihrer Herr werden, und man erschlägt sie mit Äxten. Ihre Haut gibt dann Riemen und Lederzeug und wird in Streifen geschnitten und zu Reitpeitschen verwendet. So weit der Müller. Dass die Geschichte mit dem Anziehen durch den Atem eine Fabel ist, begreift jedermann. Aber dass dort ein Tier von ähnlicher Form und Größe existiert, was von unsern Naturforschern bis jetzt noch nicht gekannt ist, unterliegt fast auch keinem Zweifel. Ich habe später mit einem deutschen Arzte in Santiago, welcher sich vielfach mit der Fauna jener Gegend beschäftigte, über die Sache gesprochen, und er sagte mir, dass jene allgemein verbreitete Sage in Betreff der Größe der Schlange ihre Richtigkeit habe und es sei ihm durch die glaubwürdigsten Zeugen bestätigt, dass kleinere Säugetiere, Vögel und Amphibien sich wirklich der Schlange nähern und von ihr verspeist werden. Aber die Haut der Schlange sei stets klebrig, sodass eine Menge von Insekten, ja selbst kleine Vögel auf derselben klebten und diese sowohl als die größeren, später zum Opfer fallenden Tiere, sähen die Schlange selbst für einen liegenden Baumstamm an, dem sie wirklich ähnlichsehe. Auf diese Weise würden Letztere eine Beute des Untiers, indem sie sich der kleinen festklebenden Tiere bemächtigen wollten. – *Relata refero!*

Kapitel 4

SANTIAGO

Wieder von den Mühlen nach Valparaiso zurückgekehrt, beschloss ich nach kurzer Zeit, tiefer ins Innere von Chile zu gehen, und vorläufig mich nach Santiago zu verfügen. Ich mietete und bezahlte meine Wohnung auf zwei Monate im Voraus, um einen ruhigen Platz für meine bereits gesammelten Naturalien zu haben, nahm von meinen Freunden Abschied und wurde von Uhde, Freundt und Dr. Ried mit sehr guten Empfehlungsbriefen versehen, welche mir mehr Nutzen und bessere Aufnahme gebracht haben als alle anderen zusammen, die ich aus Europa mit mir genommen.

Ich nahm eine Berloche, einen zweirädrigen und zweisitzigen Wagen, für welchen ich nebenher gesagt 20 Peso bis nach Santiago zahlen musste, und machte mich eines Morgens etwa gegen neun Uhr auf den Weg. Die Art, auf welche man durch solche Berlochen fortgeschafft wird, ist folgende: Der Wagenlenker erscheint am Hause, reitend, und führt das in einer Gabel gehende Wagenpferd am Zügel. Die Effekten des Reisenden werden gepackt, das heißt nach Seemannsart festgestaut, angebunden, eingekeilt, kurz eigentlich mehr befestigt als verpackt. Dann fährt man durch die Stadt; an irgendeiner Ecke gesellt sich ein zweiter Berittener zum Wagen, und schon am Ende der Stadt erscheint ein dritter mit etwa zwanzig oder dreißig ledig laufenden Pferden, und kaum vor der Stadt, wo auf dem Wege nach Santiago zu sogleich ein Berg ansteigt, beginnt die tolle Jagd, aus welcher eigentlich die ganze Fahrt besteht. Man lenkt sogleich auf den äußeren Rand der Straße, wo häufig kein Geländer gegen das Stürzen in den Abgrund schützt, und fährt bergan, bergab im schnellsten Galopp, und auf der Ebene oft Carrière. An steilen Stellen helfen beide Reiter aufwärtsziehen, indem sie Haken, welche mit starken Riemen an ihrem Sattel befestigt sind, am Wagen einhängen und so zu beiden Seiten neben hergaloppieren.

Der dritte Reiter treibt, den Lasso schwingend, die frei laufenden Pferde nebenher, welche bald zurückbleiben, an günstigen Stellen ein wenig grasend, dann wieder im vollsten Laufe an der Berloche vorüberrasend, vorauseilen. Hie und da wird angehalten, eines dieser Pferde mit dem Lasso herausgefangen und statt des ermüdeten eingespannt. Ein eigentliches Wettrennen beginnt auf den weiten Ebenen, welche man an mehreren Stellen des Wegs antrifft und woselbst der von der Sonne hart gebrannte Boden das günstigste Terrain bietet. Da fast alle Reisenden, welche von Valparaiso nach Santiago gehen, zu gleicher Tageszeit abreisen, so treffen auf jenen Flächen häufig die Berlochen zusammen und nun beginnt die Wettfahrt.

Wenn man es mit einem – wie soll ich mich ausdrücken – mit einem etwas aufgeregten Menschen zu tun hat, muss man entweder die größte Ruhe beobachten, oder was auch bisweilen hilft, sich noch unsinniger gebärden. Wir fuhren dort mit noch zwei anderen Wagen fast in einer Reihe. In dem einen zwei chilenische Herrn, in dem zweiten zwei Damen mit einem Negerkinde. Als das raschere Fahren begann, setzten die Damen das Kind neben sich auf den Boden der Berloche und hielten verschiedene Schachteln und Büchsen mit den Händen fest, und die Herren nahmen des stärkeren Luftzuges halber die Hüte ab, niemand aber zeigte eine besondere Aufregung oder Verwunderung, sondern jene Vorkehrungen wurden mit derselben Ruhe getroffen, mit welcher man eben bei uns, fängt es gelinde an zu regnen, den Regenschirm aufspannt, oder einen Handschuh auszieht und in die Tasche steckt. Dort rief ich meinen Chilenen zu: *»Mas pronto!«* (rascher!) Sie sahen mich einen Augenblick verwundert an, denn solches war ihnen wohl noch selten gesagt worden, hierauf aber begann ein wirklich so verrücktes Jagen, dass wir bald unsere Rivalen hinter uns hatten.

Durch diese Narrheit hatte ich mir die dauerhafteste Achtung und Ergebenheit meiner Berlocheros erworben, welche mich von diesem Augenblicke an für einen echten Caballero hielten.

Man kehrt auf dem Wege nach Santiago zwei Mal ein; ein Mal in Casablanca, wo man zu Mittag speist und Siesta hält, das zweite

Mal, um zu übernachten, in Curicavia. Die Gasthöfe an beiden Orten sind so ziemlich in europäischem Stile eingerichtet, und man befindet sich wohl dort. Von Curicavia geht man bald des Morgens ab, und kommt bei guter Zeit in Santiago an. Die ganze Strecke, welche vierzig bis fünfzig Stunden Weges beträgt, fährt man in nicht ganz fünfzehn Stunden.

Ich begrüßte auf den Mühlen Abschied nehmend den Italiener und erhielt nach gewohnter Weise statt des verlangten Glases Portwein, Cayrock mit der Bemerkung: Dass er auch sehr gut sei. Er ermahnte mich beim Scheiden, ja nicht so schnell fahren zu lassen, und man weiß bereits, wie ich durch das *»Mas pronto«* seine Lehren befolgte.

Ich bin ferner einer Masse Ochsenkarren begegnet, welche zwischen ganz unsinnig hohen Rädern einherschleichen und sich auf die Länge einer Viertelstunde durch schauderhaftes Knarren und Pfeifen derselben ankündigen. Man hat vier, ja sechs Paar Ochsen vor dieselben gespannt und der Fuhrmann führt einen vier oder fünf Klafter langen, dünnen Stab mit eiserner Spitze, mittelst welcher er die Tiere antreibt. Fährt man mit diesem Wagen einen steilen Berg abwärts, so spannt man ein Paar der Ochsen aus und hängt sie hinter dem Wagen an, diese müssen das Fuhrwerk aufzuhalten suchen, während man die vorderen zum raschen Laufen und Anziehen antreibt. Ich habe nicht recht begriffen, warum man überhaupt nicht gleichmäßig fährt, ohne auf der einen Seite übermäßig anzureizen, sodass man auf der anderen aufhalten muss. Da aber die politischen Zustände mehrerer Länder ein ähnliches Bild bieten, muss die Sache vielleicht doch einen vernünftigen Grund haben.

Im Ganzen ist der Weg nach Santiago stets belebt. Neben jenen Ochsenkarren, welche den Warentransport mit dem Innern vermitteln, begegnet man unzähligen Reitern und ganzen Zügen von Maultieren und Eseln, ebenfalls mit Waren oder auch mit Viktualien beladen.

Ich habe indessen auf dieser Fahrt immerhin etwas Interessantes in anthropologischer Beziehung getroffen. Eine Greisin von unendlich hohem Alter, welche an der Cuesta de Prado in einer kleinen Lehmhütte wohnte und die Vorüberreisenden um Almosen ansprach. In einen alten schwarzen Fetzen gehüllt, von weißem Haupthaar umflattert, und mit nicht unbedeutendem gleich gefärbten Barte, machte diese lebende Mumie einen fast grauenhaften Eindruck. Sie sprach mich mit einigen Worten an, welche etwa bedeuteten: »Gebt einer alten Unglücklichen, welche selbst nicht weiß, wie alt sie ist, eine Kleinigkeit.« Ich reichte ihr etwas, worauf sie eine segnende Gebärde machte, aber meine Knechte riefen *Vamos!*, und fuhren wie verrückt von dannen. Es ist des Teufels Großmutter, sagte der eine, die jeden verflucht, der ihr nichts schenkt. Sie erzählten mir ferner, dass das Weib schon vor der ersten Revolution (1810) an jener Stelle gewohnt, und vorgebe, so alt zu sein, dass sie ihr Herkommen vergessen habe, und auch die ältesten Männer hätten sie, als sie noch Knaben gewesen, schon in diesem Zustande gekannt. Also eine Art stabile Ahasvera.

Ich habe in Santiago dasselbe über die Alte gehört, wo man hinzusetzte, sie sei die einzige öffentliche Bettlerin, welche kein Privilegium habe, welche aber niemand antaste, und ernähre sich fast einzig von Brot und Branntwein!

Auf der Höhe der Cuesta de Prado tritt dem Reisenden die Cordillera schon näher und imposant entgegen. Ich hielt dort einen Augenblick, um den Stand meines Aneroidbarometers zu bemerken, dann wurde natürlich wieder am äußersten Rande der Straße, und was die Pferde laufen konnten, bergab gefahren, und bald war die Ebene von Santiago erreicht.

Die Cordillera, an deren Fuße die Stadt erbaut zu sein scheint, entwickelte sich hier zum ersten Male vor meinem Blicke in größerer Ausdehnung. Es reichten ihre beschneiten Gipfel, so schien es, gerade bis an die Wolkenschicht, welche oberhalb derselben schwebte, und ich staunte über die Höhe des Gebirges. Aber oben in den Wolken bemerkte ich einen schwarzen Fleck, den ich mir nicht erklären konnte.

Da verteilte sich plötzlich jener Wolken- oder Nebelschleier, rasch und in Zeit von wenigen Minuten der Sonne weichend, und vor mir stand die Andeskette in doppelter Höhe. Jene Wolken hatten die obere Hälfte des Gebirges bedeckt und der schwarze

Fleck von vorhin war eine steil emporstehende, nicht mit Schnee bedeckte Felsenspitze gewesen.

Wenn man die Stadt nahebei erreicht hat, wird man erst inne, dass man von dort, bis an den Fuß, an die Vorberge der hohen Cordillera, noch drei bis vier Stunden zu reisen hat, trotzdem dass von einiger Entfernung aus gesehen, Stadt und Gebirge sich zu berühren scheinen.

Teils die Größe und Höhe des Gebirgs, welches es näher erscheinen lässt, trägt an dieser Täuschung die Schuld, teils aber auch eine eigentümliche in Chile auftretende Erscheinung, ich meine den Mangel dessen, was die Maler mit Luftperspektive bezeichnen. Es ist dort schwierig auf größere Entfernungen hin die wirkliche Weite abzuschätzen, in welcher sich irgendeine Stadt, ein Berg und so weiter befindet, indem alle diese Objekte sich fast in gleicher Klarheit darstellen, seien sie eine, zehn oder zwanzig Stunden weit entfernt. Ich habe später von der Cordillera aus das fünfzehn Stunden weit entfernte Santiago so deutlich vor mir gesehen, dass ich auf einen Abstand von höchstens anderthalb Stunden geschlossen haben würde, hätte ich nicht den Weg von dort selbst zurückgelegt, und in Valdivia hätte ich dem fünfzig Stunden weit gelegenen Vulkane von Villarica höchstens acht bis zehn Stunden Entfernung gegeben. Die Trockenheit der Luft und Mangel an Wasserdünsten in derselben kann kaum hieran allein schuld sein, denn obgleich trocken im Flachlande von Chile, war in der Cordillera selbst die Luft feucht genug, und in Valdivia war zu jener Zeit der Hygrometerstand etwa wie der mittlere von Deutschland. Ich erwähne mithin diese Erscheinung, ohne sie näher erklären zu können.

Flüchtig will ich über die Beschreibung der Stadt hinweggehen und nur den allgemeinen Eindruck zu schildern versuchen, den sie hervorruft. Es ist Santiago, die Hauptstadt Chiles, nur mit Ausnahme von Lima wohl die größte der Westküste, schon früher hinreichend geschildert, und es hat sich seitdem dort im Ganzen nur wenig geändert. Alle Straßen derselben schneiden sich im rechten Winkel, sind breit und mit Trottoirs versehen; durch die Mitte vieler derselben laufen starke Rinnen, teils auch gedeckte Kanäle zum Abzug der Unreinlichkeiten. Die durch die parallel laufenden

Straßen entstandenen Vierecke werden Quadras genannt und haben einen Flächenraum von etwa zwei bayerischen Tagwerken. Die Außenseiten der Häuser, welche diese Quadras bilden, haben durchschnittlich ein klösterliches Ansehen, wenigstens die aus älterer Zeit. Meist einstöckig sind sie häufig mit kleinen vergitterten Fenstern versehen, und einfach weiß angestrichen. Durch jene Einteilung in Quadras aber bleibt Raum für den Privatbesitz, sodass eine behagliche Einrichtung im Innern nicht fehlt. Ein ziemlich geräumiger Hof mit kleinem Garten bildet dann die Mitte des Gebäudes, die Türen sind meist gegen diesen Hof hin geöffnet, und es hat mich der Gesamttypus dieser Wohnungen, ich weiß nicht mit Recht oder Unrecht, unwillkürlich immer an die alten römischen erinnert.

Indessen hat man auch größere zwei- ja dreistöckige Häuser erbaut, welche den häufigen Erdstößen bis jetzt mit mehr oder weniger Glück gut widerstanden haben. Am Hauptplatze, der Plaça, steht das Gouvernementsgebäude und einige Kasernen. Die Münze ist ein wirklich großartiges Gebäude zu nennen, ebenso die Universität, und unter den durchschnittlich gut gebauten Kirchen nimmt die Kathedrale den Hauptplatz ein und dürfte ihn auch in mancher großen Stadt Europas behaupten.

Schöne öffentliche Brunnen zieren die Stadt, aber das Wasser der meisten derselben ist trübe, das heißt fast milchähnlich gefärbt und es befinden sich in allen Häusern Filtrierapparate, wo vermittelst eines Sandsteins das Wasser klar erhalten wird. Man nennt dies dort destillieren.

Die Ursache dieser Unreinheit des Wassers ist die, dass alle Brunnen der Stadt mit Flusswasser gespeist werden. Aber diese Flüsse selbst verdanken ihre Entstehung dem geschmolzenen Schnee der Cordillera, von welcher herab sie sich ins Flachland ergießen. Dies geschieht im Gebirge selbst mit einem solchen starken Falle, und infolgedessen mit einer so reißenden Schnelle, dass man in einem jener Gebirgswasser, welches kaum einen Fuß Tiefe hat, häufig nur mit Mühe zu stehen vermag.

Es ist mir die Einwohnerzahl von Santiago auf achtzig- bis neunzigtausend angegeben worden, allein die ziemlich zahlreiche

Geistlichkeit und das Militär sollen bei dieser Schätzung nicht mit inbegriffen sein, und ich muss überhaupt bemerken, dass ich eher mehr als weniger Seelen für die Stadt annehmen möchte.

Was den Charakter der Bevölkerung von Santiago betrifft, wie ihre Sitten und Gebräuche, so gilt für dieselben, was für Valparaiso bereits ausgesprochen wurde. Doch herrscht in Santiago, trotzdem, dass europäische Mode auch hier allgemein, doch noch mehr eigentümliches Leben und die Sitte altspanischer Zeit vor.

So ist zum Beispiel die ganz verständige Sitte, gegen Abend einen leichten Mantel zu tragen, dort ganz allgemein, und selbst die Señorita schlägt keck und malerisch den großen Schal um sich, wenn sie sich in den Räumen ihres Hauses bewegt.

Auch die glänzenden Läden und Verkaufsgewölbe werden in Santiago nicht angetroffen, wie in Valparaiso. Die Mehrzahl der Verkaufslokalitäten sind in Santiago eigentlich nichts weiter als Kramläden, in welchen mancherlei Waren bunt genug gemengt verkauft werden.

Der eigentliche Ausdruck des chilenischen Lebens ist also in Santiago besser kennenzulernen als in Valparaiso.

Ich war im englischen Hotel abgestiegen und hatte bald darauf einige Deutsche aufgesucht, an welche ich Briefe von Valparaiso hatte. Von Dr. Segeth, einem deutschen Arzte, wurde ich sogleich eingeladen, in seinem Hause zu wohnen. Es ist mir von jeher durchaus zuwider gewesen, in einer Stadt auf solche Weise Gastfreundschaft anzunehmen, indem man, selbst seiner Freiheit beraubt, den Gastfreund dennoch stets mehr oder weniger stört. Als ich aber Segeth ganz unverhohlen deshalb meine Meinung eröffnete, sagte er lachend, er sei ganz meiner Ansicht, aber er habe einige Quadras weiter noch ein anderes Haus, bloß von einem Jäger bewohnt, und das solle ich als alleiniger Herr ungestört in Besitz nehmen. Ich schlug ein, und hatte mich bald ganz behaglich eingerichtet. Außer dem Jäger (einem Deutschen in Segeths Diensten), dessen Familie, einer unbestimmten Anzahl von Knechten, Pferden und Maultieren, einem lebenden Kondor, verschiedenen Papageien und anderem Getier, war niemand im Hause, und ich hatte bald eine gewisser Obergewalt usurpiert.

Segeth war Minenbesitzer, hatte Landgüter und betrieb noch andere Geschäfte. Er hatte sechzig und etliche Pferde und eine, wie ich glaube, noch größere Anzahl von Maultieren! Mir standen daher stets Pferde zu Gebot, so viel ich benützen wollte, und ich machte reichlich Gebrauch von diesem Anerbieten, indem ich in Begleitung des Jägers sowohl als auch allein oder mit einigen Knechten Ausflüge in die Umgegend machte. Die Abende brachte ich dann, heimgekehrt von solchen Exkursionen, häufig bei einem deutschen Kaufmanne, J. Schulze, zu, welcher mit gastlicher Freundlichkeit sein Haus allen Deutschen geöffnet hatte und bei welchem ich heitere Stunden verlebte. Noch steht lebhaft in meinem Gedächtnisse ein kolossaler Feigenbaum in Schulzes Garten, unter welchem wir oft halbe Nächte in fröhlichen Gesprächen verbrachten und in dessen Gipfel der *Trochylus gigas*, der größte Kolibri Chiles, nistete.

Im Umkreise von einigen Stunden Weges sind mehrere hübsche kleinere Landseen bei Santiago, und dorthin ritten wir häufig, um Wasservögel zu schießen, Amphibien und Insekten zu fangen und die Gesteine der Umgegend zu sammeln. So erwarb ich reichliche Ausbeute in der Laguna de Quilicana. Der See hat eine Ausdehnung von etwa einer halben Sunde in der Länge und Breite und ist auf der einen Seite von ziemlich steilen Hügeln eingeschlossen, welche etwa neunhundert Fuß hoch sein mögen; dort fallen auch seine Ufer ziemlich steil ab und das Wasser hat eine Tiefe von acht bis zehn Fuß; auf der andern Seite aber verflacht er sich vollständig und geht in eine sumpfige Wiese aus. Er soll durch ein Erdbeben entstanden sein. Trachyt und Dioritporphyr in verschiedener Variation bilden die Hügel, und ich habe später einige der dort auftretenden Gesteine in der Algodonbay in Bolivien wiedergefunden, täuschend und zum Verwechseln ähnlich. Glasiger Feldspath, Magneteisen und Kupferkies wurden in jenen Gesteinen unter anderen Beimengungen gefunden.

In jenem See lebt ein großer sieben bis acht Zoll langer Frosch, er ist indessen schwer zu erhalten und scheint eine neue Art zu sein. Ich habe trotz aller Mühe ein einziges Exemplar mit nach Europa bringen können.

Wundervolle Jagdpartien und zugleich gute naturhistorische Beute ergab eine andere Lagune, irre ich nicht, etwa drei Stunden weit von der Stadt entfernt.

Geognostische Studien können in Santiago beinahe schon in der Stadt selbst gemacht werden. Dicht an derselben, noch fast eingeschlossen von ihr, liegt der Monte San Lucia, ein Hügel von etwa zweihundertfünfzig Fuß Höhe, auf welchem ein Engländer mit Erlaubnis der chilenischen Regierung zur Zeit meiner Anwesenheit eine Sternwarte erbaute. Die Hauptmasse dieses Felsens ist ein graugrüner Porphyr, in welchem glänzende Kristalle von Feldspath häufig eingemengt sind. Hier und da findet sich Magneteisen und bisweilen, noch seltener, Hornblende. Es finden sich kugelförmige Absonderungen, welche aus konzentrischen Lagen bestehen, die größere Masse des Felsens aber ist häufig plattenförmig gespalten, und in den Absonderungsflächen findet sich, ohne Zweifel als sekundäres Produkt, Kalkspath in Kristallen.

War es nicht ein kleiner Anfall von Heimweh, dass es mich lebhaft erfreute, in diesem Gesteine einen alten Bekannten getroffen zu haben? In Franken, am Fuße des Steigerwaldes, und dort ganz vereinzelt alle Formen des Keupers durchbrechend, tritt nämlich ein Gestein auf, welches mit dem des Monte San Lucia so täuschende Ähnlichkeit hat, dass nebeneinandergelegte Exemplare kaum zu unterscheiden sind. Ich habe dort im fernen Lande mich lebhaft der Arbeiten erinnert, welche ich vor Jahren über jenes Gestein in der Heimat unternommen, und, nebenher, an manches Gute und vieles Schlimme, was ich seitdem erfahren.

Einige Stunden von Santiago gegen die Cordillera und in der Nähe eines Klosters liegen die Bäder von Apoquindo. Ich bin durch diese Badeanstalt lebhaft an gewisse kleine Bäder in Deutschland erinnert worden, welche bei uns allenthalben getroffen werden, so wenig ihre Existenz auch über den Umkreis von einigen Stunden hinaus bekannt sein mag. Hier besteht die größte Anzahl der Kurgäste meist aus Frauen der Umgegend, mehr oder weniger mit fabelhaften Zuständen behaftet, und mit Ausnahme der Zunge, hinfällig und leidend. Die Männer bilden die Minderzahl, durchschnittlich ältere Leute, Pensionisten, ein Pfarrer, ein Kandidat oder Lehrer, vielleicht auch irgendein Kranker, dessen Kur von einer mildtätigen Anstalt bestritten wird. Mit wenig Ausnahme war dort in den Bädern von Apoquindo dasselbe Publikum, derselbe Typus der Badegäste, nur, wenn man so sagen darf, vom Deutschen ins Chilenische übersetzt. Es sind zwei lange Gebäude zur Aufnahme der Kurgäste errichtet, bloß aus einem Erdgeschosse bestehend, und von Lehm erbaut, mit einfachster Einrichtung im Innern. Die einzelnen Gemächer dieser Häuser waren meist, ja fast sämtlich von Damen in Anspruch genommen und ich hatte dort Bedenkliches zu überstehen. Ein deutscher Landsmann, welcher mich begleitete, eröffnete nämlich den Frauen, dass ich ein großer und weltberühmter Arzt sei (Risum teneatis amici?!); man beobachtet ehrfurchtsvolles Schweigen bis ich die Temperatur der Quellen genommen, und flüchtig die Wassermenge bestimmt hatte, welche dieselben lieferten, dann aber wurde ich von ihnen umringt, sollte helfen, retten, gesund machen, selbst Krüppel heilen, vor allem aber *»un remedio«* geben. Ich frug meine Kranken, ob sie schon in Santiago einen Arzt befragt hätten, und eröffnete ihnen, als die meisten bejahten, gravitätisch, dass deutsche Ärzte nicht gewohnt seien einander ihre Kranken abspenstig zu machen (Lieber Gott! Wen hat nicht schon eine Frau zum Lügen gebracht und erst hier sicher ein Dutzend!), aber das half wenig. Ich wurde von Zuständen in Kenntnis gesetzt, von deren Existenz ich vorher keine Ahnung gehabt hatte, und konnte mich zuletzt kaum durch die Flucht retten, indem ich mit Mühe mein Pferd gewann, bald wiederzukommen versprach und davonritt.

Man nennt die fünf dortigen Quellen warme. Drei derselben entspringen aus einem rötlichen Porphyr, die übrigen zwei brechen aus Schuttland hervor, welches jedoch wohl nur in geringer Mächtigkeit das porphyrische Gestein bedeckt. Dicht an der Quelle hat man Vertiefungen in den Boden gegraben, in welcher sich das Wasser sammelt, und welche man mit leichten, hie und da ziemlich durchsichtigen Reisighütten bedeckt hat, und in diesen badet man.

Als einer freundlichen Erinnerung muss ich des Dorfes Renca unweit Santiago gedenken, das reich geschmückt mit Rebengeländern und prachtvollen Feigenbäumen, einen ländlichen Vergnügungsplatz für die Stadtbewohner abgibt. Ich habe selten so artig gehaltene und zierliche ländliche Wohnungen gesehen als eben dort, wo die Kunst kaum etwas, aber die Natur alles zur Verschönerung getan hat. An Sonn- und Feiertagen aber ist auch stets eine zahlreiche Volksmenge dort versammelt. Unter den Belustigungen, mit welchen man dort sich ergötzt, ist mir eine Art theatralische Vorstellung lebhaft im Gedächtnis geblieben. Heilige, gekrönte Häupter und einige Teufel trieben sich in lebhaftem Wechselverkehr auf einer kleinen improvisierten Bühne herum, bisweilen unterbrochen durch eine Reihe grotesker Tänze, welche von einem der Schauspieler aufgeführt wurden. Obgleich ich kaum von den rasch und heftig hergesagten Rollen etwas verstand, und auch wenig Aufschluss über das eigentliche Wesen der Spiele erhalten konnte, hat das Eigentümliche desselben doch einen bleibenden Eindruck auf mich gemacht. So wie ich auf dem Wege nach Santiago das schauderhafte alte Weib gesehen habe, so sah ich nebenher gesagt, hier in Renca das schönste Mädchen.

Es steht vielleicht zu erwarten, dass Chile in nicht sehr langer Zeit das Ziel für manche deutsche Auswanderer werden wird, und in diesem Sinne dürfte es manchem der Leser nicht unangenehm sein, die Notizen zu durchblättern über die Form der Regierung, über das Militär und Studienwesen, Handel und Gewerbe, welche ich hier folgen lassen will. Bekanntlich ist Chile eine Republik und vielleicht hat nie ein Volk mit mehr Recht eine Revolution begonnnen, als eben die Chilenen.

Ich habe mehrfache Notizen gesammelt über die Bedrückungen, welche die Spanier gegen ihre Provinzen ausgeübt haben, zwar von in Chile wohnenden Deutschen, aber von Männern, welche unbefangen waren und parteilos, soviel es überhaupt ein ehrlicher Mann sein kann, und man weiß nicht, soll man unwillig oder bedauernd auf das Verfahren hinblicken, welches die spanische Regierung eingeschlagen hatte, indem sie alles tat, um in allen ihren Besitzungen an der Westküste Unzufriedenheit hervorzurufen, nichts aber um sie sich zu erhalten. So durften unter anderen bloß spanische Handelsschiffe die dortigen Häfen besuchen, sodass der

Handel auf das Äußerste beschränkt war. Eine der unsinnigsten Maßregeln war aber ohne Zweifel die, dass kein im Lande, das heißt in Chile, Peru und so weiter Geborener irgendeinen höheren staatlichen Posten dort begleiten konnte, sondern dass alle diese Stellen stets mit geborenen Spaniern besetzt werden mussten. Der Sohn des loyalsten Anhängers der Regierung wurde als Fremder betrachtet, war er in Chile geboren, und so gewissermaßen schon zum Feinde Spaniens bei seiner Geburt gestempelt.

Die Erbitterung, welche sich allmählich einschlich, wurde durch jedes spanische Schiff mit neuen Ankömmlingen stärker angefacht, denn diese benahmen sich stolz und abstoßend gegen die eingeborenen Chilenen, und man betrachtete sich gegenseitig mit argwöhnischen und feindseligen Blicken, besonders nachdem einmal die ersten Unruhen ausgebrochen waren.

Es wurde nie vielleicht ein Bürgerkrieg mit mehr Erbitterung geführt, als der chilenische Befreiungskampf. Die vom Mutterlande eingeführten Truppen schlugen sich mit beispielloser Tapferkeit und ohne Zweifel hätte sich, da die meiste taktische Kraft auf ihrer Seite war, auch für sie der Sieg entschieden, hätte nicht die Unterstützung von Spanien aus gefehlt. Hatte man dort die Mittel hiezu nicht, lag Perfidie im Spiele, oder war es Nachlässigkeit, ich weiß es nicht, aber es ist sicher, dass die Bewaffnung der Truppen, der Stand des Forts, der Häfen und alle Hilfe von außen zu jener Zeit in demselben schlechten Zustande war, wie vor hundert Jahren schon Anson dies geschildert hat.

So siegten die Chilenen. Diese Revolution verdankt nicht dem Beispiele Nordamerikas ihren Ursprung, sie wurde nicht erzeugt durch Nachahmung französischer Grundsätze, nicht durch englische spekulative Einflüsterungen, sie ging aus dem Bedürfnisse, aus der unabweisbaren Notwendigkeit hervor, das spanische Joch abzuwerfen, sie wurde von Besitzenden des Landes, von den am meisten Begüterten, und von dem intelligentesten Teile der Nation entworfen und ausgeführt, und diese halten auch noch gegenwärtig die Zügel der Regierung in den Händen.

Die Form der Regierung ist etwa folgende: Ein Präsident, der das Prädikat Exzellenz hat, steht an der Spitze. Er wird auf fünf

Jahre gewählt, und kann hierauf aufs Neue für die gleiche Zeit, aber nicht für die folgenden fünf Jahre gewählt werden. Die Wahl des Präsidenten geschieht durch Wahlmänner, welche vom Volke gewählt werden.

Die Regierung wird durch die Nationalversammlung, den Congreso nacional, geleitet. Er besteht aus zwei Kammern. Die der Senatoren aus zwanzig Mitgliedern bestehend, welche neun Jahre im Amte bleiben, und die der Deputierten, welche alle drei Jahre neu eintreten. Die Kammer der Senatoren hat unter andern das Recht, die Ernennung der Erzbischöfe zu bestätigen oder zu verwerfen und spricht, im Falle ein Minister angeklagt wird, das Urteil. Der gesamte Congreso nacional aber bestimmt die Stärke des Heeres, bewilligt die Etatsausgaben, stimmt für Frieden oder Krieg, nachdem der Präsident die betreffenden Vorschläge gemacht hat. Die Gerechtigkeitspflege wird durch verschiedene Gerichtshöfe geübt.

Das Militär in Chile besteht aus den Linientruppen und der Landmiliz.

Die Soldaten der Linie werden geworben. Ich kann keine Nachricht geben, ob bloß nur Chilenen oder ob auch Ausländer eintreten können. Indessen weiß ich, dass während ich in Valparaiso war, ein Nordamerikaner als Militärarzt angenommen wurde. Der Stand der Landarmee ist im Frieden auf 3000 Mann festgesetzt. Zur Zeit meiner Anwesenheit betrug derselbe indessen nur 2770 Mann. Der chilenische Soldat liegt während des Friedens gerne im Schatten und raucht seine Zigarre, speist gern und tut am liebsten nichts. In Sauberkeit der Uniform wäre manches zu wünschen. Im Kriege geht er wie toll auf den Feind und macht Märsche, deren Größe ich hier nicht niederschreiben will, weil man mir nicht glauben würde. Bei solchen Fällen herrscht strenge Mannszucht, und ich will ein Beispiel anführen, welches mir von einem höchst glaubwürdigen Augenzeugen erzählt wurde. Die chilenische Republik führte Krieg, ich glaube mit der argentinischen, doch weiß ich dies nicht mehr so genau und ebenso nicht den Namen des Generals, welcher einsah, dass es durchaus nötig war, zu einer bestimmten Zeit über die Cordillera zu sein. Die Jahreszeit war übel, die Wege gefährlich und mühsam zu erklimmen. Jener Anführer aber erließ fast wörtlich folgenden Tagesbefehl:

Mitbürger! Soldaten! Wir müssen über die Cordillera. Ich habe nur zwei Dinge zu befehlen: Bei dem Marsche über die Cordillera gibt es keine vollständige Musik, für je dreißig bis vierzig Mann reicht eine Gitarre aus! Bei dem Marsche über die Cordillera gibt es keine Müdigkeit. Der zurückbleibende Müde wir erschossen!

Man kam in unglaublich kurzer Zeit über das Gebirge, indem man beim Klange der Gitarre marschierte und es meldete sich nicht ein Mann als müde.

Die Offiziere der chilenischen Linie haben durchaus die Haltung der europäischen und alle die ich gesehen habe, schienen mir feine Männer zu sein.

Da jeder Chilene in die Liste des Heeres eingetragen ist, so beträgt auf dem Papiere die Anzahl der Miliztruppen fast 80 000. Wie viele indessen hievon dienstfähig und ob alle Milizen verpflichtet sind über die Grenze zu gehen, weiß ich nicht. Indessen uniformiert und bewaffnet der Staat diese Landwehr auf seine Kosten, und wenn sie im Dienste sind, werden sie besoldet. Den Rang eines Generals gibt der Congreso und vom Major aufwärts ernennt derselbe ebenso alle Offiziere der Miliz, welche Leute vom Fach sein und bereits bei der Linie gedient haben müssen. Vom Major abwärts wählt die Miliz sich ihre Offiziere selbst. Es kommt kaum vor, dass hiebei Männer zur Wahl kommen, welche, wie soll ich sagen, missliebig sind.

Es mag sich treffen, wie anderwärts auch der Fall ist, dass die militärischen Übungen der Miliz nicht mit derselben Sorgfalt und Präzision ausgeführt werden, wie jene der regulären Truppen; aber im Kriege hat sich die chilenische Landwehr stets vorteilhaft benommen und Tüchtiges geleistet. Dass die Kavallerie vorzüglich ist, braucht kaum erwähnt zu werden, wenn man bedenkt, dass jeder Chilene ein geborener Reiter.

Der Stand der Marine ist kein glänzender. Chile hat eine Fregatte, zwei Korvetten und noch zwei andere kleine Schiffe. Es wollte mich bedünken, als segle die Fregatte nicht sehr rasch und sei zum Dienste auf hoher See nicht wohl zu brauchen. Obgleich nur allein Küstenland, hat Chile doch vielleicht eingesehen, dass im Fall einer Misshelligkeit mit einer größeren Macht Europas oder mit Nordamerika, gegen jene bedeutenden Seemächte mit aller Aufopferung doch nichts auszurichten sei; da aber Chile außerdem mit Ausnahme zweifelhafter Stationen in der Magellanstraße, keine überseeischen Besitzungen oder Kolonien hat, und überdem keine bedeutende Ausfuhr an Landesprodukten durch chilenische Schiffe stattfinden, hält man wohl die Kosten einer größeren Flotte für nicht äquivalent ihrem Nutzen.

Über das Unterrichtswesen weiß ich nur wenig zu sagen.

In Santiago ist eine Universität und ein höheres Gymnasium, Realgymnasien (Collegio) sind in jeder Provinz, niedere Bürgerschulen in jeder Stadt. Außerdem ist in Santiago eine Militärakademie, ein geistliches Seminar, ein Schullehrerseminar und eine Hebammenschule. Eine Navigationsschule ist in Valparaiso, eine Bergwerksschule ist in Coquimbo.

Das Laboratorium der Universität zu Santiago ist vollständig zweckmäßig gebaut und reichlich mit Instrumenten und Gerätschaften ausgerüstet. Ich habe mich in demselben heimischer gefühlt als fast irgendwo auf meiner ganzen Reise. Domeyko steht demselben vor und ist überhaupt die Seele aller naturwissenschaftlichen Unternehmungen des Landes. Ich bin erstaunt über das vielseitige und gediegene Wissen dieses Mannes und über seine rastlose Tätigkeit. Aber ich habe nie auf die in mein Fach einschlagenden Gegenstände des Unterrichts näher eingehen können, und vermag keine Aufschlüsse zu geben über den Gang der Gymnasialbildung, die Form und die Gesetze, welche dort eingehalten werden bezüglich des Übertritts auf die hohe Schule und ob dort alte Sprachen, wie bei uns, vorzugsweise betrieben werden.

Im Übrigen weiß ich aus guter Quelle, dass die Regierung sich lebhaft für das Erziehungs- und Unterrichtswesen interessiert, dasselbe kultiviert und nach ihrem Sinne regelt.

Obgleich Chile nach seinen gegenwärtigen Verhältnissen eher bestimmt ist, den Ackerbau und das Bergwesen zu kultivieren, als vorzugsweise ein Handel treibender Staat zu sein, ist der Handel doch einer der wichtigsten Gegenstände für das Land und das schon deswegen, weil sowohl wirkliche Luxusgegenstände, als auch zum Leben unentbehrliche Bedürfnisse von außen eingeführt werden.

Geht man auf die einzelnen Gewerbe in Chile ein, so findet man, dass viele Gewerbe, welche bei uns in sehr verschiedene Fächer zerfallen, dort in ein einziges vereinigt sind. Selbst Ausländer, die dort ansässig sind, betreiben auf diese Art ihr Geschäft. So habe ich in Valparaiso die ziemlich bedeutende Werkstätte eines Franzosen gesehen, der Schmied, Schlosser, Waffenschmied und Büchsenmacher zu gleicher Zeit war, und welcher zwar gute, indessen ziemlich teuere Arbeit lieferte. Ich musste demselben für einen ganz einfachen Mineralienhammer drei und für einen Ladestock mit Krätzer vier Peso bezahlen.

Viele Gewerbe sind sehr schlecht vertreten, zum Beispiel das der Dreher; fast alles in diese Fächer Einschlagende wird importiert. Ein gleicher Fall ist mit Optikern und Mechanikern, und wohl größtenteils auch mit Uhrmachern. Leder und Riemenzeug wird im Lande sehr solid gefertigt, doch zieht man, wenn es halbwegs angeht, europäischen, oft wenig dauerhaft gefertigten Kram vor.

Ich glaube fast, dass unter den Gewerben, welche reine Luxusartikel fertigen, Gold- und Silberarbeiten am besten vertreten sind. Die Zierlichkeit und Dünnheit europäischer Schmuckgegenstände findet man nicht bei den dort gefertigten, obgleich viel eingeführte teuer genug verkauft werden; aber noch sind Anklänge vorhanden altspanischer Luxusliebe und des Reichtums und Überflusses an edlen Metallen, der bei Entdeckung der Westküste angetroffen wurde. Von den schweren Beschlägen an Sattel und Reitzeug habe ich schon oben gesprochen, aber auch andere Dinge werden schwer und reich gefertigt. Ich habe mir dort eine silberne Mechara, eine Lunte zum Anzünden der Zigarren für vier Peso gekauft, aber ich habe solche von Gold gesehen, welche zwölf Unzen kosteten. Ähnlich sind die im Lande gefertigten Ketten, Dosen und dergleichen.

Während meiner Anwesenheit in Santiago kam bei einem mir bekannten deutschen Goldarbeiter eine Sendung kalifornisches Gold im Werte zu etwa 9000 bis 10 000 Peso an. Alles wollte

Schmucksachen von diesem Golde besitzen, und der Vorrat war rasch aufgearbeitet. Ich wohnte öfters diesen Arbeiten bei und kann behaupten, dass aus einer Tabakière, wie sie dort gefertigt wurden, sicher sechs von jenen hätten gemacht werden können, wie sie bei uns im Gebrauche sind, und dabei fehlte eine gewisse, wenn auch eigentümliche Eleganz jenen Arbeiten durchaus nicht.

Die Gewerbe, welche die zum Leben unentbehrlichen Dinge liefern, werden meist von eingeborenen Chilenen betrieben, so zum Beispiel sind Mauerer und Zimmerleute meistens Landeskinder. Ich habe da die Bemerkung gemacht, dass gewisse Hantierungen vollständig den Unterschied der Nationen auszuheben scheinen. Der chilenische Maurer zum Beispiel ist das lebendige Ebenbild seines deutschen Kollegen. Hier ist alle spanische Grandezza, alles Feuer des Südamerikaners verschwunden. Er ist Maurer mit Herz und Seele. Er nimmt aus einer großen Dose, die sich knarrend öffnet, seine Prise, und bedient sich mit Geräusch eines blauen Taschentuches. Er bedarf die dreifache Zeit, welche jeder andere Mensch bedarf, um von einer Stelle des Baues zur andern zu gehen, und streicht den Mörtel so langsam und bedächtig auf, als wolle er dessen Erhärten abwarten. Mit dem ersten Schlage der Feierstunde aber lässt er die Kelle aus der Hand fallen und geht unerwartet raschen Schrittes von dannen.

Auch der chilenische Tüncher braucht, wie der deutsche, fast zwei Tage länger als er versprochen hat zur Arbeit, und beschmutzt nach Kräften alle benachbarten Gegenstände.

So umschlingt ein großes gemeinschaftliches Band alle Menschen als Brüder!

Andere Gewerbe befinden sich noch auf der Stufe möglichster Einfachheit. So zum Beispiel die Weberei. Das Spinnrad und der eigentliche Webstuhl sind unbekannt. Man spinnt mit der Spindel, und wie früher unseren Frauen einzig die Weberei oblag, wird sie noch heute in Chile allein von denselben betrieben, und das zwar auf mühsame und beschwerliche Art. Die Kette wird an zwei Stäben von der Breite des zu verbindenden Tuches befestigt, und diese Stäbe werden anfangs in der ganzen Länge der Fäden an der

Kette aufgespannt und sechs Zoll hoch über dem Boden an Pflöcken befestigt. Auf einem langen dünnen Stabe ist der Einschlag aufgewunden und wird zwischen den Fäden der Kette durchgeschoben, und diese wird durch Schlingen mittelst eines durchgeschobenen schweren Holzes in die Höhe gehoben. Diese Arbeit ist sicher mühevoll und beschwerlich, und je nach der Feinheit des Gewebes können des Tags hindurch eine bis drei Ellen gefertigt werden. Aber dennoch weben die Frauen und Mädchen jene feinen Ponchas, von welchen ich schon gesprochen habe und welche teuer bezahlt werden.

Auch das Färben besorgen die Frauen, und die gewebten Wollenzeuge sind schön und dauerhaft gefärbt; ich weiß indessen nicht, auf welche Weise und mit welchen Farben sie dies bewerkstelligen, obgleich ich mich mehrfach bemühte, es zu erfahren.

Ich will noch kurz der Mühlen und Töpferei gedenken.

Die chilenische Mühle wie solche auf dem Lande allenthalben im Gebrauche, besteht aus einem niedern horizontal und festliegenden Steine. Durch diesen geht eine Welle und in dieser läuft der obere Stein. Unten sind horizontal eine Art keilförmige Speichen angebracht, die man am Ende löffelförmig ausgehölt hat. Ein Wasserstrahl gegen dieselben geleitet, treibt das Rad. Es gibt auch Mühlen, bei welchen der Mühlstein in einer hölzernen Rinne auf und ab bewegt wird, ganz auf ähnliche Weise wie bei uns an manchen Orten Apfelwein bereitet wird.

Ausländer aber haben großartige Mühlen eingerichtet nach neuem amerikanischem System und deren befindet sich eine in Conception und eine andere in Santiago, welche Letztere einem Amerikaner gehörte. Dicht an neben diesem Etablissement, welches außer der eigentlichen Mühle noch aus verschiedenen großen Höfen, Speichern und so weiter besteht, befindet sich eine jener kleinen ärmlich konstruierten, bei welcher der Mühlstein in einer Rinne läuft, eine Maus neben einem Elefanten. Ihr Besitzer verlachte den Amerikaner, als er seinen Bau begann, und wartet noch jetzt auf seinen Ruin, aber der Amerikaner macht die besten Geschäfte. Der Windmühlen bei Valparaiso habe ich bereits gedacht. Ihr Eigentümer ist ein Engländer.

Der Töpferei erwähne ich vorzugsweise wegen der eigentümlichen Form der dort gefertigten Arbeiten. Es bedienen sich Wohlhabende meist aus Europa eingeführter eiserner Töpfe und nur ärmere Leute, und nur solche, welche weiter im Innern wohnen und das eiserne Geschirr schwer erhalten können, haben irdenes. Die Form dieses irdenen Geschirres ist merkwürdigerweise ganz dasselbe, wie sie noch heutzutage in alten germanischen Gräbern gefunden wird, welche man von Zeit zu Zeit in Deutschland öffnet. Ich habe früher in Franken mehrfach solche Ausgrabungen geleitet, und dabei Mittel eingeschlagen, die Gefäße *ganz* aus der Erde zu bekommen; ich habe aber dort nicht *eine* Form ausgegraben, welche nicht in Chile noch täglich gefertigt wird und im Gebrauch ist.

Fast ähnlich wie es mit dem Mühlenwesen in Chile geht, verhält es sich auch mit dem Ackerbaue. In größeren Hazienden wird, ähnlich wie in jener amerikanischen Mühle, mit verbesserten Hilfsmitteln und vergrößertem Vorteile gearbeitet, auf kleinen Gütern aber ist die Art und Weise des Ackerbaues noch auf niederer Stufe. So hat man gegen den Süden zu kaum eisernes Gerät, außer eine Axt, eine Sichel mit gekerbter Schneide, also ganz antike Form, und ein starkes Messer. Der Pflug ist ein gekrümmtes Holz mit einer ebenfalls hölzernen Pflugschar und die Egge ein Bündel irgendeiner dornigen Staude. Die Schaufeln bestehen aus dem Schulterblatte eines Ochsen oder Pferdes. Gewöhnliche Transporte oder Lasten, die für Maultiere zu schwer sind, werden auf Ochsenhäuten fortgeschleift, zweirädrige Karren sind fast schon ein Luxus und bei diesen bestehen die Räder einfach aus dem Querschnitte eines starken Stammes. Aber auch weiter gegen den Norden und auf größeren Besitzungen sind noch sehr einfache Methoden im Gebrauch, so zum Beispiel das Dreschen vermittelst Pferden. Es war dies eine der ersten Eigenheiten des Landes, welche ich, als ich mich Santiago näherte, bemerken konnte und welche mir noch vollkommen neu war. Man hatte einen großen Fleck des Landes geebnet, eingezäunt, dort das Getreide aufgeschüttet und jagte nun etwa mit hundert Stuten im tollsten Rennen auf demselben umher. Die ausgefallenen Körner werden gegen den Wind geworfen und so von der Spreu gereinigt. Wie viel Getreide auf solche Weise verloren geht, kann man sich denken.

Die Viehzucht ist in Chile sehr blühend, obgleich auf ziemlich andere Weise betrieben als bei uns. Kleinere Gutsbesitzer lassen ihr Vieh in der Nähe ihrer Häuser weiden, wie es ihm gut dünkt, und man fängt, je nachdem man vielleicht zum Verkauf oder zum Schlachten ein Stück bedarf, das ausgewählte mit dem Lasso. In der Nähe des Gebirges aber treibt man das Vieh jährlich dorthin, wo es unter der Aufsicht von Kuhhirten den Sommer über bleibt, und nur in den Wintermonaten, wo der Schnee sich in tiefere Regionen herabzieht, wird es ebenfalls weiter abwärts gebracht.

Ich bin, als ich aus der Cordillera zurückkehrte, einem solchen Zug von Rindern begegnet, aber glücklicherweise durch eine Schlucht getrennt. Es wurde dort eine Herde von etwa sechs- bis achttausend Stück getrieben, obgleich oben schon eine bedeutende Anzahl zerstreut war. Wir waren froh, zur Heimkehr nicht jenen Weg auf der entgegengesetzten Seite der Schlucht gewählt zu haben, denn dort wäre kein anderes Mittel gewesen, als umzukehren und mit dem rennenden Vieh bis an den Ort seiner Bestimmung zurückzureiten. Der ganze Haufe rannte in der Tat wie toll und besessen auf dem schmalen und gefährlichen Bergpfade, dessen eine Seite von einem tiefen in die Schlucht führenden Abgrunde begrenzt wurde, vorwärts, blökend und brüllend und ohne Zweifel alles niederwerfend, was nicht gleichen Schritt hielt. Einzelne Vaceros mit furchtbaren Spornen und starken bis an die halben Schenkel reichenden Ledergamaschen, hie und da mit langen speerartigen Stachelstöcken, alle aber mit dem Lasso bewaffnet, ritten mit, leitend und antreibend, und es gab das ganze wilde Treiben ein wirklich anziehendes Bild.

Oben angelangt, zerstreut sich das Vieh in den Bergen, indem es bereits die dortigen Weiden kennt, wird indessen von den Vaceros in steter Aufsicht gehalten. Die trächtigen Kühe werden näher zum Lagerplatz getrieben, um die jungen Kälber gegen den Puma und den Kondor beschützen zu können, widerspenstige Tiere aber werden mit dem Lasso niedergeworfen und so wird ihnen ein gewaltiger Respekt vor demselben beigebracht.

Einmal im Jahre bringt man einen Teil des Viehes in die Nähe der Hazienda und sucht dort dasjenige aus, welches zum Schlachten bestimmt wird, ich glaube, dass auch bei dieser Gelegenheit die einjährigen Kälber gebrannt, das heißt mit dem Zeichen des Besitzers versehen werden. Man hat dann in der Nähe der Hazienda einen sogenannten Corral aufgerichtet, nämlich eine starke Umzäunung, in welche die Rinder getrieben werden. Man sucht diejenigen aus, welche zum Schlachten bestimmt sind, trennt sie von den anderen und lässt sie noch einige Monate auf gut bewässerten Wiesen in der Umgegend der Hazienda weiden, bevor sie getötet werden; das übrige Vieh aber wird wieder ins Gebirge zurückgeschickt.

Auch Schaf- und Schweinezucht werden betrieben und in neuerer Zeit hat man englische Schweine eingeführt, welche sehr gut gedeihen.

Kapitel 5

IN DER CORDILLERA

Man trägt sich in Chile mit vielfachen Gerüchten über die Gefahren, welche mit Reisen in der Cordillera verknüpft sind, und in der Tat ist ein solches Unternehmen auch nicht ohne alle Gefahr. Abgesehen von den halsbrechenden Wegen, und von – obgleich selten – streifenden indianischen Räubern, kann selbst auf dem Wege von Santiago nach Mendoza, welches die gewöhnliche Straße ist, ein plötzlicher Schneefall Bedenkliches hervorrufen.

Ein deutscher Kaufmann, mit welchem ich häufig in der »Fonda Inglesa« zusammentraf, ersuchte mich, als ich ihm meinen Entschluss mitteilte in die Cordillera zu gehen, höchst artig, im Falle ich seine große Zehe fände, welche er dort zurückgelassen, ihm dieselbe zu überbringen. Ich erfuhr, dass er mit einem Zuge von Waren tragenden Maultieren von Mendoza nach Santiago reisend, plötzlich von heftigem Schneefalle überrascht, Weg und Steg verloren und in Schluchten geraten sei, aus welchen die kundigen Führer, welche ihn begleiteten, keinen Ausweg mehr gewusst. Ein Teil der Tiere war bereits aus Mangel an Futter gefallen. Er selbst hatte in tiefem Schnee und heftiger Kälte sich die Füße und Hände erfroren, da nirgends Feuerungen zu finden; da auch für die Menschen kein Mundvorrat mehr vorhanden, und alle bereits der tiefsten Entmutigung erlagen, so hatte man sich zum Sterben bereit gemacht und erwartete, in die Satteldecken gewickelt, den Tod. Da fand einer der Knechte in einer Satteltasche eine Flasche Portwein und einige Krumen Maisbrot. Man verteilte dieses unter die sechs Männer der Gesellschaft und wurde durch den Genuss des Weins so belebt und aufgeregt, dass man beschloss, auf Tod und Leben einen letzten Versuch zu machen. Man bestieg die Pferde, welche noch am kräftigsten waren, klomm auf die Gefahr hin, zehn Mal im Schnee zu versinken oder von den Felswänden zu stürzen, aufwärts, und gelangte nach einer halben Stunde auf ein Plateau, wo man Futter fand, und von welchem aus die Maultiertreiber sich alsbald orientierten. Es gelang, den größten Teil der in der Schlucht befindlichen Tiere aufwärts und später auf die Straße zu bringen, und man erreichte nach einigen Stunden der äußersten Anstrengung eine entgegenkommende Karavane, welche Speisen mitteilte und die Vollendung der Reise ermöglichte.

Ein Engländer hatte einige Jahre vorher, ehe ich in Santiago war, sich vorgenommen zu Fuße von dort über die Cordillera nach Mendoza zu gehen. Er machte sich trotz aller Abmahnung, mit einem Hund und Schießbedarf versehen, auf den Weg, aber später nach Mendoza Kommende trafen ihn nicht daselbst, und man glaubte ihn sicher verloren. Nach etwa sechs Wochen erschien indessen der Reisende wieder in Santiago, fast unkenntlich und ohne Hund. Er hatte denselben in der äußersten Not verzehrt. Nachdem er eine schwere Krankheit überstanden, kaufte er einen neuen Hund und machte sich wieder auf den Weg. Aber er erreichte weder Mendoza, noch kam er nach Santiago zurück, er verschwand spurlos in den Bergen.

Ich hatte mich besser vorgesehen als dieser Brite, und meine kleine Expedition war ganz nett ausgerüstet. Es begleitete mich der deutsche, bei Segeth in Diensten stehende Jäger, und außerdem hatte ich für die Dauer der Exkursion zwei chilenische Knechte gedungen. Natürlich waren wir alle beritten und namentlich hatte ich durch die freundliche Gefälligkeit Segeths ein vortreffliches im Klettern geübtes Pferd erhalten. Zwei Maultiere trugen abwechselnd Mundvorrat und die nötigen Instrumente; einige Reservepferde fehlten nach chilenischer Sitte ebenfalls nicht.

Der eine meiner Knechte war schon früh mit den übrigen Pferden und den Maultieren vorausgegangen, und des Nachmittags folgten wir andern. Unser Aussehen mag so ziemlich die Mitte gehalten haben zwischen dem eines Jägers und eines Räubers, hatte aber für dort nichts Auffallendes.

Wir ritten scharf durch die Ebene von Santiago, um noch vor Nacht die Vorberge der Cordillera zu erreichen, und hielten nur einmal an, um rasch ein Glas jenes roten Weins von Conception zu trinken, dessen ich bereits erwähnte. Die Gegend von Santiago ist wirklich reizend, indem sie vollkommen den Charakter der

Blick auf die Cordillera nördlich von Santiago

Fruchtbarkeit und Kultur trägt, ohne alles Romantische verloren zu haben, wie das sonst so häufig der Fall. Einzelne Landgüter, größere oder kleinere Besitzungen, Erstere Reichtum verratend, Letztere voll malerischen Reizes, bilden auch dort, gegen das Gebirge zu, die Umgegend der Stadt, und sind häufig halb versteckt in Gruppen von Feigenbäumen und Pfirsichen, selbst die Orange fehlt nicht, den Typus des Südens vervollständigend. Einen zwar eigentümlichen, indessen nicht eben angenehmen Anblick gewähren die Lehmmauern, mit welchen fast alle Grundstücke eingefriedigt sind. Und welche sich mit hellbrauner monotoner Färbung allenthalben durch die Landschaft ziehen, sodass das Ganze in einige Entfernung Festungswerken ähneln mag.

Aber auch abgesehen von den übrigen Schönheiten der Landschaft, überwiegt der großartige Rahmen, in welchen das Bild gefasst ist, die Cordillera, kleinere Übelstände desselben, und eine vielfältige Staffage belebt das Ganze. Zwar ist das Tierreich eben nicht zahlreich vertreten, und selbst Vögel finden sich hier fast spärlich. Einige Raubvögel waren noch die zahlreichsten Repräsentanten derselben, und diese saßen meist ruhig, kaum sich um den Vorüberreitenden kümmernd, auf den erwähnten Lehmmauern; hier und da liefen der Turco und Tapaculo mit Blitzesschnelle über den Weg und der rotbrüstige Star und einige andere weniger zierlich gefärbte seiner Geschlechtsverwandten wiegten sich in den Zweigen der am Weg stehenden Bäume.

Desto häufiger aber begegneten wir Reitern auf Maultieren und Eseln. Ganze Züge von Maultieren bringen Holz zur Stadt, Esel mit Futter beladen, ziehen trotz des noch überdem zwischen demselben sitzenden Führers, ziemlich rasch ihre Straße, und dazwischen galoppieren lustig Männer, Frauen und Kinder nach allen Seiten hin. Man sieht in Chile kaum einen Fußwanderer, da jeder ein Pferd besitzt, und dort ist ein ganz anständig gekleideter Fußreisender etwa so angesehen, wie bei uns zu Lande ein Reisender, der barfuß und ohne Rock seine Straße zieht, und statt des Hutes etwa einen Knotenstock führt.

Als wir uns beiläufig sieben bis acht Stunden von der Stadt entfernt hatten, machte der freundliche Charakter der Gegend allmählich einem ernsteren Platz. Selbst die kleineren Hazienden und Ansiedelungen wurden immer seltener und verschwanden endlich plötzlich. Wald und Felsen begannen, und wir hatten kurz vor Anbruch der Dunkelheit die Vorberge der Cordillera erreicht. Wir hatten beabsichtigt, in einer am Fuße der Cordillera liegenden kleinen Ansiedelung zu übernachten, wo von den Bergen gebrachte Silbererze verschmolzen werden, und woselbst der Jäger vor Jahren einmal eingekehrt war. Es zeigte sich indessen bald, dass wir den Weg verfehlt hatten.

Der Rio Mapocho strömt dort, aus den Anden hervorbrechend, mit Heftigkeit durch seine felsigen Ufer, und wir mussten fortwährend stromaufwärts seinen Lauf verfolgen, da weiter oben jenes kleine Hüttenwerk liegen sollte. Bald aber waren wir gezwungen über den Fluss zu setzen, indem das bisschen Weg, auf dem unsere Pferde weiter kletterten, aufhörte und zur steilen Wand wurde. Mittlerweile war die Dunkelheit vollständig eingebrochen, und trotz des klaren Sternenhimmels war es in der Bergschlucht, in welcher wir ritten, so finster, dass man kaum den vor sich Reitenden unterscheiden konnte. Es wurde deshalb der eine meiner Knechte, der einen Schimmel ritt, an die Spitze des Zuges gestellt; aber es dauert nicht lange, so musste wieder der Fluss passiert werden, da jetzt auf der anderen Seite der Weg zu schmal wurde, oder eigentlich besser gesagt, ganz aufhörte, und dieses Übersetzen wurde während der Nacht etwa zehn bis zwölf Mal wiederholt.

Der vorausreitende Knecht, der den Weg suchen musste, wurde nicht selten eine Strecke im Wasser abwärtsgerissen und musste dann eine andere Stelle ausfindig machen, welche, besonders der Lasttiere halber, leichter zu passieren war. Aber dies alles geschah vonseiten des Knechts unter Scherz und Gelächter, wenngleich mit manchem Caramba, dem scherzhaften und unschuldigen Fluchworte der Chilenen.

Der Fluss strömt schnell dahin, und obgleich wir selten bis über die Knie ins Wasser kamen, hatten die Pferde genug zu tun sich zu halten, und verloren nicht selten den festen Grund, hatte gleich der Knecht die seichteste Stellen aufgesucht. Ritten wir längs des Ufers, so mussten die Tiere im buchstäblichen Sinne des Worte, sich durch die am Ufer angeschwemmten Felsblöcke winden, andere überspringen, während sie auf kopfgroßen Geschieben des Flusses Fuß zu fassen gezwungen waren, wenn sie eine plötzlich erscheinende tiefere Stelle nicht bis an die Knie versinken ließ.

Wir waren eine Zeit lang auf dem linken Ufer des Flusses fortgeritten, als wir, wie uns dünkte, an die gesuchte Stelle gekommen waren, um nach nochmaligem Übersetzen des Flusses auf eine Art von Weg zu gelangen, welcher zu dem ersehnten Hüttenwerk führen sollte. Als wir aber uns anschickten, ins Wasser zu reiten, fanden wir bald, dass der Fluss so bedeutend angeschwollen war und so heftig strömte, dass an kein Passieren desselben mehr zu denken. Wir hatten nicht daran gedacht, dass fast alle die von der hohen Cordillera kommenden Flüsse des Nachts bedeutend anschwellen, da das des Tages über durch die Sonnenhitze geschmolzene Schneewasser ihre Masse bedeutend verstärkt.

Es stand uns jetzt die wenig tröstliche Aussicht bevor, hungrigen Leibes auf den Geröllen des Mapocho Nachtlager zu halten, und vielleicht von dessen stets steigenden Fluten noch einen Besuch zu erhalten.

Da erinnerte sich der Jäger, gerade zur rechten Zeit, dass etwas weiter oben sich die Schlucht öffnen müsse und dort die Hütten einiger Landleute seien, bei welchen er früher einmal in dieser Gegend mit einem deutschen Naturforscher jagend, eingekehrt war. Wir eilten weiter und bald öffnete sich wirklich die Schlucht in etwas, und die Abhänge derselben wurden flacher, sodass die Pferde sie erklimmen konnten. Als wir uns auf der Ebene befanden und einen Weg vor uns hatten, der für deutsche Pferde lebensgefährlich gewesen wäre, für die chilenischen aber analog einer Chaussee war, wurden Zigarren und Pfeifen angezündet und im Galopp dem vorausleuchtenden Schimmel nachgeritten, in fast gänzlicher Dunkelheit und ohne irgendeine weitere Kenntnis des Weges als die, dass in einer gewissen Richtung hin menschliche Wohnungen befindlich sein sollten.

Endlich begann der Jäger sich etwas besser in der Gegend zurechtzufinden, indem ihm einzelne Felsenpartien erinnerlich waren, und bald sahen wir Bäume und zwischen denselben Feu-

Schlucht und Wasserfall in der Cordillera

erschein leuchten. Das Unvermeidliche einer chilenischen Ansiedlung, eine Meute von etwa zwanzig Hunden, umringte uns bald kläffend und bellend und wir hatten in Kurzem das Haus und seine Bewohner erreicht.

Es kamen uns die Männer entgegen und boten uns auf unsere Frage, ob wir bei ihnen übernachten könnten, freundlich ihr Haus und ganzes Besitztum an, mit jener in Wirklichkeit uneigennützigen Bereitwilligkeit, welche die überwiegende Mehrzahl jenes wackeren Volkes charakterisiert.

Vor dem Hause war aus rohen Baumstämmen eine Art Vorhalle angebracht, welche mit Baumzweigen gedeckt war, und dort brannte das Feuer. Eine ältere Frau kauerte am Feuer, und vier bis fünf jüngere Frauen, alle in große Umschlagtücher gehüllt, waren, so wie mehrere Männer ringsumher gelagert; Kinder, Hunde und Hühner, Letztere durch unsere Ankunft aufgestört, durchkrochen die Winkel der Vorhalle, und das Ganze bildete ein zwar zigeunerartiges, aber nicht unschönes Bild.

Unsere Pferde und die Lasttiere wurden abgesattelt und sich selbst überlassen. Fast nie verläuft sich in solchen Fällen ein Pferd und die Tiere, welche nur ein paar Tage zusammen gelaufen sind, halten bald gute Kameradschaft. Wir baten um eine Hühnersuppe und Eier, was bald fertig war, als wir aber nach Wein frugen, war keiner vorhanden, indessen hieß es, dass in einem nahen Orte welcher zu haben sei. Ich gab einige Realen, und bald sprengte einer der jungen Leute mit einem Schlauche auf dem Pferde in die Nacht hinaus.

Während nun auf solche Weise alle Anstalten zum Mahle getroffen wurden, hatte ich Gelegenheit, den fast an Ostentation grenzenden Eifer meiner Knechte zu bewundern, mit welchem sie mich zu bedienen bemüht waren. Sie hatten unseren Gastwirten erzählt, und hiebei half auch der Jäger getreulich, wie ich ein aus fremden Landen gekommener, ungeheuer reicher und gelehrter Herr, *un mui grande caballero*, sei, welcher die Cordillera zu besuchen gedenke, nachdem er schon alle anderen Länder der Erde bereist habe. Sie selbst reisten teils zum Vergnügen mit mir, teils weil sie von mir einen fabelhaften Lohn bekämen. Sie machten sich nun tausend Beschäftigungen um meine Person, zogen mir die Stiefel aus, boten mir aus der geöffneten Reisetasche ganz ungeeignete Kleider zu größerer Bequemlichkeit, wie sie sagten, stopften meine Pfeife, und hatten alle Augenblick irgendeine Frage zu tun.

So dachten die beiden Schelme sich selbst in ein glänzendes Licht zu setzen, indem sie einen so vornehmen und mächtigen Herrn als Diener begleiteten.

Nach Beendigung des Schmauses kam der junge Mann mit dem Weine (roten Conceptionwein), und war bis über den Gürtel durchnässt. Der nahe gelegene Ort war sicher eine Stunde, wenn nicht weiter entfernt, und er hatte irgendein Wasser mit dem Pferde durchschwimmen müssen. Bald kreiste nun der Schlauch unter Männern und Frauen, und Letztere verschmähten nicht die Zigarren, welche ich ihnen bot, sodass wir bald wie alte Bekannte ein munteres kleines Gelage hielten und fast bedauerten, als wir es aufheben und uns zur Ruhe begeben mussten, weil wir des andern Tages mit dem Frühsten uns wieder auf den Weg begeben wollten.

Wir, die Gäste, schliefen im Freien, unweit des stets glimmenden Feuers, auf unsern Satteldecken, obgleich wir aufs Beste eingeladen waren, im Innern des Hauses Platz zu nehmen. Allein teils wollten wir unsere Gastfreunde nicht vertreiben, oder wenigstens belästigen, anderseits fürchtete ich die Unzahl jener hüpfenden Insekten, welche ohne alle Übertreibung wirklich eine Schattenseite Chiles genannt werden darf, wenn es auf Komfort oder nur einigermaßen auf Ruhe ankommt.

Noch vor Tagesanbruch waren wir wieder auf, tranken Kaffee von unserem Vorrate, da im Hause bloß Paraguaytee vorhanden, und luden unsere Wirte zum Mittrinken ein, was angenommen wurde. Aber nur mit Mühe konnte ich die Frau bewegen, einen Peso anzunehmen, indem sie sagte, wir hätten mit ihnen geteilt, und sie mit uns. So schieden wir als die besten Freunde und einer der Männer begleitete uns eine Strecke, um uns eine minder tiefe Stelle des immer noch stark angeschwollenen Flusses zu zeigen.

Ich sah jetzt, dass man bei der Nacht leichter eine solche Passage ausführt als bei Tage, denn mir wurde bei dem reißenden und rasch vorüberstürmenden Wasser fast schwindlig, obgleich ich sonst wenig zu dergleichen geneigt bin. Es verloren bisweilen die Pferde festen Fuß und wurden schwimmend rasch abwärtsgetrieben, bis sie wieder Grund fanden, und so kamen wir öfters aus der Reihe, welche wir eingeschlagen hatten. Ein Hund, welcher uns begleitete, wurde fortgerissen, und wir hatten ihn schon verloren gegeben, als er etwa nach einer halben Stunde, nachdem wir längst auf dem Trockenen, keuchend und triefend uns wieder einholte.

Das Tal, in welches wir nach Übersetzung des Flusses gekommen waren, war am Anfange ziemlich breit und es standen dort ebenfalls einige vereinzelte Wohnungen, bald aber wurde es enger, und wir folgten einem seiner Abhänge, indem wir anfingen, ziemlich steil aufwärtszureiten.

Bald sahen wir in der immer enger werdenden Schlucht nur noch hie und da den Fluss seinen Lauf verfolgen, und die Gegend nahm in kurzer Zeit einen anderen Charakter an.

Dort fallen die Abhänge steil ab und man reitet nicht selten auf einem Pfade, der links von einer senkrecht ansteigenden Felswand begrenzt wird, während rechts ein tausend Fuß tiefer Abgrund uns entgegengähnt. Häufig ist ein solcher Pfad, den meine verwünschten Knechte einen ganz vortrefflichen Weg nannten, so schmal, dass der eine Fuß an der Felswand streift, während der andere samt dem Bügel über dem Abgrund schwebt. Bisweilen lösen sich durch den Hufschlag der Pferde Steine und Geröll ab, und stürzen neben uns in die Tiefe. Aber all das schadet nicht, man reitet vorwärts und macht aus der Not eine Tugend, denn Umwenden geht aus moralischen und physischen Gründen nicht mehr an.

Weniger gefährlich indessen, als es aussieht, sind diese Bergpfade wegen der Güte und Sicherheit der chilenischen Pferde, aber sie werden bedenklich in hohem Grade bei Begegnungen. Da nur in seltenen Fällen ein Reisender jene Vorberge der Cordillera besucht, so sind die Wege derselben meist nur von Holz tragenden Maultieren und ihren Führern betreten, diese aber halten bestimmte Tageszeiten zum Hin- und Zurückgehen ein, weil für alle bloß Santiago das Ziel der Reise ist. Gegenseitiges sich Entgegenkommen ist also bei diesen ein seltener Fall. Ein anderes war es mit uns, die wir gerade entgegengesetzte Richtung mit den zur Stadt ziehenden Holzverkäufern hatten, und mir wäre fast ein Unfall begegnet, der üble Folgen hätte haben können.

Schon einige Mal waren wir solchen Holz tragenden Maultieren begegnet, aber stets an breiten Stellen, wo man ausweichen konnte. Jetzt aber ritten wir einen der schmalsten Pfade, der noch dazu sich öfters um den Fels bog, und ich war eben der Letzte im Zuge, als der vor mir reitende Knecht mir zurief, rascher zu reiten. Ich gab dem Pferde die Sporen, aber schon stand ein Maultier vor mir mit den Holzbündeln, die auf beiden Seiten des Rückens befestigt, seine Last bilden. Einige hundert Schritte rückwärts war eine breitere Stelle des Weges, auch vorn, durch die Felsenecke verborgen, musste eine solche sein, da die Vorausreitenden den Lasttieren ausweichen konnten, aber zwischen diesen und mir stand das Maultier und der Kopf des zweiten war bereits sichtbar. Umwenden schien mir unmöglich. Links eine steile Felsenwand, rechts ein jäher Abhang, auf dem kaum Fuß zu fassen. Mein erster Gedanke war, das Maultier vor den Kopf zu schießen, aber dann, welcher Skandal mit den nachfolgenden Treibern, und ferner wäre mir das vorwärtsstürzende Tier ebenso gefährlich als vorher gewesen. So blieb ich unentschlossen einige Augenblicke haltend, ausweichend so weit als möglich auf der Seite des Abhangs. Das Maultier aber rannte vorwärts und stieß mich mit der Holzlast dergestalt an die Kniescheibe, dass ich fast samt dem Pferde in den Abgrund geworfen worden wäre. Meine alten deutschen Jagdstiefel von starkem Rindsleder und handbreit über die Knie reichend, schützen mich insofern, dass ich nicht argen Schaden litt, doch hatte ich durch das verwünschte Holz eine ziemliche Kontusion erhalten. Ich begriff jetzt, dass ich auf irgendeine Weise ausweichen musste, denn schon stand das zweite Maultier vor mir. So sprang ich denn auf der rechten Seite des Pferdes herab und suchte mich auf dem steilen Abhange festzuhalten, so gut es eben ging, und das zwar zuerst am Zügel meines Pferdes, den ich in den Händen behalten hatte. Das Maultier aber rannte mit seinen Holzbündeln so heftig wider dasselbe, dass die zwei obersten Decken in Stücke zerrissen, der Gurt gesprengt wurde und das Pferd das Gleichgewicht verlor. Aber es stürzte nicht, sondern bäumte sich hoch auf, drehte sich auf den Hinterfüßen, fußte wieder auf dem Pfade und lief rückwärts hinter den Maultieren her, bis an die vorher erwähnte, bereits passierte breitere Stelle des Weges, wo es, den Lasttieren ausweichend, stehen blieb. Der Zügel, an dem ich mich festgehalten hatte, war ein nach europäischer Art gefertigter und bereits alt, er riss, und dies war ein Glück, denn bei dem abhängigen und lockeren Standpunkte, den das Pferd hatte, wäre es ohne Zweifel durch mein Gewicht hinabgezogen worden und auf mich gefallen. Aber das mir gehörige Zaumwerk nach der schweren und haltbaren Weise des Landes gefertigt, war dem Pferde am Kopf etwas zu enge, und deshalb entlehnte ich von Segeth ein anderes, dessen Zerreißen hier zu meinem Vorteile stattfand.

Ich selbst kugelte hierauf, ohne mich irgendwie halten zu können, fünfundzwanzig oder dreißig Schritte abwärts, fasste aber dort einen Strauch und kletterte oder kroch vielmehr dann wieder den Abhang hinan. Zehn Schritte unterhalb des rettenden Strauchs fiel die Felswand senkrecht ab. – Dort, das heißt etwa achthundert Fuß tiefer, fließt der liebenswürdige Mapocho zwischen zierlich zugespitzten Felsen, und hie und da zerstreut zwischen ihnen bleichen fragmentarisch die Gebeine von Menschen und Tieren, die oben ebenfalls das Gleichgewicht verloren und zufällig nicht an einem Strauche hängen geblieben sind.

Einer der Knechte warf mir seinen Lasso zu, mit dessen Hilfe erreichte ich die Höhe und dort war meine erste Beschäftigung, eine Unzahl von Stacheln aus den Händen zu ziehen, Überbleibsel des rettenden Strauches. Dann wurde Sattel und Zeug wieder in Ordnung gebracht und weitergeritten.

Bald nachdem wir jene Stelle verlassen hatten, begann der Weg sich in etwas zu verändern.

Statt dass früher auf der einen Seite Felswand, auf der anderen Abgrund war, mussten wir jetzt über einen drei Fuß breiten Felskamm reiten, dessen beide Seiten senkrecht abfielen. Natürliche Stufen von ebenfalls drei Fuß Höhe bildeten die Straße und so mussten die Pferde sprungweise anklimmen. Ich war töricht genug, mich über die unschuldige Klippe zu ärgern und mein Pferd

Jagd auf den Kondor

erhielt wohl manchen nicht nötigen Spronstich, indem ich auf den Unsinn schalt, über Mauern zu reiten, anstatt außen herum. Ich weiß indessen nicht, ob dies überhaupt angegangen wäre.

Oben angelangt, wo die Felswand ein kleines Plateau bildete, legte sich plötzlich unser lasttragendes Maultier ganz ruhig auf den Boden und war auf keine Weise zu bewegen, wieder aufzustehen. Das Tier hatte die Augen geschlossen und sein Kopf hing, samt dem einen Packe der Last, die es trug, über dem Abgrund. Wenn Maultiere ihren Führern erklären wollen, dass sie genug gearbeitet und keine Lust hätten, weiterzugehen, nehmen sie stets dieses Manöver vor, und unsere Knechte sagten, sie täten dies immer an der gefährlichsten Stelle, wo sie keine Schläge zu erwarten haben, da eine einzige unglückliche Bewegung sie in den Abgrund stürzen kann.

In der Tat wurden oben auf dem Plateau auch bloß Schmeichelworte angewendet, um das Tier zum Aufstehen zu bewegen, aber umsonst. Es lag wie verendet und rührte kein Glied. Nun blieb nichts übrig, als dasselbe möglichst auf die Mitte des Plateaus zu ziehen, abzuladen, und so gut es ging, das andere Tier zu belasten. Ich leistete hierbei hilfreiche Hand und bedauerte, in meiner Jugend neben andern nützlichen Künsten nicht auch die des Dach- oder Schieferdeckers erlernt zu haben, welche mir dort von bedeutendem Nutzen gewesen wäre.

Als wir auf der andern Seite der Wand wieder auf festen, das heißt breiten und geräumigen Boden gekommen waren, bearbeiteten die Knechte das Maultier nach Herzenslust mit ihren zusammengedrehten Lassos, um sich für die oben an dasselbe verschwendeten Artigkeiten zu revanchieren, und das Tier wusste genau den Grund, denn es schlug schon aus, als sie sich ihm nur von Weitem näherten. Aber, als ich noch oben stand bei dem widerspenstigen Tiere und auf die erstiegene Strecke abwärts blickte, sie fast für gefährlich haltend, unbedingt aber wohl zufrieden, dass sie zurückgelegt, kam in sorglosen Sätzen am äußersten Rand, und wie es schien auf einem nur mittelmäßigen Klepper reitend, ein chilenisches Weib desselben Weges. Sie hatte die Zügel auf des Pferdes Hals gelegt und liebkoste einen Säugling, den sie im Arme hielt.

Ich schämte mich, als ich eine Parallele zog zwischen des Weibes Reise und meinem Bedenken.

Es war die Wohnung jenes Weibes die letzte im Gebirge und nun begann die eigentliche hohe Cordillera, nachdem wir noch einige Stunden auf ziemlich guten Wegen scharf fortgeritten waren. Wir machten hierauf etwa gegen ein Uhr des Mittags Halt, ließen die Pferde grasen und nahmen selbst ein kleines Mahl ein. Dort schon sammelte ich geognostische Handstücke und mehrere Insekten, worunter unter anderem eine neue Art *Proscopia tenuirostris*, Sturm. Auch eine Menge von Skorpionen wurde gefunden und fast unter jedem Steine, den wir aufhoben, streckte uns einer seine Scheren entgegen.

Nach anderthalbstündiger Ruhe stiegen wir wieder zu Pferde, und setzten nach einiger Zeit über einen kleinen Fluss, worauf wir mehrere Stunden steil bergauf eilten und endlich auf einem ziemlich breiten Bergrücken ankamen.

Der Charakter der Landschaft hatte sich allmählich bedeutend geändert. Wir hatten vorher wohl Wald und pittoreske Felsenpartien, gefährliche Bergpfade und strömende Gewässer in wilden Schluchten, aber immer fehlte der Typus der tiefen Ruhe und Einsamkeit, der das eigentliche Hochgebirge bezeichnet. Jetzt aber war auf der Höhe der Pflanzenwuchs bereits verschwunden und nur in Schluchten tief unter uns zogen sich noch in schmalen Streifen die Vorposten der Vegetation dahin. Drohende Schneeberge hingen über uns, während wir auf kahlem nacktem Gestein fortritten. Die Täler wurden großartiger, und hier und da öffnete sich eine prachtvolle Fernsicht, um bald wieder durch einen schwarzen, halb mit Schnee bedeckten Bergriesen verhüllt zu werden. Es war die hohe Cordillera, in welcher wir uns befanden, das sagte uns schon der eisige Hauch, der bisweilen von den nächsten Bergen wehte, und uns den Poncho umnehmen hieß. Wir hatten während der Rast das Gepäcke verteilt und die Reservepferde mit einem Teile belastet, so konnten wir umso rascher reiten, denn das tat jetzt not. Der Jäger hatte früher diese Gegenden besucht und einen passenden Platz gefunden zum Lager. Wir mussten diesen wo möglich noch heute zu erreichen suchen, um Holz zur Feuerung, Futter für die Tiere und Wasser zu haben. Kurz vor Einbruch der Nacht lenkten wir wieder abwärts, meist auf Pfaden, die das Guanaco getreten hatte, kamen wieder in eine wenigstens etwas bewaldete Talschlucht und machten endlich an einer etwa fünfzig Schritte breiten Stelle desselben, unweit eines rasch strömenden Bergwassers halt. Es wurde zur Entlastung der Tiere geschritten und rasch von zusammengelesenem Holz ein Feuer entzündet, von unseren Satteldecken ein Lager bereitet, und ein aus Maisbrot und rohem Charque bestehendes Abendbrot eingenommen. Dann legten wir uns zur Ruhe, und als ich des andern Morgens in meinen Mantel gewickelt die Augen aufschlug, verwunderte ich mich fast, im Freien und nicht unter Segeths gastlichem Dache in Santiago erwacht zu sein.

Die Pferde hatten sich in jener ersten Nacht keine zehn Schritte von uns entfernt, sondern waren dicht gedrängt in unserer nächsten Nähe geblieben; als sie später das Terrain kennengelernt hatten, entfernten sie sich stundenweit von unserm Lagerplatze, stets aber zusammenhaltend und eine kleine Herde bildend.

Sogleich nach unserm Erwachen wurden Anstalten zu größerem Komfort getroffen. Die Schlucht, welche wir in Besitz genommen hatten, strich direkt von Nord nach Süd und war gegen Ost und West durch steile Abhänge eingeschlossen. Der kleine, aber reißende Gebirgsfluss floss auf der westlichen Seite, und wir brauchten auf diese Weise nur einige Schritte zu gehen, um frisches Wasser zu haben. Ich vermag kaum zu schildern, wie erquickend und stärkend das tägliche Baden in diesen lärmend und brausend dahinströmenden Fluten auf mich eingewirkt hat, welches ich sogleich nach dem Erwachen vornahm, während die Knechte den Kaffee bereiteten.

Große und zum Teile vollkommen abgerundete Steine, welche ringsum zerstreut lagen, ohne Zweifel von mächtigen periodischen Anschwellungen des Flusses dorthin geführt, wurden von uns als Tische benützt, und während Jose Maria, der die Rolle des Kochkünstlers übernahm, einen derselben als Küchentisch in Beschlag nahm, wurde der andere von mir zum Präpariertisch bestimmt. Die Schlucht fiel gegen Süd ab und teilte sich in mehrere andere

Täler, während sie gegen Nord aufwärtssteigend, einige Stunden von unserem Lager durch schneebedeckte Felsmassen geschlossen wurde.

Der Jäger und ich richteten uns ein grobes Tuch, in welchem ein Teil der mitgebrachten Vorräte eingeschlagen waren, zum Zelte zu, welches zwar nur etwa den Kopf und einen Teil des Leibes bedeckte und vorne und hinten geöffnet war, indessen doch etwas gegen den fallenden Tau schützte. Wir hatten von Santiago Nägel mitgenommen, welche in einige Bäume geschlagen wurden und zum Aufhängen der Instrumente, des Barometers, Thermometers und Hygrometers, der Waffen und anderen Utensilien dienten, und so war unsere einfache Einrichtung bald vollendet.

Ähnlich wie in der Stadt wurde auch hier die Zeit eingeteilt, indem ein Tag zum Sammeln, Jagen und Beobachten, der andere zum Präparieren und Ordnen des Erworbenen bestimmt wurde. Bisweilen zusammen, meist aber vereinzelt, oder von einem der Knechte begleitet, unternahmen wir unsere Streifzüge, von welchen wir manchmal bei Zeiten, oft aber erst spät in der Nacht heimkehrten, denn wir hatten die Umgegend bald so kennengelernt, dass an kein Verirren mehr zu denken war.

Große Gelehrte sowie auch andere Reisende haben die Cordillera geschildert und die mächtigen Eindrücke, welche sie auf den Besuchenden hervorbringt, und ich glaube nicht, dass je einer derselben zu viel gesagt hat von der Großartigkeit jener Massen. Der Charakter des wild Pittoresken ist zwar stets der vorherrschende, aber in so unendlich vielen Abstufungen und häufig in so rascher Abwechslung, dass eben wie mir dünkt, hierin einer der größten Reize jenes mächtigen Gebirges liegt. Das Gebirge steigt fortwährend terrassenförmig in die Höhe. Man steht auf einer solchen Terrasse und vor uns steigt eine mit Firnschnee allenthalben bedeckte Felswand an, die man unbedingt für den höchsten Punkt der Umgebung halten muss. Endlich ist es gelungen, nicht ohne Gefahr einen Aufweg zu finden, man klettert an steilen Felsen, man geht über tiefe, hart gefrorene Schneemassen, welche glücklicherweise eine Schlucht ausfüllen, und der Fels, der anfänglich immer höher zu werden scheint, je höher man klimmt, ist endlich erstiegen. Man ist auf einer Ebene, wo sich kaum Schnee befindet, ja wo vielleicht selbst hie und da eine einzelne *Saxi fraga* am Gesteine wuchert. Aber in einiger Entfernung steigt eine neue Felswand empor, mächtiger als die vorige und spottend jedem Versuche, sie zu ersteigen. Ist aber bei einer oder der andern dies vielleicht doch gelungen, so wiederholt sich oben das Schauspiel und man sieht, dass in einer unzähligen Menge solcher Riesenstufen das Gebirge anwärtssteigt. Häufig ist auf solchen Ebenen der lachendste Sonnenschein und eine fast drückende Hitze, aber vom Rande des Plateaus blickt man in ein Wolkenmeer, welches unterhalb sich ausbreitet und aus welchem in der Sonne glänzend, nur einzelne schneebedeckte Spitzen hervorragen. Plötzlich, man weiß nicht wie, denn nicht der leiseste Luftzug regt sich, sind die Wolken fast sämtlich verschwunden, und nur in einer schwarzen kraterartigen Vertiefung mit steil abwärtsfallenden Wänden ist eine dichte Masse derselben geblieben. Ohne Zweifel sind solche Bildungen, die ich mehrfach getroffen, ausgebrannte Krater, oder wenigstens solche, die sich in tausendjähriger Ruhe befinden. Man wartet, um von oben herab gemächlich ins Innere des zu unsern Füßen liegenden vulkanischen Kessels blicken zu können, bis die Wolken auch aus ihm verschwunden sind, aber plötzlich geraten dieselben in eine wallende Bewegung, sie erheben sich, breiten sich aus und man ist rasch und ehe man es vermutet, selbst in eine Nebelschicht eingehüllt, sodass man kaum auf einige Schritte zu sehen vermag.

Schwer wäre in solchen Fällen der Rückweg zu finden, weilten jene Wolkenschichten lange auf ein- und derselben Stelle, aber rasch wie sie gekommen, verschwinden sie auch wieder.

Während man aber längere Zeit in einer der Schluchten gewandert oder eine Felswand erstiegen hat, um von einer zweiten oder dritten sich den weiteren Weg versperrt zu sehen und schon die Hoffnung aufgegeben hat, für den Tag etwas weiteres als Felsmassen, Wolken und Schnee zu sehen, biegt man um die Ecke eines Felsens und bleibt plötzlich überrascht und entzückt stehen vor der prachtvollsten Fernsicht, die sich bietet. Weit weg über das herrliche Chile bis an die Küste des Meeres schweift der Blick, nur begrenzt durch den tiefblauen Himmel der über jenem gesegneten Lande lacht. Auf eine prachtvolle Weise wird aber das in der Sonne glänzende Flachland gehoben durch die schwarzen Felsenmassen des Vordergrundes und die Gletschermassen, zwischen welchen hindurch sich jene Fernsicht öffnet. Der Mangel der Lichtperspektive, von dem ich schon vorher gesprochen, kommt dem landschaftlichen Bilde hier unendlich zustatten, und man möchte fast sagen, dass bei der Großartigkeit des Ganzen die Natur hier keiner beschönenden Tinten bedürfe.

Der unbegreifliche und fast erschütternde Zauber, der für manche Gemüter in einer erhabenen und reizenden Fernsicht liegt, ist es aber nicht allein, was in jenen Bergen so mächtig das Herz hebt, es ist das wohltätige Gefühl absoluter Einsamkeit und Abgeschlossenheit, das Bewusstsein unbedingter persönlicher Freiheit und das Fernsein aller störenden Einflüsse, aller menschlichen Kleinlichkeit und Lüge. Ich habe mich dort sicherer und fröhlicher gefühlt, als irgendwo, freilich ohne daran zu denken, dass man auch auf der Spitze der Anden getäuscht und betrogen werden kann, wenngleichwohl nur *par distance.*

Der Jagdfreund wird sich denken können, mit welchem Vergnügen ich meine Jagdzüge auf der Cordillera vollführt, da dort doppeltes Interesse im Spiel war, ganz abgesehen von dem alten Jagdteufel früherer Zeit, der, ich leugne es nicht, doch auch dort wieder ein wenig erwachte. Aber jedes erlegte Tier wurde mir, dem Naturforscher, dort zum Exemplar, während es abgebalgt im Lager von Jose Maria als Wildbret in Empfang genommen wurde, war seine Essbarkeit nur halbwegs zu vermuten.

Häufig war der kleine zierliche Kolibri, *Trochilus leucopleurus*, der Gegenstand meiner Mordlust. Rücken und Flügel des Tierchens sind graugrün, mit Metallglanz und die Kehle des Männchens ist prachtvoll goldgrün gefärbt, während das Weibchen etwas bescheidenere Farben trägt. In jenen bereits erwähnten Oasen schwärmt dieser Kolibri um die Blüten und kann so geschossen werden, wenn man sich ihm vorsichtig nähert, doch ist er ziemlich scheu und fliegt so schnell, dass man sein Schwirren von einer Blume zur andern kaum mit den Augen verfolgen kann. Zudem ist das erlegte Vögelchen schwer zu finden, da es bisweilen in den sumpfigen Grund des Bodens fällt, nicht selten aber auch in den Zweigen hängen bleibt an Stellen, wo man es am wenigsten vermutet. Bloß auf den höchsten Gegenden der Anden, ich weiß indessen nicht in welcher Verbreitung gegen Nord und Süd, wird dieser Kolibri unweit der Schneegrenze getroffen. Der *Trochilus Sephanoides* hingegen kommt bloß im Flachlande vor und nie in den Bergen.

Auch der große in Chile sich findende *Trochilus gigas*, der fast die Größe einer Hausschwalbe hat, wird ebenfalls in der Cordillera getroffen, doch mehr noch in den Schluchten, als ganz oben in der Nähe des Schnees. Alle diese Kolibri leben von ganz kleinen Insekten, welche sie mit der Zunge aus den Blütenknospen ziehen, und ihr Magen ist stets mit denselben angefüllt. Zufällig wird hiebei denn auch Blütenstaub eingeschluckt, weshalb man wohl geglaubt hat, dass sie vom Blumenstaub lebten. Ich habe indessen in ihren Eingeweiden Zucker nachgewiesen.

Ich will nach diesem kleinsten der Vögel sogleich des größten in Chile lebenden, des Kondor, erwähnen, der nur auf den höchsten Regionen der Anden gefunden wird. Er soll zwar auch auf der Küstencordillera vorkommen, allein ich bezweifle dies bedeutend. Ich habe nie dieses Tier dort gefunden, und sooft ich Nachricht erhielt, dass da oder dort sich ein Kondor aufhielte, fand ich, wenn ich zum Schusse kam, oder das Tier schon kannte, stets, dass es andere Geier waren.

Es braucht das Tier, welches man gegenwärtig in jeder halbwegs bedeutenden Naturaliensammlung sehen kann, nicht näher beschrieben zu werden, und man kann sich dort überzeugen, dass die Sagen, welche man über seine Stärke und Größe verbreitet hat, großenteils ins Reich der Fabel gehören. Kaum wird ein ausgewachsener Kondor mehr als fünfzehn Fuß Flugweite haben. Indessen tun sie den Viehherden dadurch Schaden, dass sie den Kühen, welche oben Kälber geboren, dieselben rauben; auch verfolgen sie vereinzelt jüngere Rinder. Es haben mir Landleute, welche die Cordillera und ihre Tierwelt genau kannten, versichert, dass die Kondore solche Tiere einschließen und dann vereint den Angriff

Araucanienwald in Chile

machen, indem sie teils nach den Augen ihres Opfers hauen, vorzüglich es aber im Rücken anfallen, es zu verwunden suchen, und ihm dann die Eingeweide aus dem Leibe ziehen. Ein krankes, oder vielleicht durch einen Sturz verwundetes Tier wird aber unbedingt ihre Beute, sei es auch noch so stark.

Legt man die Eingeweide eines getöteten Tieres an irgendeiner Stelle nieder, so kann man gewöhnlich versichert sein, mehrere dieser Riesengeier zum Schusse zu bekommen; ein derartiger Versuch mit dem Ausbruche eines getöteten Guanaco misslang uns indessen. Meist in bedeutender Höhe, selbst über den höchsten Gipfeln des Gebirges schwebend, zieht der Kondor bisweilen doch seine Kreise auch tiefer. Man kann sich denken, mit welchem Vergnügen ich den ersten mir auf diese Weise näher kommen sah. Sie scheinen in solchen Fällen den unter ihnen am Boden umherkriechenden Herrn der Schöpfung vollständig zu ignorieren, kommen und entfernen sich wieder, ohne auf uns die mindeste Rücksicht zu nehmen. Ich schoss in einer Entfernung von etwa dreißig Schritten auf den ersten, welcher sich mir so genähert hatte, und das zwar mit einer guten Ladung des stärksten Hagels. Es ist auch für einen wenig geübten Schützen kaum möglich, bei der großen Flugweite des Vogels denselben zu fehlen. Ich hörte trotz der kurzen Entfernung die Schrote am Gefieder des Vogels anschlagen, derselbe stieß einige zornige Schreie aus, schwenkte den Hals und senkte sich rasch einige Schritte abwärts, als wolle er auf mich stoßen. Ich hatte im zweiten Laufe Vogeldunst, um vorkommenden Falls kleinere Vögel zu schießen. Eine Kugel in den Lauf rollen zu lassen, wäre es zu spät gewesen, so blieb mir nichts anderes übrig, als das Tier in nächster Nähe zu erwarten, wo dann auf schuhweite Entfernung auch der andere Lauf wirksam gewesen sein würde. Aber der Kondor hielt es doch für besser, das Weite zu suchen, und entfernte sich gravitätisch. Dieses Stoßen auf den Schützen zu, und die bezeichneten Äußerungen des Ärgers habe ich meist an diesen Tieren bemerkt, wenn ich später ohne sie ihres dichten Gefieders halber zu verwunden, mit Hagel nach ihnen schoss.

Des Ersten, den ich mit einer Kugel verwundete, wurde ich nicht habhaft. Ich lag hoch oben auf dem Gebirge hinter einem Felsblocke versteckt, um vielleicht einen Guanaco erlauern zu können, welche dort wechselten, als ich ohne vorher etwas gesehen zu haben, das ganz eigentümliche Schwirren hörte, welches der mächtige Flügelschlag jener Tiere hervorbringt und welches schwer zu beschreiben ist. Aufblickend sah ich den Kondor langsam vorüberschweben, kaum dreißig Schritte hoch, den Hals gesenkt und offenbar mich genau beobachtend. Ich hatte eine gute Kugel im Rohr, und anschlagen und feuern war das Werk eines Augenblicks. Der Vogel überschlug sich in der Luft und stürzte in schiefer Richtung zu Boden, woselber er auf den Füßen stehend in eigentümlicher Bewegung Hals und Kopf schwang. Ich rannte, soll ich es gestehen, in toller Lust auf ihn zu, mich seiner zu bemächtigen, indem ich ein gutes, wenngleich etwas schwerklingiges Jagdmesser führend, den Kondor nicht fürchtete. Aber als ich näher kam, wendete er sich und ergriff rasch laufend die Flucht, jetzt blieb ich stehen und schoss zum zweiten Mal mit starkem Hagel nach ihm, aber obgleich man auf solche Weise stark befiederte Vögel leichter tötet, weil die Federn geringeren Widerstand leisten, und ich zugleich sicher war, nicht gefehlt zu haben, so hatte doch mein Schuss keine weitere Folge, als die Flucht des Tieres zu beschleunigen, welches mit ausgespannten Flügeln laufend, am Rande des Plateau zu fliegen begann und mir das Nachsehen ließ. Er schwebte über niederer stehende Felsen hinweg, und stürzte dann endlich in eine entfernte Schlucht, jedenfalls verendet, aber für mich nicht mehr zu erreichen, da ich sicher vier Stunden bedurft hätte, um bis in die Schlucht zu gelangen, ohne die Gewissheit zu haben, das Tier zu finden.

Das Exemplar, welches ich mit nach Deutschland brachte, schoss ich in einer bedeutenden Entfernung ebenfalls mit einer Kugel. Es stürzte momentan und blieb auf einem Felsenvorsprung liegen, wo ich seiner mit leichter Mühe habhaft werden konnte.

Später hatte ich Gelegenheit, mich von der außerordentlichen Schärfe des Auges dieser Tiere zu überzeugen. Ich trug eine rote Schärpe, wie es dort im Lande gebräuchlich, diese befestigte ich einstens an meiner Jagdtasche, legte dieselbe auf einen Felsen und versteckte mich in die Nähe, indem ich mit einer Schnur die Vorrichtung bisweilen in Bewegung setzte, sodass das Ganze das Aussehen eines blutenden zuckenden Tiers hatte. Obgleich anfänglich kein Kondor zu sehen war, schwebten doch bald einige, nur wie schwarze Punkte sichtbar, ober mir, und kamen dann, Kreise beschreibend, näher. Aber nur kurze Zeit bedurften sie, um zu unterscheiden, dass kein wirklicher Köder oder kein Tier sich unter ihnen befand, und keiner näherte sich weiter als auf etwa fünf- bis sechshundert Schritte, um sich hierauf wieder zu entfernen.

Unter den Jagden auf Vogelwild war für die Küche die ergiebigste jene auf eine wilde Taube, *Chamae pelia malanura Reichenb.*, welche unserer Turteltaube sehr ähnlich ist, und am Spieße gebraten oder mit Zwiebeln und Pfeffer gedünstet eine gute Speise abgab. Ich habe diese Spezies nie im Flachlande von Chile getroffen, aber auf den Anden, und das zwar so weit aufwärts, als sich nur noch spärlicher Graswuchs findet, ist sie so häufig, dass wenn der Jäger und ich in Gesellschaft jagten, wir nie auf eine allein schossen, sondern es stets so einzurichten suchten, mehrere zugleich zu treffen.

Enten und verschiedene kleinere Vögel wurden ebenso in mehr oder minder großer Anzahl erlegt. Ich erwähne zum Beispiel der *Muscisaxicola maculirostris*, ein kleiner in der Färbung lerchenähnlicher Vogel. Er ist, ehe man seine Art und Weise kennt, schwer zu beschleichen, indem er sehr rasch fliegt und sich auf die Spitze eines kleinen Strauches niederlässt, aber nach einigen Sekunden verschwindet. Geht man an den Strauch, so ist der Vogel nirgends zu finden, denn wahrscheinlich um Insekten zu haschen, schlüpft er rasch von Zweig zu Zweig auf die Erde, läuft auf derselben durch das Gras verborgen fort, und erhebt sich dann, um auf einen anderen Strauch fliegend, dasselbe Spiel zu wiederholen.

Häufig und in Zügen von etlichen Hundert zusammenlebend, aber auch nur auf den höheren Teilen des Gebirges, findet sich die *Chrysomitris xanthomelaena Reichenb.*, eine neue von mir zuerst nach Europa gebrachte Art, glänzend schwarz und hochgelb gefärbt und in der Größe eines Zeisigs.

Auch der schon früher erwähnte und allenthalben in Chile anzutreffende *Tapaculo* und *el Turco* leben auf der Cordillera. Ersterer hat seinen Namen deshalb erhalten, weil er stets mit hoch aufgerichteten Schwanzfedern einherläuft, denn Tapaculo heißt wörtlich: Bedecke deinen Steiß. Beide Vögel gewähren eine treffliche Speise, und ihr Fleisch kommt jenem des Haselhuhns sehr nahe. Auch *Thinocorus Orbignianus*, eine große Wachtelart, und paarweise nur dicht an der Schneegrenze lebend, war ein schätzbares Wildbret.

Es fehlte uns, wie man sieht, nicht an frischem Vogelwild, und abgesehen von dem Interesse des Naturforschers und selbst der Notwendigkeit, Material für unsere Küche beizuschaffen, bestand auch zwischen dem Jäger und mir eine Art Wettstreit, wer, jagten wir getrennt, des Abends am meisten heimbrachte. Die Knechte waren stets auf meiner Seite und sahen es als eine Gunst an, wenn ich einen derselben, meist Carlos, mit mir nahm.

Von Säugetieren bewohnen nur wenige Arten die hohe Cordillera, wie denn Chile überhaupt arm an denselben ist.

Der Cordillerafuchs, *Canis Azarae*, soll dort häufig vorkommen, aber ich habe nur ein einziges Exemplar erlegt. Öfters aber fanden sich des Morgens Fährten derselben um unser Lager, die Füchse umkreisten es, ohne Zweifel angezogen von dem Geruche der Speisen und der geschossenen Vögel. Der Cordillerafuchs ist etwas größer als der unsrige und ein wenig heller, ins Grau spielend. Aber sein Benehmen und seine Lebensweise gleicht ganz der des deutschen. Ebenso vorsichtig, liebenswürdig und geschmeidig wie diese, sprang jener den ich belauerte, von Stein zu Stein und drehte sich mit derselben Gewandtheit zur Flucht, als er plötzlich meiner Ansichtig wurde. Ja, es gleichen sich alle Füchse, tragen auch nicht alle »rote Bärte«.

Auch die *Felis concolor*, der sogenannte amerikanische Löwe, wird in der Cordillera getroffen. Als wir einstens schon bei vollkommener Dunkelheit von der Guanaco-Jagd heimkehrten, fanden wir das Feuer fast abgebrannt, die Speisen beinahe eingekocht, und Jose Maria verschwunden. Wir waren ängstlich, allein da auf Rufen und einige Signalschüsse keine Antwort erfolgte, warteten wir in Geduld das Weitere ab. Später erschien er mit den Pferden. Er hatte unfern des Lagers eine Löwenfährte gefunden, und war gegangen die Pferde einzufangen, um sie in der Nähe desselben zu versorgen.

Etwa gegen ein Uhr in der Nacht begann der Hund, den wir bei uns hatten, unruhig zu werden und zu knurren. Es war Mondschein, doch in der Talschlucht ziemlich dunkel. Ich bedeutete durch Zeichen den Jäger nach der einen Seite der Schlucht hin aufmerksam zu sein, wand rasch meine Binde mir um den Leib, steckte meinen Doch in dieselbe und kroch mit meiner Doppelflinte bewaffnet nach der Stelle zu, nach welcher hin der Hund Laute gegeben hatte. Stille und lautlos war ich, meiner Idee nach »indianerartig«, auf diese Weise etwa zwanzig Schritte weit in ziemlich hohem Grase vorwärtsgekommen, als ich plötzlich ein leises Geräusch zu hören glaubte. Mein Herz pochte. Alle Indizien eines heftigen Jagdfiebers waren vorhanden! Ich nahm mir vor, dem Puma »aufs Blatt zu halten«, um den Schädel nicht zu verderben. Da sah ich plötzlich im schwachen Strahle des Mondes, und etwa zehn Schritte von mir entfernt, zwei blitzende Augen, die mich anstarrten, wie ich sie. Aber unter den Augen war nicht der Rachen eines Löwen, sondern ein blitzendes Messer zwischen den Zähnen eines menschlichen, ziemlich braunen Antlitzes festgehalten. Indianer!

Wenn ich in Kapiteln schreibe – welch eine herrliche Gelegenheit, hier ein frisches zu beginnen! Einfach im Texte forterzählend aber muss ich berichten, dass jene Augen Carlos gehörten, der durch den Hund geweckt, ohne von mir zu wissen, denselben Streifzug wie ich unternommen hatte. Er hob lautlos den Finger mit demselben die Richtung bezeichnend, ich nickte, und wieder im Gras untertauchend, setzten wir unsere Wanderung fort.

Der günstige Leser entschuldige, dass alles blinder Lärm gewesen, wenigstens sahen wir nichts und krochen vom Taue bis auf die Haut durchnässt, wozu bei unserm Anzug nicht viel Gehörte, in unsere Pelze zurück.

Es mochte vielleicht der Puma gewesen sein, vielleicht aber auch nur Füchse, welche das Lager umschwärmt hatten. Bessere Resultate erzielten wir auf der Guanacojagd. Der Jäger berichtete eines Tages eines geschossen zu haben, welches aber, schwer verwundet, in eine unzugängliche Schlucht gestürzt sei. Zwar zogen hinter seinem Rücken die Knechte schauderhafte Fratzen, welche Zweifel und Unglaube beurkundeten. Aber wurde doch beschlossen, des andern Tags eine große Jagd auf diese Tiere zu veranstalten.

Die Expedition wurde zu Pferde unternommen, einmal weil, wie die Knechte und selbst der Jäger sagten, es zu gefährlich sei, jene Stellen zu Fuße zu besteigen, zweitens aber, weil wir ohne Pferde schwerlich in einem Tage hin- und zurückgekommen wären.

Ich will nicht wieder jene verwünschten Pfade beschreiben, welche wir zu reiten hatten, um den Jagdplatz zu erreichen. Es war jener schon vorher geschilderte Felskamm, die Mauer mit Stufen in erhöhter Potenz, aber dabei oft so steil aufwärts gehend, dass die Pferde sich häufig zu besinnen schienen, ob sie anklimmen, oder sich rücklings überschlagen sollten. Wir hatten fast vier Stunden zu reiten, bis wir auf dem gewünschten Platz angelangt waren.

Häufig trifft man auf der Cordillera Schluchten, ja selbst freistehende Ebenen mit zwanzig bis dreißig Fuß tiefem, festem und körnigem Schnee erfüllt und bedeckt, welcher jahrelang nicht schmilzt, ja es treten ganze mit ewigem Schnee bedeckte Berge auf, aber in einiger Entfernung weiter oben trifft man wieder auf ein Plateau, welches Graswuchs zeigt, und wo an den felsigen Wänden die zierliche Flora der höchsten Regionen erst den letzten Markstein der Vegetation anzeigt.

Ein solches Plateau hatten wir erreicht. Dicht bei uns ansteigend auf einer Seite steile Schneeberge, häufig ganz mit Wolken umhüllt. Auf der andere Seite kraterartige, stets mit Wolken verhüllte Schluchten, unter unsern Füßen ziemlich üppiges Gras; nur stellenweise, wo sich die Vertiefungen befanden, der Boden mit festem Schnee bedeckt, gegen eine dritte Richtung hin ein fast endloser Blick über die schneebedeckten Gipfel des Gebirges, dann aber endlich auf der vierten Seite die reizendste Fernsicht über das Land bis ans Meer.

Wir ließen die Pferde und das Maultier, welches wir vorsorglich mitgenommen hatten, grasen und zogen uns höher in die Gegend der Moräne. Der Jäger und Carlos umgingen dieselbe von der einen Seite, indem sie teilweise in die Schlucht stiegen und vielleicht dort selbst ein Guanaco zum Schuss zu bekommen hofften, das heißt der Jäger, denn Carlos hatte kein Gewehr, ich aber stellte mich hinter einigen Felsblöcken an.

Wie wir hofften, sollten die Guanacos über die Moräne kommen, und dann konnte ich in einer Entfernung von etwa 150 Schritten wohl eins schießen. Mein alter deutscher Lehrer im edlen Waidwerk wäre sonder Zweifel wenig erbaut gewesen von der Art, wie ich dort auf dem Anstande lag. Statt ruhig still zu liegen, beschäftigte ich mich mit den Pflanzen der nächsten Umgebung, den zierlichsten Pflänzchen, welche ich je gesehen, und mit einem goldgrün glänzenden Käfer, den ich wirklich in fünf Exemplaren haschte und welche in Deutschland als eine neue Art erkannt wurde, und welche auf einer *Saxi fraga* zu leben schien. Plötzlich aber hörte ich den meckernden Ton, den die Guanacos auszustoßen pflegen und der dem Rufe der sogenannten Himmelsziege ziemlich ähnlich ist. Aber die Tiere waren noch etwa 1500 Schritte weit von mir entfernt, und flogen nach einigen Augenblicken Halt, pfeilschnell über die Schneedecke hinweg, nach einer tiefer gelegenen Stelle zu.

Man darf, sobald diese Tiere ihren Ruf ausgestoßen haben, alle Hoffnung aufgeben, dass sie sich noch weiter nähern. Sie haben in diesem Falle bereits Verdächtiges bemerkt und sind auf ihrer Hut. Ich lag jetzt still hinter einem Felsenblocke, da ich auf einen späteren Nachzügler wartete, und nach etwa einer halben Stunde kam auch wirklich ein Guanaco auf der Höhe der Moräne. Da ich keine Büchse, sondern nur meine mit Kugeln geladene Doppelflinte hatte, musste ich das abwärtssteigende Tier näher kommen lassen. Endlich aber gab ich Feuer. Das Guanaco machte einen Sprung, schüttelte mit den Ohren und blieb dann einige Sekunden ruhig stehen. Der Tragweite meiner Flinte nicht recht vertrauend, hatte ich wohl zu hoch und über das Tier hinweg geschossen. Da ich aus Erfahrung wusste, dass ein Schuss die Guanacos weniger erschreckt als der Anblick eines Menschen, so blieb ich ruhig in meinem Verstecke kauernd, hoffend auf das Näherkommen meiner Beute. Da aber das Tier sich nach einigen Augenblicken in raschen Galopp setzte, schoss ich zum zweiten Male, und jetzt stürzte dasselbe sogleich zusammen, raffte sich wieder auf, stürzte nochmals und rollte dann einige Klafterlängen abwärts, wo es verendet liegen blieb. Ich ließ es, wo es war, und suchte Pflanzen und Käfer, von welchen ich wirklich eine hübsche Ausbeute erhielt, bis nach einiger Zeit der Jäger mit dem Knechte erschien und nun zum Ausweiden der Beute geschritten wurde, indem wir die Decke des Tieres dazu benützten, die Keulen, den Rücken und was uns brauchbar vom Fleische erschien, einzupacken. Das Tier war feist und erreichte beinahe die Größe eines Maultiers. Den Aufbruch ließen wir, um Kondore anzulocken, liegen, allein merkwürdigerweise ohne Erfolg. Während wir, durch Felsblöcke geborgen, das Mittagsbrot verzehrten, bemerkten wir plötzlich einen frischen Trupp Guanacos, welche Lust zu zeigen schienen, auf das Plateau hinabzukommen. Sie ziehen hiebei auf den von ihnen selbst getretenen Pfaden, eines hinter dem andern, ganz ähnlich einem Zuge beladener Maultiere und ziemlich langsam weiter, und sobald das Erste stehen bleibt, rührt sich ebenfalls keines der nachfolgenden von der Stelle.

Unsere Pferde waren nicht weit entfernt, Carlos brachte dieselben, und wir näherten uns den Guanacos so vorsichtig und gedeckt als möglich, in der Absicht, eine Jagd nach Art der Chilenen zu machen, wobei man die Tiere zu Pferde verfolgt, bis es gelingt, sie mit dem Lasso zu fangen. Die Wahrheit zu gestehen, hatte ich mir vorgenommen, wäre ich einmal dem Wilde auf Lassoweite nahe gekommen, zu halten und nach ihm zu schießen, denn obgleich ich den Lasso ein wenig werfen konnte, hatte ich doch zu Pulver und Blei mehr Vertrauen. Als uns die Tiere erblickt hatten und zu meckern anfingen, jagten wir wie verrückt hinter denselben her. Aber auf einem der Schneestreifen, welche sich von oben herab auf das Plateau zogen, brach ich mit meinem Pferde ein und versank bis über die Brust in den Schnee. Unter mir hörte ich Wasser rauschen, mein Pferd sank ersichtlich tiefer, und ich sah eben noch Carlos, welcher mit seinem leichteren Pferde schlittschuhartig über den Schnee geglitten war, am Ende desselben seinen Lasso in Bereitschaft setzen, ohne Zweifel, um mich im schlimmsten Falle mit demselben herauszufangen.

Ich glaube, dass ich dort keine besonders geistreiche Miene zur Schau gestellt habe, indessen spornte ich mein Pferd, so gut es des Schnees halber eben ging, und dasselbe fußte unten wieder auf einem festen Gegenstande, ob Eis, ob ein Felsen, ich weiß es nicht, aber es arbeitete sich in die Höhe, erreichte mit den Vorderfüßen die harte Schneedecke, welche einige Male einbrach, aber doch immer etwas Halt gewährte, und war plötzlich mit einigen gewaltigen Sprüngen oben, und mit zwei oder drei weiteren Sätzen über den Schnee hinweg. Wir hatten bald den vorausreitenden Jäger eingeholt, aber die Guanacos waren verschwunden und hatten sich in Klüfte und auf Abhänge geflüchtet, wohin ihnen selbst ein chilenischer Reiter nicht zu folgen vermochte.

Ich habe an jenem Tage auf dem Plateau hübsche Käfer gefangen, schöne geognostische und für die Höhe des Gebirgs bezeichnende Stufen geschlagen und von jener zwergartigen Flora verschiedene

Exemplare mitgebracht, welche in Deutschland sämtlich später als Novitäten bezeichnet wurden.

Während ich so meine eigenen Wege verfolgte, lag der Jäger auf dem Anstande, um ein etwa versprengtes Guanaco zu erlegen, aber fruchtlos.

Spät in der Nacht kamen wir unten im Lager an, und vor uns in der Talschlucht einige hundert Steine, welche unter den Füßen der Pferde wichen und abwärtsrollten. Dass wir dort nicht sämtlich die Hälse brachen, ist mir heute noch ein Rätsel.

Dort habe ich gesehen, wie sehr die Tiere, welche wir bei uns hatten, zusammengewöhnt waren. Hoch oben, sodass wir wenigstens noch eine halbe Stunde zu reiten hatten, bis wir im Lager ankamen, hörte, uns eins der zurückgelassenen Pferde, welches sich in der Nähe des Lagers befand; es wieherte, als es seine Kameraden kommen hörte und alle unsere Tiere gaben sogleich freudige Antwort.

Es sind die Nächte auf der hohen Cordillera wirklich reizend, wundervoll zu nennen, und dies vorzüglich, wenn ein erhöhter Standpunkt und klares Mondlicht dem Blicke in die Ferne zu schweifen erlaubt. Ich bin verschiedene Male, nachdem ich einmal die Wege genauer kannte, länger auf den höheren Teilen des Gebirges geblieben, sodass ich den vollen Anblick jener prachtvollen Mondnächte genießen konnte.

Keine Feder vermag in der Tat den feenhaften Zauber zu schildern, der dort, hat man einen glücklichen Standpunkt gewählt, über die Landschaft ausgebreitet ist.

Die fantastischen pittoresken Formen des nächsten Gebirges traten doppelt imponierend und gehoben durch das Helldunkel unter und neben uns aus der Tiefe hervor, und fast ist die Fantasie versucht, riesige menschliche Formen, fabelhaftes tolles Getier sich aus ihnen zu bilden. Mitten unter diesem Chaos von düsteren schwarzen Gestalten heben einzelne schneebedeckte Berge ihr Haupt bläulich-glänzend im Mondschein. Aber die diesseitige im Mondlichte zitternde, schwimmende Ferne des Flachlandes bietet den mächtigsten Reiz. Sie spricht, gehoben durch den Vordergrund, eine Mystik aus, die sich nicht schildern, mit nichts vergleichen lässt. Dazu ist lautlose Stille, die tiefste Ruhe und das mächtig erregende und doch wieder so beruhigende Gefühl absolutester Einsamkeit. Und über dies alles ist ein Himmel gebreitet, dessen Blau sich mit dem tiefsten Ultramarin vergleichen lässt. Zwar glänzen an ihm nicht die Sterne, die unsere Jugendzeit mit frommen Träumen erfüllten, aber auch die fremden, und wenig bekannten Sternbilder der südlichen Halbkugel, sprechen in solchen einsamen Nächten zu uns von der Unendlichkeit des Weltalls, und von Dingen, welche kaum die Gedanken zu fassen, noch weniger aber Worte auszudrücken vermögen.

Ich will noch des Zodiakallichtes gedenken, von dem ich bereits früher gesprochen habe, welches aber in der hohen Cordillera in einer ganz außerordentlichen Intensität auftritt.

Ich habe dort eine Erscheinung gleichzeitig mit demselben auftreten sehen, von welcher ich kaum glaube, dass sie irgendwo erwähnt worden ist.

In allen wolkenfreien Nächten nämlich, in welchen das Zodiakallicht in seiner ganzen Stärke zu sehen war, zeigten sich etwa in der halben Höhe des pyramidal ansteigenden leuchtenden Scheins helle Flecke, ähnlich den Magellanschen Wolken. Der eine dieser Flecke trat südlich auf, und war der größere, er hatte die scheinbare Größe der kleineren Magellanschen Wolke und stand etwa um die Breite seines Durchmessers entfernt von dem äußeren Rande des Zodiakallichtes.

In gleicher Höhe mit ihm, aber nördlich und auf der andern Seite der leuchtenden Pyramide, standen zwei kleinere Flecke übereinander. Die Lichtstärke dieser drei Flecke war unter sich gleich, aber etwas schwächer, als die des Zodiakallichtes selbst. War das Letzte nicht in vollster Intensität zu sehen, so waren die Nebenflecke kaum oder gar nicht zu bemerken.

Man darf also vielleicht annehmen, dass dieselben als zu demselben gehörig betrachtet werden können, und der Ausdruck hoher Intensität desselben sind, ähnlich dem, wie die sogenannte Krone des Nordlichts den höchsten Grad desselben, die vollständigste bis jetzt beobachtete Ausbildung der Erscheinung bezeichnet.

Hiedurch hätte ich nun freilich gewissermaßen ausgesprochen, dass ich das Zodiakallicht in einem Grade seiner Lichtstärke gesehen, wie noch keiner der beobachtenden Reisenden, welche demselben ihre vollste Aufmerksamkeit zugewendet haben. Aber selbst auf die Gefahr hin, unbescheiden zu erscheinen, darf dennoch in der Wissenschaft die Wahrheit nicht verletzt werden. Findet sich aber meine Wahrnehmung bereits irgendwo erwähnt, so habe ich mich zwar geirrt, wenn ich glaubte eine Novität zu bringen, aber die Sache selbst ist bestätigt.

Ich füge bei, dass ich anfänglich geglaubt, das sogenannte Leuchten der Vulkane bedinge die Erscheinung, aber ich hatte später Gelegenheit, dasselbe genauer zu beobachten, und fand, dass jenes Phänomen sich einsteils ganz anders ausspricht, dass aber auch schon deshalb eine Identität nicht möglich, weil in der Richtung, in welche ich jene leuchtende Flecke gesehen, sich gar keine Vulkane befinden.

Es war endlich Zeit, von den Bergen Abschied zu nehmen. Zwar war wohl Vogelwild vorhanden, aber das Mehl war bereits verzehrt und schon einige Tage hatte jeder von uns sich statt des Brotes mit einigen Kartoffeln begnügt. Ich hatte den letzten Maiskuchen den Knechten überlassen, und zuerst die Kartoffel als Surrogat benützt, indem ich ihnen sagte, wir lebten zwar in Deutschland im Überflusse, und auch der Ärmste speise aufs Reichlichste täglich Weizenbrot, allein es sei bei uns Ehrensache, sich abzuhärten und mit Freuden jede Entbehrung zu tragen.

Unter anderen nützlichen Dingen, welche ich in meinen akademischen Jahren erlernte, war auch der Grundsatz, dass ein wenig Renomage zugunsten der Landsmannschaft nicht schade, und seine Anwendung hat dort bei beginnendem Mangel guten Dienst geleistet.

Der Heimritt auf denselben Pfaden, auf welchen wir gekommen waren, bot keine weitere Abenteuer, nur waren wir froh unseren alten Weg eingeschlagen, und nicht die entgegengesetzte Seite gewählt zu haben, da wir dort jener bereits erwähnten Viehherde entgegengekommen wären.

Jenen Fluss am Anfange des Gebirgs mussten wir diesmal nur einige Male durchreiten, wodurch sich vollkommen herausstellte, dass wir hinwärts den Weg verfehlt hatten. Am zweiten Tage nach unserer Ankunft in Santiago fand in der Cordillera ein mächtiger Schneefall statt, und es war das ganze Gebirge weit abwärts mit Schnee bedeckt. Wären wir noch oben gewesen, hätte ich reichliche Gelegenheit gehabt, jene Abhärtung zu beweisen, von welcher ich den Knechten erzählte, denn Schmalhans wäre dort ohne Zweifel Küchenmeister gewesen in höchster Potenz.

Ich hatte gute Beute erworben auf dem Gebirge. Neben schönen und meist neuen Pflanzen von den höchsten Punkten, hatte ich an dreißig Spezies von tieferen Partien und aus der Nähe unseres Lager mitgebracht. Einige Exemplare von *Herpetodryas lineatus*, eine vier bis fünf Schuh lange, nicht giftige Schlange und zwei Spezies Eidechsen repräsentierten die Amphibien. Von Käfern und Insekten wurden gefangen fünfundzwanzig Spezies, worunter mehrere neue Arten, und außerdem einige Taranteln und Skorpione, welche beide bis weit hinauf, und an die Schneegrenzen reichend, gefunden worden.

Vögel wurden etliche zwanzig Spezies, ebenfalls Novitäten einschließend, erworben. Eine ziemliche Anzahl geognostischer Handstücke vervollkommneten endlich die naturgeschichtliche Ausbeute auf der Cordillera.

In Santiago hatte ich nach meiner Zurückkunft Gelegenheit, mit mehreren angesehenen Männern Bekanntschaft zu machen und mit Vergnügen die Bestätigung zu erhalten, wie wohlgelitten der Deutsche bei der chilenischen Regierung ist, was schon aus dem Eifer hervorgeht, mit welchem man die Einwanderung unserer Landsleute begünstigt.

Außerdem habe ich verschiedene Bergwerkbesitzer kennengelernt und von denselben schöne Mineralien aus ihren Gruben erhalten, unter welchen ich nur anführen will: ausgezeichnete Kobalterze, gediegen Silber, Jodsilber, Bromsilber und endlich Chlorsilber, derb und in zwei zollgroßen Stücken.

Nach einem zweiten, etwa dreiwöchigen Aufenthalte in Santiago ging ich nach Valparaiso zurück.

Kapitel 6

Valdivia

»Wollen Sie nicht ein wenig ans Steuer gehen«, sagte der Kapitän, nachdem ich fünf Minuten vorher das gute Barkschiff »Dockenhuden« als wohlbestallter Superkargo bestiegen hatte.

Ich antwortete lakonisch, wie man es zur See liebt »Ja, Kapitän!«, und trat wirklich ans Steuer.

Die Sache war die, dass guter Landwind war und alle Hände beschäftigt waren, die Segel frei zu machen, um aus dem Hafen von Valparaiso zu kommen, denn der »Dockenhuden«, auf welchem ich mich befand, war nach Valdivia bestimmt und hatte keine Zeit zu verlieren. Dies war mir einigermaßen klar, weniger aber, oder gar nicht wusste ich, wie ich das Steuer handhaben sollte. Aber ich war ja Superkargo und musste als solcher doch wohl schon so häufige Seereisen gemacht haben, um ein wenig steuern zu können!

Zu des Lesers Trost, welcher vielleicht nicht weiß, was ein Superkargo ist, will ich gestehen, dass ich es zu jener Zeit selbst nicht wusste.

Zwei Tage, ehe ich den »Dockenhuden« bestieg, frug mich Freundt: »Wollen Sie mit einem Schiffe, welches ich expediere, nach Valdivia?«

»Ja!«

»Wie viel Zeit brauchen Sie, um fertig zu werden?«

»Zwei Stunden!«

»Sie haben zwei Tage.«

Die Geschichte war kurz abgemacht. Als ich ging, sagte Freundt noch, er habe mich als Superkargo für den »Dockenhuden« eingeschrieben, und als ich frug, was ich als solcher zu tun habe, erwiderte er: »Nichts!« Der Grund, warum mich Freundts vorsorgliche Gefälligkeit mit diesem Titularposten betraute, war aber der, um mir den Pass zu sparen, den jeder von Valparaiso Abgehende haben muss, während der Ankommende keines bedarf. Die Polizei hält strenge Kontrolle, und da jeder, der einen Pass verlangt, vierundzwanzig Stunden lang am Polizeigebäude öffentlich angeschlagen wird, ist es nicht wohl möglich, mit Schulden zu entwischen. Ein solcher Pass aber kostet, irre ich nicht, drei Peso. Aber Bedienstete auf einem Schiffe bedürfen keines Passes, und so war mir ein für alle Mal die Passplackerei erspart.

Später erst erfuhr ich, dass der Superkargo diejenige Person ist, welche die kaufmännischen Geschäfte an Bord zu besorgen hat. Gott weiß, dass unter allen Ämtern auf der Welt ich eben diesem am wenigsten gewachsen war.

Was mein Steuern betrifft, so machte anfänglich der Kapitän Bewegungen mit der Hand, welche Backbord und Steuerbord bedeuteten, und indem ich hiernach das Steuerrad drehte, ging alles vortrefflich. Aber es entfalteten sich immer mehr und mehr Segel, der Kapitän begann sein plattdeutsches Kommando, und ich wusste nicht mehr, sollte ich rechts, links, stark oder schwach, oder gar nicht drehen.

Ich drehte aber dennoch, und zwar nach Gutdünken, einmal Backbord, dann Steuerbord, und da mich allmählich die Wut der Langweile erfasste, endlich so stark, dass der »Dockenhuden« sonderbare Bewegungen begann. Nun rief der Kapitän: »Was Teufels machen Sie?« Ich antwortete: »Ich steure!« Hierauf folgten Erklärungen und der Kapitän stellte sich lachend selbst ans Steuer, bis alle Segel klar und ein Matrose den gewöhnlichen Dienst übernahm. Aber als ich dort vom Steuer ging, fühlte ich zum ersten Male eine Anwandlung von Seekrankheit.

Der »Dockenhuden« führte wenig Ballast und schwankte deshalb, vielleicht auch infolge meines Steuerns, ziemlich stark, ich aber war dieser Bewegung teils ungewohnt, teils zu rasch in dieselbe versetzt worden.

Indessen ließ ich mir nichts merken, legte mich in meine Koje und nahm einen tüchtigen Schluck Rum. Nach einer halben Stunde war alles vorüber, und ich hatte dort zum ersten und letzten Male einen entfernten Begriff bekommen, wie es denen zumute sein mag, die Monate hindurch wirklich seekrank sind.

Der »Dockenhuden« war eine schöne Barke von 400 Tonnen und gehörte einem der bedeutendsten Reeder in Hamburg. Ich habe später mit demselben Schiffe die Rückreise nach Europa gemacht, und mich mit dem Kapitän sowohl als mit der Mannschaft stets aufs Beste vertragen. Für jetzt aber waren wir nach Valdivia bestimmt, um dort Holz einzunehmen. Man bedarf gewöhnlich, um von Valdivia nach Valparaiso zu kommen, drei Tage, denn man benützt den unausgesetzt wehenden Südwind, und kann vor dem Winde und mit Leesegeln fahren. Bei der Hinreise aber muss man einen Winkel machen, das heißt man muss fast sechshundert englische Meilen weit westlich, dann aber wieder östlich halten um bei dem Winde, das heißt mit Seitenwind, fahren zu können. Man bedarf auf diese Weise zehn bis vierzehn Tage, oft noch länger. Wir indessen kamen in zehn Tagen zum Ziele.

Am 15. Januar hatten wir den ganzen Tag die Insel Mas a fuera (Wörtlich: meide außen) in Sicht. Ich habe die Felseninsel von mehreren Seiten gezeichnet, und habe mich, nach Hause gekommen, über die Ähnlichkeit meiner Skizze mit der Zeichnung erfreut, die Anson vor hundert Jahren entworfen hatte. An ein Landen war natürlich nicht zu denken.

Möwen, Seeschwalben und eine kleine schwarze Art Albatros waren unsere fast steten Begleiter, auch sahen wir zahlreiche Quallen, worunter mehrere von wohl zehn Fuß Länge bandartig und gegliedert. Diese letzteren Arten sollen von den Walfischen gespeist werden. Wirklich sahen wir auch am 16. Oktober mehrere Walfische in nicht großer Entfernung bei uns vorüberziehen und des andern Morgens einen Walfischjäger, aber die Hoffnung, einer Jagd beiwohnen zu können, wurde zunichte, denn jetzt ließ sich kein Walfisch sehen.

Wir indessen jagten auf schöne Delfine mit weißem Bauche und schwarzem Rücken, Springfische von den Seeleuten genannt, aber ohne Erfolg, indem wir zwar die Tiere verwundeten, aber nicht an Bord brachten.

Auch Hornfische begleiteten ziemlich zahlreich längere Zeit unser Schiff. Ihre Größe betrug etwa einen Fuß und ihre bunte

Färbung, das ganz prismatische Bild repräsentierend, macht sie zu einer lieblichen Erscheinung.

Vor fünf Monaten hatte ich dasselbe Meer befahren und seine Fauna als eine spärliche bezeichnen müssen, während wir jetzt keine Viertelstunde segelten, ohne Tieren der verschiedensten Art zu begegnen, aber wir hatten jetzt Sommer, und es bestätigte sich, dass mit wenig Ausnahmen, etwa der Eisbären und einiger ihnen gleich gestimmten menschlichen Seelen, jedes vernünftige und unvernünftige Tier die Wärme mehr als die Kälte liebt.

Am 22. des Morgens erblickten wir die Küste von Valdivia. Aus steilen bergigen Abhängen bestehend und wohl in ähnlicher Form auftretend wie die nördlicher gelegenen Küstenstriche, wird der Anblick derselben modifiziert durch den Waldwuchs, der sie allenthalben bedeckt. Ich habe deutsche bewaldete Flussufer zu sehen geglaubt, als wir dicht am Lande hinfuhren, und ich das stille Meer hinter mir, samt seiner ziemlich geräuschvollen Brandung vor mir, absichtlich ignorierte. Wir liefen nachmittags in den Hafen ein, und bald betrat ich das Land, mit dem eigentümlichen Wohlbehagen, welches der Naturforscher fühlt, wenn er den Fuß auf einen ihm noch unbekannten Boden setzt.

Es war die Bai von Corral, der Hafen von Valdivia, vor Jahren einer der wichtigsten Plätze der Westküste. Welche Bedeutung man auf den Hafen gelegt, zeigen die Menge an Forts, welche zur Befestigung desselben angelegt. Aber sie liegen in Trümmern, diese Forts. Die Zeit und die Stürme der Revolution haben sie gebrochen und mehr vielleicht noch die Nachlässigkeit, mit welcher die Spanier das von ihren Vätern Erworbene beschützten und unterhielten. Bäume stehen innerhalb der Ringmauern, Lianen wuchern um die verfallenen Laffetten der Geschütze und der Urwald, in nächster Nähe von Batterien, hat nicht seine Herrschaft aufgegeben über das jungfräuliche Land.

Der Eingang des Hafens liegt gegen Norden wie fast alle chilenischen Häfen, und bietet daher wenig Schutz vor den dorther kommenden Stürmen, während bei anderen Windrichtungen das Wasser der allenthalben geschlossenen Bai oft kaum bewegt wird.

Die den Eingang beschützenden Batterien, Fort Carlos und Niebla-Batterie, liegen in Trümmern, ebenso die Gonzalo-Batterie und mehrere kleinere. Nur das Fort Corral steht noch notdürftig zusammengehalten da, Häuser und Hütten in seiner Nähe bilden den Flecken Corral. Die Bai ist ringsum bewaldet. Ihre Breite beträgt eine halbe englische Meile an der Stelle, wo sie sich gegen den See hin öffnet, aber von dort geht ihre Längenerstreckung über zwei englische Meilen ins Land, und das zwar in direkter Richtung gegen Süd. Aber jener Teil derselben, die sogenannte St. Johns Bai, kann zum großen Teile nicht mit größeren Fahrzeugen befahren werden und verflacht sich am Ende dergestalt, dass zur Zeit der Ebbe die Bai wohl auf eine Viertelstunde weit trockenen Fußes überschritten werden kann.

In der Bai selbst mündet der Rio de Valdivia, welcher aber, weiter gegen oben, andere Namen führt, Rio de Arige, Callse-Callè Fluss und Rio de las ciruelas, der Pflaumenfluss.

Der Fluss ergießt sich in zwei Armen in die Bai und bildet so eine Insel von etwa zwei englischen Meilen Breite und Länge, die Isla del Rey, und selbst hier wird dieser eine Arm wieder anders genannt, Rio de poco comer, oder wörtlich »Fluss, wo wenig zu essen«. Kleine Flüsse ergießen sich noch mehrere in die Bucht, so der St. Johns Fluss und einige andere, welche wie ich glaube keine Namen haben.

Ziemlich mitten in der Bai liegt die Manzera-Insel. Die in die Bai mündenden Flüsse, die Inseln, die Bergabhänge, bewaldet, aber nicht so steil abfallend wie jene gegen die See, machen einen freundlichen Eindruck, der indessen den Charakter des Wilden und Romantischen nicht verloren hat.

Der ganze landschaftliche Charakter des Hafens von Corral und seiner Umgebung ergibt sich am besten aus einigen Exkursionen, von welchen ich sogleich unten berichten muss, nur will ich hier noch des Blickes auf den sechzig Stunden weit entfernten Vulkan von Villarica erwähnen, welcher bei heiterem Wetter als eine glänzende weiße Pyramide zu sehen ist, wenn man nur irgendwie einen halbwegs erhöhten Standpunkt gewählt hat.

Ohne Zweifel ist dieser Vulkan einer der höchsten in der ganzen Kette der Anden und die trigonometrischen Messungen, welche in neuerer Zeit von Engländern angestellt worden sind, haben hohe Zahlen ergeben, welche ich aber nicht anführen will, da mir bestimmte Angaben über jene Untersuchungen bis jetzt noch fehlen. Der Vulkan ist noch tätig und von Zeit zu Zeit steigen von seinem Gipfel Rauchsäulen in die Höhe, welche vom Hafen aus gesehen werden können.

Einer meiner ersten Besuche galt einem Deutschen, Ernst Fricke, einem sehr gebildeten und tüchtigen jungen Manne, welcher dort eine Sägemühle besitzt. Zur Zeit meines Aufenthaltes war seine Wohnung, wenngleich bequem und die Sägemühle gut konstruiert, doch nicht ohne den Reiz des romantischen Ansiedlerlebens. Ein älterer Bruder von Fricke, dessen Bekanntschaft ich einige Tage später machte, wohnt auf der Isla del Rey. Ich bin von den Brüdern auf das Freundlichste aufgenommen worden und es war mir ihre Bekanntschaft von großem Nutzen, da beide mehrfache Reisen ins Innere gemacht hatten und schätzbare Notizen über das Land mitteilten.

Auch auf der Insel Manzera wohnte ein Deutscher, welcher indessen dort nicht stabil war, sondern als Verwalter eines anderen Landsmannes später ins Innere abzugehen die Absicht hatte. Ich kam mit den eingeborenen Bewohnern von Corral weniger in Berührung, doch machte ich die Bekanntschaft zweier liebenswürdigen Damen, die Gattin und Schwiegermutter des älteren Fricke, welche zurzeit dort wohnten.

Am zweiten Tage unseres Aufenthaltes im Hafen fuhr ich zu Boote mit dem Kapitän nach Valdivia, welches die Hauptstadt der Provinz ist, und etwa drei oder vier Stunden vom Hafen entfernt liegt. Die mit Urwald bedeckten Ufer des Flusses gewährten einen prachtvollen Anblick, und entsprachen den Schilderungen, welche man vom Innern Nordamerikas entworfen hat. Dichtes Gebüsch reicht allenthalben bis an die Oberfläche des Wassers, mächtige Stämme überragen säulenartig das Unterholz und sind nur durch Schlingpflanzen mit demselben verbunden. Die Alerze, der rote Zederbaum, der bisweilen einen Durchmesser von fünfzehn Fuß erreicht, die Roteiche, Pellin genannt, Roble, die Buche, dann Ulmen und Lorbeerarten bilden dort, so wie in der Provinz Valdivia überhaupt, vorzüglich den Baumschlag. Zwischen ihnen steht die Quila, ein Rohr, welches gegen oben ein so dichtes Flechtwerk bildet, dass dasselbe bequem einen Mann trägt, und die Colique, ebenfalls eine Bambusce, die eine Höhe von vierzig Fuß erreicht, und aus welcher die Indianer ihre gefürchteten, oft zwanzig Fuß langen Lanzen verfertigen. Ein Hauptschmuck jener Wälder aber sind die kleinen Bäume der mehrfachen Lorbeerarten, die Myrthen, Fuchsien und andere, welche fast alle mit buntfarbigen zierlichen Blüten geschmückt sind und ein prachtvolles Unterholz bilden.

Aber nicht allein im Lande und auf den Bergabhängen der Ufer stehen jene riesigen Stämme. Sie sind nicht selten ins Wasser gestürzt und von der Strömung des Flusses festgerannt worden; so ist die Fahrt nicht ohne alle Gefahr, versteht man nicht geschickt ihnen auszuweichen. An manchen Stellen des Waldes haben Brände stattgefunden, meist absichtlich erzeugt, um vielleicht eine kleine Strecke zu kultivieren, wohl selbst einen Weg zu bahnen, und jene öden Stellen, mit den mächtigen aber erstorbenen Stämmen, und je nachdem nur eben wieder am Boden mit beginnendem Gebüsche bewachsen, bilden einen eigentümlichen Kontrast mit der üppigen Vegetation, welche neben ihnen wuchert.

Während wir so, bald dicht an den Uferen des Flusses, bald Baumstämmen ausweichend, auf dessen Mitte dahinfuhren, machten wir Jagd auf verschiedenes Vogelwild, das in reichlicher Fülle vorhanden. Wasservögel verschiedener Art, Enten, Taucher, Möwen und am Lande vorzugsweise eine schöne große Taube, die *Columba araucna*, und eine Schnepfenart waren die vorzüglichste Beute, welche nach der Heimkunft redlich geteilt wurde zwischen meiner Sammlung der Schiffsküche.

So hatten wir eine fröhliche Fahrt auf dem Flusse, gegenseitig wetteifernd, wer das meiste Wild erlege, und ich fand, dass der Kapitän ein trefflicher Schütze.

In Valdivia angekommen, trennten wir uns. Fricke, welcher ein leichtes, vortrefflich segelndes Boot hatte, war uns vorausgeeilt und empfing uns, indem er mich in das Haus eines dort beim Schulwesen angestellten Deutschen führte, wo ich so herzlich aufgenommen, wie allenthalben von den deutschen Landsleuten, und sogleich mit einigen Insekten beschenkt wurde. Doch blieb ich nicht lange bei jenen freundlichen Leuten, da ich die Stadt besichtigen wollte, und aus der Unterhaltung mit den anwesenden chilenischen Damen ist mir nur noch die Furcht erinnerlich, welche dieselben vor einem Einfalle der araukanischen Indianer bezeigten, welchen ein grundloses Gerücht zu jener Zeit in Aussicht gestellt hatte.

Die Stadt Valdivia hat ein sehr ländliches Ansehen. Die meisten Häuser liegen isoliert zwischen Gärten, Gebüsch und Rasenplätzen, und unfern der Stadt beginnt wieder der Wald. Die Wohnungen, meist einstöckig, sind von Holzarbeit und haben den eigentümlichen Stil des Landes, der teils an altertümliches Täfelwerk erinnert, doch auch wieder Ähnlichkeit hat mit der Art und Weise, wie man moderne Schweizerhäuschen in Anlagen und Gärten errichtet. Doch fehlen auch größere Gebäude nicht und eben als ich anwesend war, beschäftigte man sich mit dem Bau einer Kirche, deren Plan vom älteren Fricke entworfen war. Ich hatte die vier Matrosen, welche das Boot gerudert hatten, zum Mittagessen gebeten, und als wir uns in einem Gasthause versammelt hatten, welches so ziemlich, wenn auch nicht ganz nach europäischer Art eingerichtet, und in welchem man nicht übel aufgehoben war, staunte ich über den Anstand und Takt, welchen diese vier jungen Männer entwickelten. Bescheiden ohne blöde, heiter ohne übermütig zu sein, waren sie so weit entfernt von dem Bilde, welches man sich meist von »dem Seemann am Lande« zu entwerfen gewohnt ist, dass ich kaum mein Erstaunen bergen konnte. Ohne Widerrede hatten sie meine Einladung angenommen, aber als sie nach einigen Tagen im Hafen die Erlaubnis erhalten hatten, ans Land zu gehen, unternahmen sie in meinem Interesse einen Streifzug und brachten mir des Abends einige Amphibien und schöne Insekten, welche mich doppelt erfreuten.

Des Nachmittags besuchten uns mehrere andere in Valdivia lebende Deutsche im Gasthofe, und manches austauschende Wort wurde dort gesprochen über Chile und das Vaterland. Alle waren gut gestellt in ihrer neuen Heimat. Doch aber war eine leise Sehnsucht nach dem Vaterlande, nach dessen Sitte und Brauch nicht zu verkennen. Mag jeder es wohl bedenken, der das Land, in dem er geboren, für immer verlassen will. Es mag sich wohl treffen, dass in der Fremde er nach Zuständen sich zurücksehnt, die ihm hier gleichgültig, ja dass er an Persönlichkeiten mit Zuneigung denkt, welche er zu Hause kaum der Beachtung wert gehalten. Aber mit welcher Macht drängt sich in manchen Stunden die Sehnsucht nach verlassenen Lieben ans Herz, und mit welcher Versöhnlichkeit betrachtet man deren Fehler und Schwächen!

Spät des Abends und wohlzufrieden mit der kleinen Reise, kamen wir an Bord zurück. Aber einige Tage später, während der Kapitän und ich zufälligerweise am Lande, kamen einige Damen von Valdivia zu Boote auf Besuch zu uns und brachten mir den sorgfältig verpackten Schädel eines Araukaners zur Erinnerung an unser Gespräch in der Stadt, und um meine Sammlung zu bereichern, wenngleich, wie sie mir sagen ließen, mit mächtigem Grausen.

Vieles Vergnügen verschaffte mir in der Bai von Corral die Jagd auf Papageien. Ich habe nur eine einzige Spezies dort getroffen, von den Einwohnern Choi genannt, aber diese in großer Anzahl. Sie hausen auf den bewaldeten Hügeln, mit welchen die Bai umgeben ist, und leben des Tags über in Haufen von zehn bis zwölfen zusammen, wohl auch vereinzelt, indem sie meist auf den höchsten Bäumen sich aufhalten. Gegen Abend aber versammeln sie sich in großen Schwärmen und fliegen von einem der Hügel zum andern, indem sie, ähnlich wie in Deutschland die Dohlen, ein wahrhaft schauderhaftes Geschrei erheben. Stellt man sich versteckt in eine der Schluchten, über welche auf diese Weise der ganze Schwarm hinwegfliegt, so kann man, wenn das Gewehr weit trägt und man groben Hagel geladen hat, öfters in einem Abend zum Schusse kommen, und ich habe auf diese Art viele erlegt, da sie, wenn sie den Schützen nicht sehen, sich wenig um den Schuss zu kümmern scheinen und ihr Hin- und Herfliegen wiederholen. Indessen bietet es Schwierigkeiten, das geschossene Tier zu finden, da seine grüne Farbe sich kaum von der des Grases unterscheiden lässt. Nur verwundete Tiere verraten sich hingegen

Hütte der Araukaner

selbst durch ihr furchtbares Geschrei und die Hast, mit welcher sie zu entkommen suchen.

Dieser Papagei wird von den Einwohnern der Bai nicht selten als Haustier gehalten, und läuft frei, aber freilich mit arg und hässlich beschnittenen Flügeln in den Wohnungen umher. Er scheint sich sehr leicht zähmen zu lassen und ein zähes Leben zu besitzen. Ich habe eines Tages einen derselben, der, wie sich später zeigte, nur am Flügel verwundet war, um ihn zu ersticken, mit aller Kraft unter den Flügeln gedrückt, hierauf als er kein Lebenszeichen mehr von sich gab, die Rachenhöhle mit Löschpapier verstopft, um das Beschmutzen der Federn mit Blut zu verhindern, und alsdann in eine Tüte gewickelt in die Pflanzenkapsel gelegt, da er zum Abbalgen bestimmt war. Aber als wir noch einige Stunden Rast hielten und zufällig die Kapsel geöffnet wurde, stieg der Vogel munter aus derselben, und ergab sich so leicht in sein Schicksal, dass er schon nach einigen Tagen aus der Hand Futter nahm, und allenthalben an Bord frei umherlief. Leider fiel er später ins Wasser und ertrank.

Das Fleisch dieser Tiere gewährt eine vortreffliche Speise und erinnert an jenes der wilden Tauben.

An den Ufern des Valdivia Flusses, wo hauptsächlich jene schon oben erwähnte Sandsteinbildung vorkommt, finden sich prachtvolle kleine Buchten und hie und da im Gebüsche versteckte Höhlen. Ernst Fricke führte mich in mehrere derselben, in welche man nur mittelst des Bootes gelangen konnte, und ich habe die romantische Lage dieser kleinen Asyle bewundert, deren Zugang ich bald besser zu finden wusste, als vielleicht mancher im Hafen Geborene. Auch im Glimmerschiefer findet sich unweit des Forts Corral eine Höhle, deren Wände stets von durch Felsenspalten eindringendes Wasser feucht und ganz mit Farrenkräutern überzogen sind. Ich war so glücklich dort zwei neue Arten aufzufinden und mache absichtlich hier auf diesen Fundort aufmerksam, weil ich sonst nirgends eine Spur derselben gefunden habe.

Während wir im Hafen von Corral lagen, kam die schon oben bezeichnete chilenische Fregatte von Valparaiso aus dorthin, in Begleitung einer Corvette. Beide Fahrzeuge hatten Soldaten an Bord, welch eine Zeit lang im Hafen verweilen sollten.

Die Indianer von Araukanien hatten kurz vorher ein an der Küste gestrandetes Schiff geplündert, zugleich waren bei dieser Gelegenheit einige Menschen verloren gegangen. Es hatten ohne Zweifel die Gestrandeten und die Indianer sich nicht hinlänglich verständigen können. Die Letzteren hatten vielleicht allzu großes Wohlgefallen an den Waren gefunden, welche das Schiff führte, und die Europäer hielten allzu hartnäckig an ihrem Eigentume, oder es mögen auch andere Missverständnisse eingetreten sein, die Tatsache war die oben bezeichnete. Aber in Chile sprach man nicht gern von derselben, legte indessen jene Truppen Corral und Valdivia, um eine Demonstration zu machen und etwaigen weiteren Gelüsten der Araukaner Einhalt zu tun. Es kam dadurch viel Leben in den Hafen, welcher sonst ziemlich verödet war, indem zugleich mit jenen Schiffen auch noch eine Barke von Hamburg, die »Victoria«, einlief. Der Kapitän der »Victoria« war ein Bruder des unsrigen, und es war ein freudiges Wiedersehen der beiden Brüder, welche sich seit Jahren nicht gesehen, ja kaum sichere Nachricht voneinander erhalten hatten.

Das Leben am Bord war jetzt ein anderes geworden. Während ich sonst früh mit Tagesanbruch meist allein ans Land ging, in den Bergen streifte und spät des Abends wieder heimkehrte, wurden jetzt gemeinschaftliche Jagden unternommen, und zugleich von meiner Seite das Sammeln großartiger betrieben, da die Passagiere der »Victoria«, nach Chile auswandernde Deutsche, mich zum größten Teile teilnehmend unterstützten. Kugelbüchse und Botanisierkapsel, Insektenschachtel und Mineralienhämmer hatten wieder, wie früher in Valparaiso, ihre freundlichen Träger gefunden, und es wurde mancher Tag fröhlich in den Bergen zugebracht. Kamen wir zeitig an Bord zurück, so statteten wir uns häufig gegenseitig Besuche ab, von welchen wir oft spät in der Nacht heimkehrten. Ich werde nicht leicht einer solchen Heimfahrt vergessen. Ich war mit Kapitän Maier an Bord der »Victoria« gegangen, aber während wir in der Kajüte plaudernd und zechend fast vergessen hatten, dass wir uns nicht auf festem Boden befanden, hatte sich außen ein heftiger Nordwind erhoben, und zugleich war Land und See mit solch einer undurchdringlichen Finsternis bedeckt, dass man buchstäblich nicht die Hand vor den Augen sehen konnte. Da es des Zolles halber verboten war, Waren, ja selbst eine einzige Flasche Wein von einem Schiffe auf das andere zu bringen, so hatte ich jenen Abend benützen wollen, sechs Flaschen Portwein, welche ich auf der »Victoria« an mich gebracht hatte, auf den »Dockenhuden« zu schaffen, mit anderen Worten: zu schmuggeln. Man kann sich denken, dass ich, diese sechs Flaschen in den vielfachen Taschen meines Kapuzmantels geborgen, schon ziemlich schwerfällig vom Fallreef aus in das Boot gelangte. Denn wie schon bemerkt, bewegt heftiger Nordwind das gegen diese Seite nicht geschützte Wasser des Hafens oft auf bedenkliche Weise, und schon waren die Wogen so hoch, dass das Boot fünf bis sechs Fuß gehoben wurde, um im anderen Augenblicke wieder ebenso tief zu sinken. Mit den Händen an der Strickleiter mich festhaltend, suchte ich mit den Füßen das Boot zu erspähen, welches, fühlte ich es einmal einen Moment, im andern Augenblicke wieder verschwunden war. Ließ ich zur unrechten Zeit los, so fiel ich natürlich ins Wasser, und war unrettbar verloren mit meinem schweren Mantel und den sechs Flaschen. Dabei wurde kein Wort gewechselt. Es waren noch, wie ich glaube, andere Gegenstände im Boote, welche man ebenfalls nicht der Besichtigung der Zollbediensteten auszusetzen wünschte, und so vermied man unnötigen Lärm. Endlich ließ ich los und kam glücklich ins Boot. Es gelang unseren Matrosen bald von der Steuerbordseite der »Victoria« zu kommen, aber nun tanzte das Boot in solch verzweifelten Sprüngen auf den Wogen, dass ich ernstlich an ein Umschlagen zu glauben anfing. Der Wind wuchs in bedrohlicher Heftigkeit, eine See über die andere schlug ins Boot und Wind und Wetter lärmten dermaßen, dass man die Zollbedienten nicht mehr zu fürchten brauchte. Wirklich stand jetzt der Kapitän, der steuerte, auf, und rief mit lautester Stimme den Matrosen seine Befehle zu.

Öfter habe ich in ähnlichen Fällen empfunden, welch eine einfältige Rolle der Passagier bei solchen Gelegenheiten zu spielen verdammt ist. So gut wie der Seemann wird er ertrinken, tritt ein Unfall ein. Aber er kann nichts tun, ihn abzuwenden, ja er ist allenthalben im Wege, sucht er zu helfen. Seine Obliegenheit ist sich zu ducken, sich möglichst klein zu machen, und wo möglich zu schweigen. Das alles habe ich in jener Nacht getan zum allgemeinen Besten, in meinem eigenen Interesse aber zog ich leise die Arme aus den Ärmeln des Mantels und löste die Riemen meiner Schuhe, um in einem Momente alles abstreifen zu können und schwimmfertig zu sein.

Es war glücklicherweise nicht nötig. Wir sahen endlich, denn nach und nach hatte sich das Auge an die Dunkelheit gewöhnt, in unbestimmten Umrissen den »Dockenhuden« vor uns und waren bald am Fallreef. Man kommt, am Fallreef wenigstens, leichter aufwärts als abwärts, so war ich bald oben. Einige Sekunden war eine Laterne auf Deck, auch auf der »Victoria« blitzte ein Licht auf und verschwand alsbald wieder. Man hatte sich die Ankunft signalisiert, denn man mochte von beiden Seiten nicht ohne alle Bedenklichkeit gewesen sein, und unsere Fahrt hatte fast eine halbe Stunde gedauert, obgleich beide Schiffe nicht ganz vierhundert Schritte entfernt voneinander lagen.

An Bord wurde, wie gewöhnlich, keine Silbe über die Fahrt gesprochen, nur sagte der Kapitän, nachdem wir etwa zehn Minuten angelangt, zu mir: »Portwein verstaut?« Worauf ich antwortete: »Schon verstaut.« Er war es auch bereits, der liebe Portwein, verstaut, das heißt ge- und verborgen unter lebenden Taranteln, Skorpionen und Schlagen und zum Überflusse von einigen menschlichen Schädeln bewacht, und kein chilenischer Zollbediente hätte ihn weder gesucht, wo er war, noch angerührt, hätte er ihn gefunden. Aber sie kamen nicht in jener Höllennacht, wohl aber einige Tage später bei hellem Sonnenscheine.

Ich will noch einer Jagdpartie gedenken, welche ich in Begleitung der beiden Kapitäne und des Ernst Fricke in die St. Johns-Bai unternahm. Wir benützten hiezu das mit einem guten Segel versehene Boot von Fricke, und zogen des Morgens um sechs Uhr aus, indem zwei Matrosen ruderten, wenn der Wind nicht eben günstig war.

Wir machten zuerst auf einer kleinen Landzunge halt, welche mit hohem Grase bewachsen war, um Schnepfen zu schießen. Die Schnepfenart, welche sich dort aufhielt und überhaupt fast die Ufer der ganzen Bai bevölkerte, ist etwas, jedoch unbedeutend, kleiner als unsere Waldschnepfe, aber heller gefärbt als diese. Ich habe versäumt, sie mit nach Europa zu bringen, da sie so häufig war, und ich das Abbalgen einiger Exemplare von einem Tage zum andern verschob, bis es endlich zu spät war. Diese Tiere spazierten in Truppen zu fünfzig und hundert Stück ganz ruhig am Strande oder flogen dicht vor uns aus dem hohen, feuchten Grase auf, sodass mit leichter Mühe einige Dutzende derselben zu erlegen gewesen wären, hätte eben ihre Menge uns anfänglich nicht zu unbedachtsam schießen lassen, sodass wir ohne sonderlichen Erfolg den größten Teil unseres Wildes verjagten; erst später, regelrecht zu Werke gehend, schoss ich etwa zehn Stücke derselben.

Nachdem wir jene Landzunge verlassen und in eine kleine wirklich reizende Bucht gekommen waren, trennten wir uns, um einzeln unser Glück zu versuchen.

Das Boot sollte über die Bai fahren, dort am östlichen Ufer anlegen, und wir uns des Nachmittags daselbst wieder versammeln, um heimzufahren.

Während die anderen vorläufig sich am Ufer der Bai hinzogen, drang ich sogleich tiefer in den Wald ein. Ich hatte einen Kompass bei mir und konnte sicher sein, mich zurechtzufinden.

Ich machte an den mächtigen umgestürzten Stämmen, welche oft überstiegen werden mussten, gute Beute, indem ich verschiedene Insekten fand und manches Schätzbare erwarb, da fast der dritte Teil der gefangenen Individuen neue Arten waren. Endlich, nachdem ich weit vorgedrungen in Schluchten und manchen Abhang erstiegen, wandte ich mich wieder rückwärts, um ans Ufer der Bai zu gelangen. Ich durchwatete den St. Johns-Fluss und kam endlich an eine flache Stelle des Ufers, wo ich die Bai übersehen konnte. Aber ich sah weder das Boot, noch eine Spur von den Gefährten. Ich ging weiter, um die Bai zu umschreiten und auf das jenseitige Ufer, den bestimmten Sammelplatz, zu gelangen, indem ich richtig schloss, dass das Boot hinter irgendeinem schattigen Felsenvorsprunge beigelegt habe.

Mittlerweile war eine ziemliche Hitze eingetreten, indem unferne des Wassers die Sonne doppelt brannte, und zugleich wurde ich von einer Unzahl Fliegen verfolgt. Es war vorzüglich *Tabanus latus*, eine schwarze und gelbe Bremse, welche in Schwärmen von mehreren Dutzend über mich herfiel, und, wenn auch in geringer Anzahl, zwei kleinere graue Tabanus-Arten. Die Folgen des Stichs der beiden kleineren Arten halten länger an, als jene der größeren, welcher zwar anfänglich einigermaßen belästigt, aber in einigen Minuten nicht mehr gefühlt wird und kleine Beulen hinterlässt, wie die Stiche der deutschen Pferdebremse. Ich fand bald, dass je rascher ich mich fortbewegte, die verwünschten Fliegen mich umso hitziger verfolgten, so ergab ich mich in mein Schicksal, haschte eine gute Menge derselben und schritt langsam weiter, indem ich auch einige Vögel schoss, worunter eine schöne gold-grün glänzende Kiebitzenart. Endlich kam ich an menschliche Wohnungen, Hütten, welche aber leer standen, und zugleich an eine sich in den Wald ausdehnende Fortsetzung der Bai, denn für eine solche hielt ich das Wasser, an dessen Ufer ich stand. Leider aber fand ich, das Ende und eine überschreitbare Stelle suchend, bald, dass ich einen Fluss vor mir hatte. Ich musste über denselben, denn abgesehen davon, dass ich ungerne unser Rendezvous versäumte, konnte ich kaum rückwärts längs dem Ufer zurück in den Hafen von Corral gelangen, ohne endlose Umwege zu nehmen, da an vielen Stellen die Ufer aus steilen Felswänden bestehen, an welchen wir vorher zu Boote vorübergefahren waren. Vorwärts also! Aber wie! Ich wusste nicht, waren die Kapitäne und Fricke schon hinüber, oder waren sie vielleicht, während ich im Walde Insekten einfing, zu Boote über die Bai. Also suchte ich den Lauf des Flusses aufwärts verfolgend, nach menschlicher Fährte, und fand auch bald im gefallenen Laube Spuren von Fußtritten, denen ich folgte und endlich an die Brücke kam. Dort fiel mir ein, welche vielfache Anforderungen an einen reisenden Naturforscher gestellt werden. Denn abgesehen davon, dass er Zoologe und Ethnograf, Botaniker, Mineraloge, Geognost, Meteorologe und Zeichner sein soll, muss er auch, wohl oder übel, fabelhafte fremde Sprachen sprechen, kochen, waschen, nähen, reiten und schwimmen können. Hier aber stand die edle Turnkunst in Aussicht, denn jene Brücke bestand aus einem verzweifelt glatten und schlanken Baumstamme, der über den etwa 25 bis 30 Schritte breiten Fluss quer übergelegt war, und sonder Zweifel von einem Eichhörnchen mit vieler Bequemlichkeit überschritten worden wäre, von mir indessen mit wenig Behagen.

Aber ich musste hinüber und war bald entschlossen. Mineralienhammer, Insektenschachteln und alles Gesammelte wurde zu den Vögeln in die Jagdtasche gesteckt und diese über die Doppelflinte gehängt, welche ich in der Hand hielt, um im Falle eines Sturzes schwimmen zu können und nicht von all diesen Gegenständen gehindert zu sein. Aber ich hatte keine Lust über den verwünschten Baumstamm zu gehen – rittlings wollte ich übersetzen, vorsichtig, wie es sich für einen verheirateten Mann, für einen Familienvater geziemt. Es sah mich ja kein menschliches Auge, und war ich einmal drüben – nun es kriecht mancher auf Händen und Füßen und spricht später davon, wie er aufrecht gestanden! Da, ganz zur Unzeit erschallte ein lautes Hallo! und Frick wand sich aus den

Gebüschen des jenseitigen Ufers, mir zurufend, ich solle mich eilen, die beiden Kapitäne seien schon voraus, denn er habe in der Ferne schießen hören und wir müssten noch vor Eintritt der Ebbe beim Boote sein.

Große Macht der Eitelkeit! Ich nestelte an meinen Schuhen, als wollte ich sie besser befestigen, denn bereits saß ich rittlings auf dem Stamme, dann stand ich auf und überschritt mit scheinbarer Gleichgültigkeit den Stamm, der immer dünner wurde und höchst widerwärtige Oszillationen vorführte, je mehr ich mich seinem Ende nahte. Ich schämte mich vor Fricke, dem rüstigen Hinterwäldler, wie ich ihn nannte, hinüberzukriechen. Zuletzt musste ich noch einen kräftigen Sprung machen, um das Ufer zu erreichen. Jetzt erzählte ich Fricke meine Not, welcher mich auslachte und die Brücke im Vergleich zu andern eine königliche nannte.

Wir gingen nun zusammen weiter und kamen bald wieder in hochstämmigen Wald, wo wir noch einige Papageien schossen, und bald darauf an eine Hütte, welche eine Cuncos-Indianerin bewohnte. Das Weib kniete mit ihren Kindern um ein Feuer in der Mitte der Hütte, ohne Zweifel um sich zu räuchern, denn außen war eine tüchtige Hitze und man bedurfte wahrlich keines Feuers, um sich zu erwärmen.

Ich dachte an den Besuch Reineckes in der Höhle der Meerkatze,

»Welch ein Nest voll süßlicher Tiere, größer und kleiner!
Und die Mutter dabei, ich dachte es wäre der Teufel«,

und redete die Frau zwar nicht als »Frau Muhme« sondern mit Sancritta an, um etwas zu essen zu erhalten, aber es war nichts zu bekommen als Milch. Ich habe selbst dort den Abscheu vor diesem Getränk nicht überwinden können, tauchte das Stückchen Zwieback, welches ich bei mir hatte, ins Wasser eines unweit fließenden zweiten Flusses und überließ die Milch den Gefährten, welche sich mittlerweile bei uns gefunden hatten. Nach einiger Ruhe setzten wir unsern Weg um die Bai fort. Bald waren wir gezwungen, abermals mittelst eines Baumstammes über den zweiten Fluss zu setzen, allein hier ging dies leichter, denn der Stamm hatte noch einen Teil seiner Äste und war teilweise mit überhängendem

Gebüsche umgeben, sodass man sich im Notfalle anhalten konnte. Wir bestiegen kurz darauf eine kleine Anhöhe, und da dort eine Lichtung war, sahen wir unser Boot in einiger Entfernung liegen, leider im buchstäblichen Sinne des Wortes, nämlich auf der Seite und etwa zweihundert Schritte vom Wasser entfernt. Wir errieten sogleich, was sich später bestätigte. Die beiden Matrosen, nicht wissend, dass das Wasser der Bai dort sehr seicht war, legten sich zur Ruhe und schlummerten sanft im benachbarten Gebüsch, während sich die See bescheiden zurückzog, und das Boot, wenn nicht auf dem Trockenen, doch wenigstens auf schlammigem Grunde zurückließ.

Während wir nur beschlossen abwärtszugehen und jene Stelle zu besuchen, kamen wir immer dichter und verworrener ins Gebüsch, sodass wir endlich bloß auf Laub und Ästen fußten. Mir fiel auf, dass Fricke, der uns vorschritt, langsamer als sonst ging, ja selbst bisweilen die Haltbarkeit eines Astes prüfte, doch dachte ich an nichts Arges, als ich zufällig abwärtsblickte und einen Sonnenstrahl sah, der nicht *zu*, sondern etwa dreißig Fuß tief *unter* meinen Füßen die Erde beschien. Wir gingen zwischen den Ästen hindurch, wie, da mir eben kein poetischer Vergleich einfällt, wie Mäuse, welche durch einen Wellenhaufen schlüpfen, aber auch mit ebenso wenig Gefahr für uns wie für jene, denn ein Hinabstürzen war kaum denkbar. Wir erreichten endlich den Boden und bald die Stelle, wo das Boot lag. Da nach Frickes Aussage die Flut erst gegen neun Uhr des Abends so gestiegen sein konnte, dass an ein Flottwerden zu denken war, blieb das Fahrzeug an der Stelle, wo es gegenwärtig lag, man schnitt deshalb Hebel und wälzte es allmählich seewärts. Wir hatten das Segel aus dem Boote genommen, und um gegen die Sonnenhitze einigermaßen Schutz zu haben, uns von demselben eine Art Zelt konstruiert. Die Gewehre aber hatten wir dafür ins Boot gelegt, um freier zu sein, im Falle wir etwa später noch eine Strecke durch das Wasser waten mussten. Zudem hatten wir kaum noch Schießbedarf, da die Schnepfen uns des Morgens viel Pulver und Blei gekostet hatten.

Schon einige Tage vorher hatte uns Fricke erzählt, dass eine Puma ihm Besuch abgestattet habe. Sie war durch eine Lücke in den unteren Raum des Hauses gestiegen und hatte dort befindliche Fleischvorräte geraubt. Fricke hatte Abrede mit seinen beiden indianischen Knechten genommen, was im Wiederholungsfalle zu tun sei, obgleich er nicht glaubte, dass das Raubtier so bald wiederkehren würde; allein schon des andern Tages hörte er während der Nacht verdächtiges Geräusch. Das Gemach, in welches die Puma eingestiegen war, hatte nur ein einziges Fenster. An dieses, so hatte man verabredet, sollten mit einer in Bereitschaft stehenden verdeckten Laterne sich die beiden Knechte schleichen, und in demselben Augenblicke, in welchem Fricke die Tür aufstoßen würde, die Laterne von außen auf das Fenster setzen. Die Puma, glaubte man, würde nicht wagen, durch das beleuchtete Fenster zu springen und Fricke würde jedenfalls einige Augenblicke Zeit haben, dieselbe mit seinem Doppelgewehre zu töten.

Auf jenes Geräusch hin weckte nun Fricke seine vor seinem Zimmer schlafenden Knechte, man verfügte sich an seinem Posten und alles wurde in bester Form ausgeführt, bis auf das Erlegen der Puma, welche im selben Augenblick, in welchem Fricke die Türe öffnete, ohne auf die Laterne Rücksicht zu nehmen, von dem Tische, auf welchem sie Platz genommen, mit einem gewaltigen Satze durchs Fenster sprang, Laterne und Knechte über den Haufen warf und im Dunkeln verschwand.

Des folgenden Tages oder vielmehr in der folgenden Nacht stahl das Tier ein Kalb unweit Corral. Unter unserem improvisierten Zelte liegend besprach ich eben mit Fricke das Abenteuer, welches er bestanden, als wir ein großes gelbes Tier über den vom Wasser verlassenen Grund der Bai laufen sehen, indem dasselbe den Weg von der östlichen nach der westlichen Seite zu einschlug und also auf uns zukam. Es blieb stehen, und wir erkannten alsbald, dass es ein Puma, ohne Zweifel Frickes alte Bekanntschaft war. Als sie uns erblickte, wendete sie sich etwas gegen rechts, sodass sie etwa zweihundert Schritte von uns entfernt den Wald erreicht hätte, war sie einmal am Ufer. Was hätte ich in diesem Augenblick darum gegeben, hätte ich mein Gewehr und ein paar Kugelpatronen gehabt. Aber es war nicht möglich, das Land zu erreichen und wieder zurückzukommen, auch abgesehen davon, dass man stellenweise bis an die Hälfte des Schenkels hätte im Moraste waten müssen und dass es selbst mit Munition schlecht aussah. Da ich aber doch wenigstens die Puma sehen wollte, und wusste, dass dieselbe bei Tage kaum einen erwachsenen Menschen anfallen werde, so lief ich ihr den Weg ab, indem ich mich in der Eile mit einem kurzen Prügel bewaffnete, welcher am Boden lag. Ich war dem Tiere bis auf etwa dreißig Schritte nahe, als es das Ufer erreicht hatte, stehen blieb und mich in Augenschein nahm, während ich von meiner Seite aus dasselbe tat. Man kann in jeder Naturgeschichte die Beschreibung einer Puma lesen, ich sage daher bloß, das dieselbe die Größe eines starken Fleischerhundes hatte, aber abgesehen von dem runden katzenartigen Kopfe, mehr den Eindruck eines Wolfes als eines Tigers machte, obgleich sie zierlichere Formen hatte. Die Farbe war hellgelb, vollkommen löwenähnlich.

Nachdem ich diese Beobachtungen angestellt hatte, frug ich mich, was es jetzt werden sollte. Das Tier rührte sich nicht von der Stelle, fing aber auf eigentümliche mir etwas bedenkliche Weise mit dem Schweife zu wedeln an. Eins von uns beiden musste nun davonlaufen, die Puma oder ich, das war mir klar; denn da ich nicht einmal meinen Dolch hatte, so wäre ein Kampf wohl schlecht für mich ausgefallen. Da aber, lief ich, die Puma mir ohne Zweifel nachgelaufen wäre, so beschloss ich, sie wo möglich zum Fliehen zu bringen.

Ich ging also, mit kleinen Schritten zwar, aber heftigem Geschrei auf das Tier los, indem ich den Arm nach Art der Lassowerfenden schwang, und mich höchst kampflustig gebärdete. Jetzt wendete sich die Puma, schritt langsam und würdevoll dem Gebüsche zu und verschwand in demselben, ohne Zweifel von dort aus meine ferneren Bewegungen beobachtend. Ich aber zog mich ebenfalls zurück, und ging zu den Gefährten, welche sich anfänglich erhoben hatten, als ich auf die Puma zuging, jetzt aber wieder Platz genommen hatten.

Das war mein Abenteuer mit dem chilenischen Löwen, bei welchem ich dem Leser ernstlich verbiete, an ein gewisses anderes Abenteuer mit Löwen zu denken, welches Miguel Cervantes in einem der besten Bücher schildert, welche je geschrieben worden sind.

Hungrig und todmüde, doch aber wohl zufrieden mit der Expedition, kehrten wir spät des Abends an Bord zurück.

Ich habe schon der Indianer erwähnt, und hoffe, dass es dem Leser nicht unangenehm sein wird, etwas über diesen höchst merkwürdigen Volksstamm zu erfahren, welcher ungleich seinen Stammverwandten sich jahrhundertelang unverändert in nächster Nähe der weißen Männer erhalten hat und welchen man nicht kultivieren und ausrotten konnte, wie es fast allenthalben geschehen ist, mögen nun die fremden Eindringlinge von Europa Grundsätze zur Schau getragen haben, welche sie wollten.

Ich spreche hier nicht von den Cuncos-Indianern. Diese Letzteren haben sich infolge von Streitigkeiten mit anderen Stämmen zu Ende des vorigen Jahrhunderts von ihren Landsleuten getrennt und leben zerstreut allenthalben in Valdivia unter den Chilenen, doch sind sie denselben noch jetzt an Zahl überlegen. Fast alle sind getauft. Aber ihre Zahl scheint abzunehmen, je mehr sie europäische Sitte sich aneignen, ist auch ihr Äußeres dem der unbezwungenen Indianer sehr ähnlich.

Die unbezwungenen, freien Indianer aber, die Araukaner, leben unter ganz anderen Verhältnissen.

Sie bewohnen den Landstrich zwischen Conception und Valdivia, der sich unter 38° und 39° südlicher Breite quer durch das chilenische Land von der Andenkette herab bis ans Meer zieht.

Von der ersten Entdeckung ihres Gebiets durch die Spanier, bis auf den heutigen Tag, hat diese Nation ihre Selbstständigkeit nie verloren und ist auch in den blutigsten Kämpfen stets Sieger geblieben. Sie hat ihr Gebiet mit einer Energie und zugleich mit einer Intelligenz verteidigt, von welcher sich bei keinem anderen Indianervolke ein Beispiel findet, aber nie hat sie dasselbe zu erweitern gesucht.

Es scheint ein lange festgehaltener Grundsatz der Araukaner zu sein, von fremder Sitte und Kultur nur so viel anzunehmen, als ihnen eben zweckmäßig scheint und als nötig ist, nach und nach ihre Umstände zu verbessern, aber alles entfernt zu halten, was ihre ursprünglichen Gebräuche bedrohen könnte.

Die Geschichte der Missionen in Araukanien gibt hievon den deutlichen Beweis. Es sind hie und da wie es scheint, die Lehren der frommen Väter auf fruchtbaren Boden gefallen, und es ließen sich einzelne Indianer taufen; aber diese Getauften wurden von ihren Nachbarn nicht etwa gehasst oder verfolgt, sondern es wurde die sogenannte Bekehrung als etwas vollkommen Gleichgültiges betrachtet.

Es will behauptet werden, als habe sich der einmal Getaufte noch öfter taufen lassen, kam gerade ein anderer Priester in die Nähe. Man müsse den Europäern ihre Freude nicht verderben, sollen dann solche perfide neue Christen gesagt haben. Ebenso soll vorgekommen sein, dass ein Indianer sich bei verschiedenen Geistlichen verschiedene Frauen antrauen ließ, doch *relata refero.*

Indessen ist es gewiss, dass solange auch Missionen bei den Indianern bestehen, sie dieselben bloß begünstigten, um von den Missionaren technische Vorteile zu erlernen, und wenn sich auch einige Häuptlinge taufen ließen, so geschah dies ohne Zweifel bloß, um von der chilenischen Regierung einen gewissen Sold zu beziehen. Es hat nämlich die Letztere verschiedene solcher getauften Häuptlinge mit dem Generalstitel betraut, und man gibt ihnen einen gewissen jährlichen Sold. Bräche nun Krieg mit den Indianern aus, so würde dieser araukanisch-chilenische General mit seinen Leuten nicht gegen Chile fechten können, ohne seine Besoldung zu verlieren, und so hat Chile an jedem getauften General einen Feind weniger, wenn auch nicht eben einen Freund mehr.

Vor einiger Zeit verlangten die Araukaner die Herstellung einer Mission, welche, verwüstet in der Revolution, durch das Erdbeben im Jahre 1835 vollends zerstört wurde. Die anfangs uneinigen Stämme einigten sich durch das Los, welches für die Mission entschied, und es wurde jetzt alsbald einstimmig beschlossen, dass das Kloster gebaut werden solle, aber ebenso mit Bestimmtheit ausgesprochen, dass nicht ein Einziger chilenische Arbeiter bei dem Bau beschäftigt werden sollte.

Der für die Mission bestimmte Priester, ein Italiener, wenn ich nicht irre, sagte: »Aber Kinder, ihr könnt nicht bauen.« Die Araukaner aber antworteten »Vater, du wirst es uns lehren«. Ein einziger

Mann zur Verfertigung der Backsteine und Ziegel wurde dem Missionar zugestanden, das Kloster wurde erbaut, die Araukaner nahmen Arbeitslohn ein, denn sie ließen sich ihre Dienste bezahlen und obendrein lernten sie das Backstein- und Ziegelmachen.

Was die eigentliche Religion und den Kultus bei den Araukanern betrifft, so mag dieses Volk vielleicht einzig dastehen. Aus den kurzen Umrissen über ihre staatliche Einrichtung und ihre Sitten und Gebräuche, die noch folgen werden, sieht man, dass sie durchaus auf keiner niedern Stufe der Kultur stehen, aber sie haben nichts, was einem Kultus gleichsieht!

Von frühester Zeit an bis jetzt glauben die Araukaner an das Bestehen höherer Wesen und an eine Unsterblichkeit der Seele, und wie die Missionare behaupten, hat sich bis auf den heutigen Tag dieser Glaube unverändert erhalten. Sie nennen den guten Geist Pillan, den bösen Cuecuban, und das Gute und Böse, was sich ereignet, schreiben sie diesen beiden Mächten zu. Pillan hilft ihnen die Feinde schlagen und begünstigt die Ernte, Cuecuban schickt dann und wann übermäßigen Regen, regiert die bösen unfolgsamen Weiber und lässt die Erde erzittern. Aber der einzige Dienst, oder die Verehrung, welche diesen beiden Geistern gezollt wird, besteht darin, dass bei öffentlichen Feierlichkeiten die ersten Tropfen des Getränkes auf die Erde geschüttet werden und ebenso die ersten Tropfen Bluts der Tiere, welche bei diesen Gelegenheiten geschlachtet werden. Höchstens sucht man noch bei Unglücksfällen durch Anrufung den Zorn des bösen Geistes zu versöhnen. Aber sie haben keine Vermittler zwischen diesen Geistern und sich, keine Priester und ebenso keine Tempel, keine Götzenbilder, keine heiligen Haine, und auch die Häuptlinge verwalten auf keinerlei Weise das Priesteramt.

Durchschnittlich ist die Gesichtsfarbe der Araukaner braun, aber nicht rotbraun wie die der amerikanischen Indianer. Das Gesicht ist länglich, die großen Augen sind schwarz, ausdrucksvoll, und die Brauen gewölbt. Der Mund ist gut geformt, mit Ausnahme der Unterlippe, welche bisweilen etwas hervorsteht. Die Nase ist oft gebogen und die Naslöcher sind nicht so weit geöffnet, wie bei vielen anderen Stämmen. Das tiefschwarze Haupthaar ist straff, nie gerollt. Ihre Größe ist die mittlere, indessen eher noch darunter als darüber. Nahrung und selbst Kochkunst ist bei den Araukanern ähnlich wie bei den Chilenen, welche auf dem Lande wohnen, doch wird Pferdefleisch bei allen Stämmen, bei einigen aber kein Ochsenfleisch gegessen. Alle Speisen aber sind scharf gewürzt. Ihr gewöhnliches Getränk ist der Apfelwein.

Die Kleidung der Araukaner besteht aus dem in der ganzen Westküste allgemein eingeführten Poncho, dann kurze Beinkleider und Strümpfe, welche aber am Knöchel abgeschnitten sind, sodass die Sporen oft am bloßen Fuße getragen werden.

Eine spitze Filzmütze ist die Kopfbedeckung der Männer. Die Frauen tragen eine Art Mantel, welcher in der Mitte des Leibes durch einen Gürtel festgehalten wird, und meist durch eine silberne Nadel von ungeheurer Größe auf der linken Schulter in die gewünschten Falten gebracht ist.

Die Verfertigung dieser Zeuge, das Färben derselben, das Schmieden von Eisenwaren, ihren Sporen und so weiter, auch die Fertigung silbernen Schmuckes, wird von den Araukanern selbst betrieben.

Die staatliche Einrichtung der Araukaner ist eine modifizierte aristokratische zu nennen. Sie stehen dorfschaftenweise unter einzelnen Häuptlingen, sodass manche derselben bisweilen über größere Gebiete herrschen, Einzelne aber auch nur über zehn bis zwölf Familien. Bei besonderen Gelegenheiten werden Volksversammlungen abgehalten, bei welchen die mächtigeren Häuptlinge den Ausschlag geben. Man scheint zur Friedenszeit den Befehlen derselben nicht stets genaue Folge zu leisten, zur Kriegszeit indessen und wenn ein feindlicher Überfall droht, sind sie fast immer alle einig, und versammeln sich, durch Feuerzeichen gerufen, schnell auf schon vorher bestimmten Sammelplätzen. Die Häuptlingswürde ist erblich, indessen trifft es sich nicht selten, dass Indianer, welche sich ein bedeutendes Vermögen erworben haben, ebenfalls zu dieser Würde gelangen. Manche dieser Häuptlinge haben fast ganz europäische Gesichtszüge und als vor einigen Jahren einmal Engländer und Franzosen mit den Araukanern Verträge abschließen wollten, ich glaube wegen des von den Indianern ausgeübten

Standrechtes, waren sie sehr verwundert, mehrere jener Anführer ziemlich fertig ihre Landessprache reden zu hören und zugleich eine diplomatische Gewandtheit entwickeln zu sehen, welche ihnen zu schaffen machte.

Fast scheint es, als seien solche Häuptlinge wirklich europäischer Abkunft. Es hatten die Spanier gegen Ende des sechzehnten Jahrhunderts in und um das Gebiet der Araukaner Städte gegründet und Festungen angelegt. Aber plötzlich standen unter dem Oberbefehle des Paillamacha sämtliche Indianer auf, zerstörten sieben Städte und Festungen, töteten die Männer und entführten Weiber und Kinder. Man will die Spuren dieses Menschenraubes noch jetzt bei den Araukanern erkennen.

Wirft nicht Kultur und Luxus, welche man mit der Zeit in das Gebiet jener Natursöhne einschmuggelt, ihre Kraft zu Boden, so werden sie auch lange unbezwungen bleiben, denn die Kräfte der chilenischen Regierung reichen schwerlich aus, sie im offenen Kriege zu unterjochen.

Es ist ihre Art Krieg zu führen allgemein gefürchtet, und vor allem ist es die lange araukanische Lanze, welche so mächtigen Respekt einflößt. Diese Lanze ist an zwanzig Fuß lang und aus dem leichten und biegsamen Stängel der Colique gefertigt. Der gegen den Feind anrennende Indianer erhält das dünne, mit der Spitze versehene Ende derselben in fortwährend vibrierender Bewegung, sodass ein Parieren des Stoßes fast unmöglich ist, während er selbst mit außerordentlicher Sicherheit zu treffen weiß. Häufig wird aber die Lanze auch so geführt, dass der auf den Feind ansprengende Indianer die Lanze im Ricochet wirken lässt, indem er sie mit der vorderen Hälfte auf die Erde schleudert, während er sie hinten festhält und mit der aufschnellenden Spitze den Gegner durchbohrt.

Wenn man dabei bedenkt, dass die Araukaner von frühester Jugend an alle jene Fertigkeiten besitzen, welche wir nur gewohnt sind im Zirkus von Kunstreitern ausführen zu sehen, und dass ihre Pferde sie aufs Trefflichste unterstützen und alle Strapazen mit Leichtigkeit ertragen, so glaubt man wohl, dass sie furchtbare Feinde sind. Während man noch das Land in tiefer Ruhe glaubt, flammen ihre Feuerzeichen, und der anrückende Feind sieht sich plötzlich von allen Seiten umgeben von Indianern, die nackt und mit bemaltem Gesichte, mit aufgelöstem, im Winde flatternden Haare und mit einem tierähnlichen Wutgebrülle auf ihn einstürzen, keine Schonung mehr kennen, und Tod und Wunden nicht achten in der Verteidigung ihres Vaterlandes und ihrer Freiheit.

Aber dieser wütende und wilde Krieger ist nicht mehr zu erkennen, wenn es Friede ist. Stolz zwar und hartnäckig an seiner alten Sitte haltend, ist auch der Araukaner dann gastfrei gegen den Fremden und herzlich, wenn die steifen Förmlichkeiten des ersten Empfangs beendet sind.

Fast will es scheinen, als habe jenes Volk die Notwendigkeit eines gewissen Anstandes und einer kontinuierlichen zeremoniellen Lüge erkannt, die bei uns täglich ausgeübt wird, ohne dass sonder Zweifel die meisten daran denken, welch ein festes Bindemittel für die menschliche Gesellschaft sie ist.

Niemand, selbst der nächste Anverwandte der Familie, darf bei den Araukanern sogleich dicht an das Haus reiten, oder dasselbe etwa gar betreten. Es sind an der Grenze des Hofraums einige Pfähle angebracht, an welchen man hält und ruft, oder den Dolmetscher rufen lässt, welcher überhaupt, wenn der Reisende der Sprache nicht mächtig ist, die ganze fernere Verhandlung führt. Der Reisende gibt hierauf an, was er für Geschäfte hat, woher er kommt, wohin er geht, dann tritt der Hausherr hinzu, reicht ihm die Hand und ersucht ihn auf eine höchst förmliche Weise und fast allein durch Zeichen und ohne ein Wort zu sprechen, vom Pferde zu steigen. Hierauf beginnt ein umständlicher und fast eine halbe Stunde dauernder Austausch von Höflichkeiten. Der Hausherr fragt, wie sich der Gast befindet, ob er gute Reise gehabt hat, er erkundigt sich nach dem Wohlbefinden sämtlicher Anverwandten im entferntesten Gliede, mag er sie kennen oder nicht. Aber die Höflichkeit wird noch weiter ausgedehnt, denn er fragt nach dem guten Stande der Ortschaften, durch welche die Reise geführt, nach Herden, Feldern, kurz nach allem, was der Reisende nur entfernt berührt oder gesehen haben kann. Nun beginnt der Fremde alle diese Fragen im gleichen Sinne zu beantworten, und gibt ähnliche Fragen zurück. In der weitläufigsten Form erkundigt er sich nach allen Genossen des Hauses, deren Anverwandten, Nachbarn und Nachbarsnachbarn, nach dem Stande der Ernte, der Herden und so weiter. Beide Vorträge sind mit fortwährenden Wünschen begleitet, dass alles im besten Stande sein möge, und werden in einem eigentümlichen näselnden Tone vorgebracht.

Sind die Zeremonien beendet, so nähert sich der Hausherr dem Fremden und umarmt ihn, indem er sein Haupt abwechselnd über die rechte und linke Schulter des Gastes legt. Hierauf beginnt das Mahl, zu dem schon während der Begrüßungen alle Vorbereitungen getroffen worden sind, und bei welchem es, selbst nach europäischen Begriffen, höchst anständig zugeht.

Die Zeremonien der Brautwerbung und der Verehelichung scheinen etwas einfacher. Man kauft sich ein Weib vom Vater oder Bruder, und hat man im Verlaufe des ehelichen Lebens das Unglück, die treue Gefährtin zu verlieren, so muss man – ist es erwiesen, dass man dieselbe totgeschlagen hat – die Begräbniskosten, bisweilen selbst noch eine nachträgliche Entschädigung zahlen. Die besten Aufschlüsse über das araukanische Weib geben Notizen, welche ich von Domeyko erhalten habe und welche ich hier mitteilen will.

Das araunkanische Weib ist klein, hat ein rundes Gesicht und eine niedrige Stirn. Sein Auge hat einen gewissen Ausdruck, welcher Sanftheit und Schüchternheit bezeichnet, und der leise, weiche Ausdruck der Stimme scheint Unglück und Sklaverei auszudrücken. Ihre Sprache scheint ein halber Gesang zu sein, und sie verlängern jede letzte Silbe mit einem seufzenden und sehr hohen, feinen Tone. Der Gang der araukanischen Frauen ist leise und schleichend, und ihre, bereits oben beschriebene Kleidung höchst einfach. Sie flechten das Haar in Zöpfe, welche sie mit Glasperlen schmücken und hierauf turbanartig um den Kopf winden.

Tut man einen Blick in die Haushaltung eines Indianers, so überzeugt man sich sogleich, dass die Weiber nur die Sklavinnen der Männer sind, der Mann hat dieselben entweder erzogen (das heißt vor der Verheiratung, und als Kind) oder er hat sie von ihrem Vater gekauft. Er führt Krieg, wohnt den Beratungen bei, geht auf die Jagd, oder raucht im Schatten liegend Tabak, aber das Weib muss arbeiten. Arbeit und Liebe ist aber bei vermögenden Araukanern unter mehrere Frauen geteilt, indem sich diese mehrere Weiber kaufen.

Domeyko gibt eine Schilderung von seinem Besuche bei einem Indianer, welche ich hier anführen will, da sie höchst bezeichnend ist.

Ich suchte, sagt er, einmal in einer stürmischen, regnerischen Nacht Schutz gegen das Unwetter in dem Hause eines Häuptlings an der Meeresküste. Der Indianer nahm mich mit offener und herzlicher Gastlichkeit auf, und noch unbekannt zu jener Zeit mit den beim Eintritte in ein Haus gebräuchlichen Zeremonien, suchte ich sobald als möglich zum Feuer zu kommen, und in weniger als einer Viertelstunde saß ich mit meinen Reisegefährten an demselben. Es waren dies zwei Häuptlinge und drei andere Araukaner. Bald hatten wir am Feuer den außen wütenden Sturm vergessen, und das Gespräch belebte sich. Die einen rauchten Zigarren, die anderen trockneten ihre durchnässten Ponchos, während ein hübsches Weib mit großen schwarzen Augen und einem bis auf die Knie reichenden Haare so schnell als möglich das Abendessen bereitete.

Ohne dass jemand ihr geholfen hätte, hatte sie bereits, als wir eintraten, Holz herbeigeschafft und das Feuer entzündet, nun schnitt sie das Fleisch, trug Wasser, schälte Kartoffeln und rüstete die Töpfe, aber niemand half ihr, oder nahm irgendwie Notiz von ihr, während sie geduldig und emsig ihrer Arbeit oblag, ohne ebenfalls irgendjemand anzusehen.

Ich saß, fährt Domeyko fort, an der Seite des unbeweglichen und nachdenklichen Hausherrn und fragte ihn, wie viele Weiber er habe. Er antwortete mir: ein einziges. Auf meine weitere Frage, ob wohl deshalb, weil er Christ sei, erwiderte er: Nein, sondern weil gegenwärtig die Frauen leider bei den Indianern sehr teuer wären. Sehen Sie, sagte der andere Indianer, welcher mir als Dolmetscher diente, sehen Sie, welche Ungerechtigkeit; wir müssen, wenn wir uns verheiraten, dem Vater nicht nur acht oder zehn Prendas für das Auge geben, sondern auch noch demselben Vater acht oder zehn weitere Prendas für die Geschwister oder Verwandte des

Weibes, wenn sie stirbt. Aber doch begraben sie die Tote nicht eher, als bis sie in Verwesung übergeht, und plagen den armen Ehemann, dass er nicht weiß, was er anfangen soll.

Bei diesen Worten schürte der Häuptling die Kohlen mit einem Stäbchen, und sagte: Hm!, acht bis zehn Prendas, und wenn einmal ja einer ein Weib totschlägt, sind Sie mit zwölf und fünfzehn Prendas nicht zufrieden, sodass der Mann auf zeitlebens zugrunde gerichtet ist.

Der erste Indianer aber fuhr fort zu klagen und sagte: Bisweilen können sie es gar nicht beweisen, dass die Frau gerade an einem Hieb oder einer Wunde gestorben ist, welche ihr der Mann beigebracht hat.

Bisweilen, erwiderte der Häuptling, können sie gar nichts beweisen und verdächtigen und schikanieren nur den armen, unschuldigen Indianer.

Stumm, schweigend und unterwürfig bediente uns das arme Weib während dieser Unterredung, und nachdem das Essen beendigt war, streckte sich der Häuptling zuerst auf sein Bett von Colique. Die Gäste folgten und hierauf die anderen Hausgenossen, wobei sich jeder einen Platz suchte, so gut als möglich. Das mächtige Feuer schwand allmählich, bis es nur noch einen unsichern Schein verbreitete und mit einzelnen Streiflichtern die kräftigen und markierten Züge der liegenden Indianer beleuchtete.

Nur die Indianerin mit ihren prächtigen Haaren und ihren schönen, zu Boden geschlagenen Augen allein blieb auf und stützte ihre Rechte auf das Kopfende des Bettes ihres tyrannischen Ehemannes. Sie blieb wach und suchte ihr Lager nicht eher, bis das Feuer erloschen und sie vollständig den Blicken der Fremden entzogen war.

Ebenso barbarsich wie sich das Verhältnis der Araukaindianer gegen ihre Frauen gestaltet hat, sind ihre Sitten und Gebräuche bei Beerdigungen. Stirbt zum Beispiel ein alter Häuptling in Mitte seiner Anverwandten und Kinder, so wird, je nachdem er Küstenbewohner war oder mehr im Innern lebte, der Leichnam in ein Kanu oder eine Mulde gelegt und in Mitte des Hauses unweit des Feuerherdes an einen Balken aufgehängt. Man hat dem toten sein bestes Kleid angezogen und überlässt ihn ruhig seinem Schicksale, während man sich einzig mit den Vorbereitungen zum feierlichen Begräbnis beschäftigt. Vor allem wird eine unendliche Menge Chicha bereitet, berechnet auf ein drei- bis viertätiges Zechgelage. Dann schafft man Mais und Weizen herbei, um eine Anzahl von zwei- bis dreihundert Nachbarn zu bewirten.

Alle diese Gegenstände werden neben dem Toten in der Hütte aufgehangen und später mit demselben zur Begräbnisstätte getragen, aber es vergehen oft zwei bis drei Monate, bis alle diese Vorbereitungen beendet sind. Der Leichnam ist mittlerweile in Fäulnis übergegangen und verpestet die Luft auf solche Art, dass man nicht selten in einer Entfernung von tausend Schritten das Haus bezeichnen kann, in welchem sich die Leiche befindet.

Endlich erscheint der Tag der Beerdigung, und mit ihm kommen mehrere Hundert der geladenen Gäste, alle zu Pferde und mit ziemlichem Lärm. Die Leichenfeier beginnt mit einem großartigen Zechgelage und einer reichlichen Mahlzeit, welche oft mehrere Tage und Nächte hindurch dauern, und noch fortwährend kommen Nachzügler, wild einhersprengend, und wie zum Kriege gerüstet mit wildem, flatterndem Haare und bewaffnet.

Wird endlich die Leiche in das mittlerweile bereitete Grab gelegt, so finden verschiedene Zeremonien statt, welche bewirken sollen, dass der Geist des Verstorbenen nicht in sein Haus zurückkehrt, und man gibt ihm deshalb eine Menge Dinge mit, welche er im Leben gern hatte. So zum Beispiel seine Lanze und übrigen Waffen, seinen Sattel, Zaum und Sporen, sein Ballspiel und andere Kleinigkeiten. Aber man versäumt auch nicht, ihm Speise und Saatkorn mitzugeben und die Leiche reichlich mit Getränke zu übergießen.

Nun bedeckt man dieselbe mit Steinen und die Beerdigung ist beendet.

Die Rückfahrt von Valdivia nach Valparaiso dauerte zwei und einen halben Tag, und wir hatten fast immer die Küste in Sicht. Ich wüsste nichts Besonderes zu berichten, was ich dort erlebt hätte.

Kapitel 7

NACH BOLIVIEN

Auch mein Aufenthalt in Valparaiso bot wenig mehr, was halbweg interessant genannt werden dürfte. Es war die weitere Richtung der Reise bestimmt worden, ich wollte mit dem »Dockenhuden« nach Tocopilla gehen, dann nach Peru, von dort aus aber um Kap Horn nach Hause. Ich ordnete und verpackte die gesammelten Naturalien, unternahm Streifzüge in die benachbarte Gegend, so zum Beispiel nach Quillota, etwa vierundzwanzig Stunden von Valparaiso, und in andere kleinere Orte, welche wohl imstande waren, mir den Charakter des chilenischen Lebens klarer zu entfalten, schärfer einzuprägen, aber kaum verdienen, dem Leser vorgeführt zu werden.

Doch will ich einer Persönlichkeit erwähnen, welche zu jener Zeit in Valparaiso auftauchte. Es war dies ein Dr. B., ein französischer Schweizer, welcher sich längere Zeit in Nordamerika aufgehalten hatte, und von dort kommend nach Kalifornien zu gehen beabsichtigt. Er gab auf der Durchreise in Valparaiso Gastrollen auf dem Felde des tierischen Magnetismus, und war ein würdiger Vorläufer des edlen Tischrückens, obgleich erst fast drei Jahre später halb Europa sich durch diese nordamerikanischen Schnurren berücken ließ. B. rückte nun zwar keine Tische, aber dafür zog er mit den ausgestreckten Fingern seiner Hand Menschen an sich, ließ dieselben »durch seinen überwiegenden Magnetismus« nach Belieben sprechen, fechten, boxen, tanzen, kurz die verrücktesten Dinge treiben und dies alles vor einem Publikum von fünf- bis sechshundert Menschen, von welchen jeder, ein Hauptpunkt, einen Peso Entrée zahlen musste. Seine Mitspieler, etwa sechs oder sieben an der Zahl, waren meist ebenfalls Nordamerikaner, oder doch wenigstens Leute, die sich längere Zeit dort aufgehalten hatten. Die ganze Erscheinung hatte indessen etwas Harmloses an sich, und ich glaube nicht, dass von allen Zuschauern nur zehn halbwegs an die Wahrheit der Komödie geglaubt haben. Man besuchte eben die sogenannte Vorlesung des Doktors, wie man einen Taschenspieler besucht, oder einer anderen unschuldigen Abendunterhaltung beiwohnt! Man lachte und scherzte. Dies scheint der Geist zu sein, welcher überhaupt in der Neuen Welt herrscht. In Europa hingegen und namentlich in Deutschland belacht man anfänglich wohl auch ähnliche Possen und hilft zum Scherze andere zu täuschen. Bald aber kommt der deutsche Ernst ins Spiel, man fängt an, selbst gläubig zu werden und blamiert sich nicht selten auf das Gründlichste.

Nun ich scheide von Chile, das mir wert geworden in der kurzen Dauer eines etwa siebenmonatigen Aufenthaltes, nehme ich auch Abschied von den dort wohnenden deutschen Landsleuten, und wiederhole, dass ich die herzliche Aufnahme, die ich bei ihnen gefunden, dankbar und freudig bewahre, und dass sie mir eine der schönsten Erinnerungen geblieben ist an meine Reise.

Am 24. Januar verließen wir den Hafen von Valparaiso. Da ich, wie man weiß, auf dem »Dockenhuden« bereits heimisch, war meine Einrichtung bald getroffen. Doch wurde mit Vorsicht verstaut, und eine Menge Gegenstände mussten zur Hand bleiben, da noch mehrere Häfen zu besuchen waren, und namentlich in der Algodonbai gesammelt werden sollte.

Ich hatte eine ganz nette Koje für mich allein, neben der gemeinschaftlichen Kajüte und der des Kapitäns gegenüber. In einem Vorraum, durch welchen man in die Kajüte gelangte, schliefen die beiden Steuerleute und ein Kapitän Müller, welcher als Passagier mit uns die Reise machen sollte, da er sein Schiff in Kalifornien verkauft hatte. Während ich noch mit zweckmäßiger Verteilung von hundert Flaschen Ale beschäftigt war, die ich zu meinem Privatgebrauche an Bord gebracht, entstand auf Deck und im Raume ein wahrer Höllenlärm. Fluchen und Gelächter, Zank und Bitte, dazwischen Weibergekreische, alles zusammen halb spanisch, halb deutsch, bildete jenes verworrene Toben, dessen Ursache ich, auf Deck eilend, alsbald erfuhr.

Wir hatten als Passagiere im Zwischendeck etwa dreißig Chilenen, welche als Arbeiter in die Kupferminen der Algodonbai gehen sollten. In den dortigen Werken wird unter den Arbeitern kein

Weib geduldet. Da in der Bai überhaupt keine Pflanzen, also auch keine Blumen und Rosen wachsen, welche in das Leben zu flechten wären, so hat man ohne Zweifel die Anwesenheit der webenden Frauen für überflüssig gehalten. Vielleicht hat man dies auch prosaischerweise deshalb getan, da dort die Kost und das Wasser schmal, weil alles zu Schiffe dorthin gebracht werden muss, oder weil man den Frieden in der kleinen Kolonie zu erhalten trachtete. Kurz – das barbarische Verbot existiert. Aber während sämtliche Weiber und Freundinnen der zukünftigen Bergleute Abschied nehmend dieselben an Bord begleitet hatten, waren zwei Stücke dieser verbotenen Ware im Raume versteckt worden. Einmal auf hoher See hoffte man das Schmuggelgut an das Tageslicht bringen zu dürfen; entdeckt aber, noch ehe das letzte Boot von Bord ging, wurden die Unglücklichen aus den leeren Mehlfässern, in welchen sie sich geborgen, gezogen, und mitleidslos in jenes Boot gebündelt. Beide Opfer treuer Anhänglichkeit an ohne Zweifel mehr als zwei Gegenstände, waren etwas wohlbeleibten Wuchses, und so sahen sie, über und über mit Mehl bestäubt im Boote kniend, zwar bayerischen Dampfnudeln nicht unähnlich, welche eben im Begriffe sind, ihrer letzten Vollendung entgegenzugehen.

Wir hatten guten Wind, und die Küste bald aus den Augen. Delfine fanden sich bald ein, uns streckenweise begleitend, auch sahen wir einen starken Zug Butzköpfe in See, am Bord aber lag das vor Kurzem noch heitere Völkchen der chilenischen Begleiter ächzend und stöhnend, denn alle waren seekrank.

Am 29. näherten wir uns wieder der Küste und behielten sie im Auge bis wir Cobija erreicht hatten.

Wir liefen am 30. Januar gegen Abend im Hafen ein. Derselbe ist, wie fast alle anderen Häfen der Westküste Amerikas, gegen die Nordwinde nur unzulänglich geschützt, bietet indessen gegen andere Winde ziemliche Sicherheit. Die Stadt selbst, der vorzüglichste Stapelplatz Boliviens, ist auf einer jener flachen Küstenpartien erbaut, welche etwa eine englische Meile weit vom eigentlichen Ufer der See, bis an die dann rasch steil ansteigenden Küstenberge reichen. Der Charakter der Stadt ist ein eigentümlicher. Mit wenigen Ausnahmen sind die Häuser einstöckig und von bräunlicher Farbe, weil aus ungebranntem, nicht übertünchten Lehm erbaut, und mit vollkommen flachem Dache. Trotz der ziemlich starken Hitze habe ich dort Häuser oder besser Wohnungen gesehen, welche aus Blech konstruiert waren, das heißt man hatte das Blechfutter alter Kisten, in welchen Waren über See gebracht worden waren, an einzelne in die Erde gerammte Pfähle befestigt, so die Wände, und durch Einschnitte Türen und Fenster zustande gebracht. Es scheint zur Zeit meines Dortseins übrigens ziemlich lebhafte Tätigkeit zu herrschen, und an mehreren Orten wurde gebaut.

Ich glaube nicht, dass die Einwohnerzahl dreitausend überstieg und es ist die Bevölkerung eine ziemlich gemischte. Die eigentlichen eingeborenen Bolivianer schienen mir brauner von Farbe als die Chilenen und Peruaner zu sein. Indessen bewohnen auch Europäer den Platz, und wir wurden von einem Franzosen freundlich aufgenommen, der meine demnächstige Ankunft in den Kupferwerken der Algodonbai im Voraus seinem Bruder, einem dortigen Minenbesitzer, anzeigen ließ.

Mit dem frühsten des andern Tages hatten wir Besuch von den Zollbeamten und es wurde zugleich die Erlaubnis eingeholt, in der Algodonbai vor Anker gehen zu dürfen, denn nur Cobija ist ein Freihaben, und dort allein können alle Handelsschiffe fremder Nationen ohne besondere Erlaubnis einlaufen.

Nach Entfernung der Zollbediensteten besuchten uns mehrere Boote mit Neugierigen, welche Seltenheiten zu sehen und zu kaufen wünschten.

So hatte eine kleine kugelrunde, ziemlich braun tingierte Señorita, wie es schien, ihr spezielles Vertrauen zu mir, indem sie mich unaufhörlich frug, ob ich keine nienterias, kleine Putzgegenstände und derlei, zu verkaufen habe. Ich hatte, weiß Gott warum, von Europa aus einen Frack mit auf die Reise genommen, ein ehrwürdiges Kleidungsstück, gebaut vor sicher fünfzehn Jahren, und später durch verschiedene Künstler retuschiert, das heißt dem jeweiligen Bedürfnisse und den Anforderungen der Mode angepasst. Einige Versuche in Valparaiso in diesem Kleide als elegant zu glänzen, waren, ich konnte mir es nicht verhehlen, gänzlich verunglückt, und so beschloss ich, rasch mit jener Dame einen Handel abzuschließen, und brachte den zweiten Repräsentanten europäischer Kultur auf Deck, nachdem ich vorher versichert, das Feinste und Neueste holen zu wollen, was die Señoritas in Frankreich trügen.

Eine Jacke!, sagte die Dame, eine Robe, gab ich zur Antwort, die Jacken, die Fracks haben breite Schöße, aber die Roben, wie dieser hier, schmale, zierliche, lange, das ist der Unterschied. Und ich brachte sie dazu, ihn anzuprobieren, indem ich zutunlich die Camarera machte.

Aber ich sollte nicht das Glück haben, die Señorita im schwarzen Frack ans Land zu schicken. Wie eine im Netze gefangene Löwin blieb sie stecken in den Ärmeln desselben und konnte nur mit Not wieder befreit werden. Das Kleid war zu enge für die Wohlbeleibte, und so schieden wir, gegenseitig bedauernd, ohne einen Handel abgeschlossen zu haben, aber im besten Einvernehmen.

Ich ging, nachdem uns die Señorita verlassen, ebenfalls ans Land und machte mit Kapitän Müller einen ziemlich anstrengenden Spaziergang auf die Berge und die Küste entlang. Es wurden von den schwarzen, kegelförmigen Gebilden, welche teils in See, teils am Fuße des Gebirges auftreten, schöne Exemplare geschlagen, Grünsteinformen, meistens aus Apharit und Diorit bestehend, mit wohl unterscheidbaren Gemengteilen. In den Aphariten fand ich ausgeschiedene Pyroxen-Partien und diese umlagern bisweilen strahlenförmig Granate, sodass Letzte gleichsam die Kerne der Pyroxen-Massen bilden. Auch zeolithische Partien treten auf und geben dem Gesteine alsdann ein mandelsteinartiges Ansehen.

Es finden sich auch ganz feinkörnige Grünsteinformen ohne alle Einsprengung und dicht neben den vorher genannten in ein und demselben Felsblocke. Ähnliche Erscheinungen aber treten in analogen Gebilden allenthalben und auch bei uns auf. Als eigentümlich aber für jene Gegend mag schon hier das Auftreten von Kupferchlorur bezeichnet werden.

Schon hier in Cobija fällt selten oder nie Regen. Man sagte mir, dass etwa alle zwei oder drei Jahre einmal ein leichter nebelartiger Regen beobachtet werde. Gegen Abend ziehen sich indessen täglich nebelartige Schichten um die Spitzen des Küstengebirgs, welche dann jene Gipfel befeuchten. Natürlich ist es, dass der Wassermangel, der weiter gegen Norden an der Küste noch fühlbarer auftritt, auch hier bereits empfunden wird. Soviel ich erfahren konnte, sind bloß zwei Quellen in und um Cobija und die eine derselben soll noch dazu etwas kupferhaltig sein. Die Flora so wie die Fauna sind infolge dieser Verhältnisse auf ein Minimum reduziert.

Die Schroffheit des Gebirges, der Mangel des Wassers, der Tiere und der Pflanzen, selbst der Boden, auf dem man steht, und der aus spitzen Steinen, Sand und Geröllen besteht, lässt schon die Nähe der Steinwüste von Adalkama ahnen, welche in der Tat auch bereits oben auf den Bergen beginnt, indem sie sich fast drei Breitengrade gegen Süden und einen gegen Norden erstreckt.

Eine ganz natürliche Doppelfrage ist die, warum Menschen überhaupt sich in jenem unfruchtbaren Landstriche angesiedelt haben, und von was sie leben. Aber ich habe schon gesagt, dass Cobija der Hauptstapelplatz für die Waren ist, welche zur See nach Bolivien gebracht werden, und so hat Gewinnsucht dort Fremde und Eingeborene vereinigt, welche ihren Erwerb dadurch finden, die dort angelandeten Waren über die Wüste nach Potosi zu schaffen.

Leibesnahrung so wie überhaupt alles, was zum Leben nötig ist, selbst das Futter für die Tiere, Maultiere und Pferde, wird zu Schiff dorthin gebracht. Die immer mehr in Schwung kommende Dampfschifffahrt an der Westküste, durch welche leicht und rasch frische Nahrungsmittel transportiert werden, wird ohne Zweifel vorteilhaft auf den Handel von Cobija einwirken, und schon jetzt wird ein großer Teil der Viktualien durch Dampfer in den Hafen gebracht. Aber immer noch scheinen enorme Preise zu herrschen. Ich will nur ein Beispiel anführen. In Valparaiso verkauft man 18 bis 20 Wassermelonen für einen Taler, ich aber sah in Cobija 68 Stück dieser Melonen für 114, sage einhundertundvierzehn Taler verkaufen. Ob für alles analoge Preise gelten, kann ich indessen nicht angeben. Aber das Einzige, was in der Bai und deren Umgebung selbst gewonnen wird, sind Fische, und ich glaube, dass die dortigen Fischer noch die Repräsentanten der Ureinwohnerschaft bilden. Es ist die männliche Tracht derselben der bolivianischen und chilenischen sehr ähnlich. Die Frauen aber tragen ein bis an den Hals reichendes und dort zugebundenes Hemd und einen einzigen Rock, dann noch bisweilen ein Tuch über dem Kopf.

Dies lässt die hübschen Gestalten ganz artig, und es ist unnötig zu sagen, wie Faltenwurf und Formen, zierlich und klar, hervortreten.

Wir gingen am zweiten Februar wieder in See und steuerten nordwärts, um in die Algodonbai zu gelangen. Auch hier hielten wir uns stets in Nähe der Küste, sodass ich Profile und Ansichten zeichnen konnte, da manches Geognostische mir jetzt leicht verständlich war, weil in Cobija die verwandten und gleichen Formen näher ermittelt worden waren.

In etwa vier Stunden hatten wir die Algodonbai erreicht, warfen sogleich die Anker, und gingen nach kurzer Zeit ans Land.

Kaum mag es eine angenehmere Art zu reisen geben als eine Küstenfahrt auf dem Meere. Für den Naturforscher zwar hinterlässt der kurze Aufenthalt teilweise das Gefühl des Unbefriedigtseins, entschädigend aber tritt hiefür auf die Menge des Neuen, was auf der andern Seite sich bietet. So wurde hier auf der Fahrt längs der bolivianischen Küste das geognostische Bild von Cobija teilweise ergänzt, vervollständigt aber durch den Besuch der Algodonbai. Ein von einer riesigen Walze abgerolltes Bild der Küste, erklärende Haltepunkte: Cobija, die Algodonbai!

Es mag eine landschaftliche Schilderung wohl zuerst am Orte sein, und hier, wo Berge und Felsen das Vorherrschende, ja fast Einzige, darf auch wohl von ihnen zuerst gesprochen werden.

Der landschaftliche Charakter der Algodonbai ist durchschnittlich jener der Küste überhaupt, die schon mehrfach geschildert wurde. Aber er tritt großartiger hervor, wenn man sich am Lande befindet. Dort erscheint das Gebirge höher und steiler, und die schwarzen, mehrfach erwähnten vulkanischen Kegel bilden malerische Felsgruppen am Ufer, und wild pittoreske, oft weit in die See ragende Klippen. Man landet in der Bai bei Tocopilla, einem in chilenischem Geschmacke erbauten, meist aus Holz gefügten Gebäude, welches ein Nordamerikaner bewohnt, der die Oberaufsicht über einen Teil der Minen hat. Etwa tausend Schritte weiter von hier gegen Süd liegt Bella Vista, von einem Minenbesitzer, Thomas Heloby, einem Engländer, bewohnt. Eine Stunde entfernt von diesen beiden Ansiedelungen hat sich ein Franzose, Maximien Latrille, angebaut und seine Besitzung Minecal de Duendas genannt. Wie Bella Vista und Tocopilla besteht auch sie, natürlich mit Ausnahme der Erzgruben, bloß aus einem Wohnhause und einigen Schuppen, in welchen die Arbeiter, und wohl auch die Maultiere und Pferde schlafen. Tocopilla und Bella Vista liegen ähnlich wie Cobija, auf einer flachen Stelle des Ufers, welche sich vom Wasser bis zu den Bergen etwa hundert Schritte weit erstreckt. Dann hebt sich rasch ansteigend das Gebirge, und an vielen Stellen so steil, dass das Aufklimmen unmöglich. So ist gegen das Land hin die Aussicht scharf abgegrenzt durch die allerorten sich erhebenden Felsenwände, und es scheint hier kaum die Sterilität sich zu einem pittoresken Momente erheben zu können. Nimmt man aber den Standpunkt am Fuße des Gebirges, oder klimmt wohl auch eine kleine Strecke aufwärts, und blickt dann gegen die See hin, so entfaltet sich ein wild-schönes, wenn auch eigentümliches Bild. Schwarze, steile Felsgruppen, gerade in Nähe der Bai besonders mächtig ausgesprochen, und nicht selten mauerartig aufgetürmt, reichen hinaus in die See, die sich schäumend und tobend an ihnen bricht. Mächtige zwanzig ja dreißig Fuß hohe Springfluten steigen aus dem ruhigen Meere auf, man sieht kaum, wie sie sich türmen, wie sie aus fast spiegelglatter Fläche der See entstanden sind. Aber sie wälzen sich mit reißender Schnelle dem Lande zu, brechen sich donnernd an jenen dunklen Gebilden, die auf einen Augenblick überflutet und bedeckt, ja verschwunden erscheinen. In der nächsten Sekunde aber stehen sie glänzend und schwarz wie Ebenholz, ruhig und unverändert da, bis sich jenes riesige Spiel erneut.

Hat man einen Standpunkt gewählt, der längs der Küste einen weiteren Blick erlaubt, so sieht man in der Ferne sich das gleiche Schauspiel wiederholen. Scharf abgegrenzt an dem dort dunkelgrünen Spiegel der See, ragt aus derselben in glänzendem Schwarz eine solche Felsenmasse, plötzlich aber ist sie scheinbar höher geworden und blitzt auf im blendenden Weiß.

So lässt sich beobachten, dass wechselnd die anstürzende Brandung, in Springfluten von etwa vier- bis fünfhundert Schritten Länge und ziemlich regelmäßigen Intervallen, die Küste bestürmt und es muss das gewaltige Meer hier belebend die Staffage bilden für die Steinwüste der Küste, indem auf der anderen Seite seine eigene Größe wieder gehoben wird durch jene selbst.

Es gewährt einen eigenen Reiz, des Nachts beim Mondlicht dieses Panorama zu beschauen und namentlich zur Zeit, wo der Mond noch nicht über das Küstengebirge emporgestiegen ist, und man sich mithin noch selbst in tiefem Schatten befindet, während auf der unendlichen Fläche der See teils schon die volle Klarheit des Mondlichts herrscht, oder in den Höhen und am Ufer noch zweifelhafte Streiflichter mit den Nebelschichten kämpfen. Wandert man weiter der Küste entlang, so tritt allenthalben derselbe Typus auf. Mächtig und steil ansteigend das Gebirge, und an den ins Meer ragenden Felsen tobende Brandung. Bisweilen aber muss man, um weiter zu gelangen, über diese seebespülten Felsen klettern, da dort das Hauptgebirge so weit vorgeschoben ist, dass es fast in die See abfällt. An andern Orten sind wieder weitere Strecken zu finden und solche sind dann meist mit Muschelgrus bedeckt und häufig werden die Knochen von Robben, Walen und Delfinen dort gefunden.

Seevögel beleben an manchen Stellen in etwas die Landschaft, und während Möwen die Felsen umkreisen, schreitet der schwarze Aasgeier *(Cathartes atratus)* bedächtig am Strande oder sitzt auf vereinzelten Vorsprüngen, eine Nahrung erwartend, welche aus ausgeworfenen Seetieren besteht.

Auch einige Arten Landvögel habe ich getroffen, doch nur wenige und ich glaube nicht, dass eine Art in der Bai oder deren Umgebung zu jener Zeit lebte, welcher ich mit Ausnahme eines ziemlich scheuen Strandläufers nicht habhaft geworden wäre. Aber auch diese Tiere leben in nächster Nähe des Strandes, und fünfzig Schritte von demselben wird kaum mehr ein lebendes Tier getroffen.

Schluchten durchsetzen allenthalben das Gebirge, teils steil und fast unzugänglich durch Felsstücke, welche von oben in sie hinabgestürzt sind, häufig auch bald wieder gänzlich geschlossen, und wohl nur als mächtige Risse zu betrachten, teils aber auch sich als mehr oder weniger enge Täler fortsetzend ins Innere. Ist man in diese Täler so weit eingedrungen, dass die Fernsicht auf die See oder etwa auf eine der oben erwähnten menschlichen Wohnungen verschwunden ist, so tritt vollständig der Charakter der Wüste auf.

Auch hier, so wie in Cobija, drängt sich wohl die Frage auf, warum sich Menschen angesiedelt in jenen wüsten Regionen der Erde, und wie dort, ist auch in der Algodonbai Industrie und Gewinnsucht die alleinige Ursache.

Die reichen Kupferminen der Bai sind es, welche Menschen aus den verschiedensten Ländern der Erde versammelt haben, dort Arbeit und Vorteil suchend.

Die Lebensverhältnisse der Menschen in der Bai gehen zum Teil bereits aus dem hervor, was über die Lage des Ortes gesagt worden ist. Es müssen eben, so wie nach Cobija, alle Nahrungsmittel zu Schiffe dorthin gebracht werden.

Die Minenbesitzer unterhalten kleine Läden und Vorratshäuser, in welchen die Arbeiter ziemlich billig das Nötige erhalten können. Es ist der durchschnittliche Lohn eines Arbeiters etwa 20 Peso für den Monat, aber ich glaube, es werden auch noch einige Viktualien hiezu verabreicht, doch weiß ich das nicht vollkommen sicher.

Einer der größten Übelstände ist der Wassermangel in der Bai. Eine spärliche Quelle ist unweit dem Werke Minecal de Duendus, welche der französische Besitzer benützt, aber der ganze Reichtum derselben reicht kaum aus für Menschen und Tiere. Der Engländer in Bella Vista lässt täglich seinen Wasserbedarf aus einer kleinen Quelle von Mamilla holen, von welcher ich später noch sprechen werde. Der Besitzer von Tocopilla aber, in der Bai selbst, gewinnt das für seinen Bedarf nötige Wasser durch Destillation von Seewasser, und es werden durch einen höchst einfachen Apparat täglich etwa 500 Gallonen Wasser erzeugt. Die Retorten sind von Eisen und die Vorlage ist ein Fass mit Schlangenrohr. Man hat die vier Retorten mit Backsteinen ummauert und das Ganze dicht am Ufer der See aufgestellt, aus welcher eine Pumpe das Wasser in die Retorten bringt und auch den Kühlapparat speist. Die Pumpe wird zu gewissen Zeiten des Tages durch den Wind in Bewegung gesetzt, zu andern, wo regelmäßig Windstille herrscht, durch eine kleine Dampfmaschine. Es sind vier Arbeiter Tag und Nacht bei dem Apparate beschäftigt und das gewonnene Wasser ist ganz erträglich, wenigstens bedeutend besser als das auf Schiffen in hölzernen Fässern längere Zeit hindurch aufbewahrte. Da die Destillation etwas stürmisch vor sich geht, so wird ohne Zweifel der fade Geschmack des destillierten Wassers, der durch den Mangel an Kohlensäure entsteht, hier etwas verdeckt durch übergerissenes Salz. Unbedingt wird aber durch jene Anstalt das ziemlich verbreiterte Vorurteil widerlegt, als sei destilliertes Seewasser wegen der im Meere enthaltenen organischen Substanz ungenießbar. Denn gerade dort in der Bai wimmelt das Wasser von einer Unzahl kleiner Tiere und Algen. Auf der ganzen Strecke aber zwischen Tocopilla und Cobija wird nicht eine einzige Quelle mehr getroffen und ich muss bei diesem Wassermangel der Küste etwas länger verweilen, denn sicher hat es selbst für den, welcher sich nicht mit geologischen Studien oder mit Meteorologie beschäftigt, Interesse, etwas Näheres zu vernehmen über ein Land, in welchem es nicht geregnet hat sei Menschengedenken, wie jeder dort Lebende und die Sage selbst bezeugt, von welchem ich aber auch nachgewiesen zu haben glaube, dass es nie dort geregnet hat, solange das Land überhaupt besteht, trotzdem, dass mächtige Flussbette durch dasselbe ziehen, und scheinbar Überfluss an Wasser gewesen sein musste.

Einen der ersten Ausflüge unternahm ich zusammen mit Kapitän Müller, der, wie ich, sich als Passagier an Bord des »Dockenhuden« befand, indem wir die nördlich an der Bai gelegenen Wohnungen einiger Fischer aufsuchten.

Der Weg zu ihren Hütten führt längs des Strandes dahin, und der bereits geschilderte Charakter der Bai selbst ist auch hier, in weiterem Verlaufe der Küste, derselbe. Am Ufer der See, und bisweilen ziemlich weit ins Land reichend, besteht der Boden an mehreren Orten fast einzig aus Muschelgrus, während an andern Orten wieder mehr Geschiebe vorherrschen, welche indessen stets mit Fragmenten von Schalentieren gemengt sind. An manchen Stellen findet sich auch magneteisenhaltiger Sand, mit noch wohlerhaltenen kleinen Oktaedern von Magneteisenstein. Die kegelförmigen doleritischen Formen bilden längs des Strandes die einzige Abwechslung, indem sie hier den Boden durchbrechen und in mehrerlei Gruppen aus demselben hervorstehen. Etwa auf dem halben Weg von der Bai aus bis zu jenem Fischerdorfe, mussten wir einen mauerartigen Wall übersteigen, der von diesem Felsen gebildet wird, und welcher von der See bis an das Küstengebirge reicht. Ich fand an jenen Felsen zwei Spezies einer *Salsola*, und *Halana paradoxa*, welche in einigen Exemplaren an den Klüften des Gesteins kümmerten, und die bescheidenen Repräsentanten der ärmlichen Flora, sowohl der Bai als auch der umliegenden Küstengegend waren, mit Ausnahme jenes bereits erwähnten großen Cereus.

Durch einen Zufall fand ich dort zuerst einen hübschen Seestern, *Asteracanthion helianthus*, welcher, wie sich herausstellte, ziemlich häufig an den aus der See ragenden Felsen festsitzt. Ich schoss nämlich mit einer kleinen Kugelbüchse, welche ich meist bei solchen Exkursionen bei mir trug, einen ziemlich hoch über uns streichenden schwarzen Aasgeier. Das Tier kämpfte eine Zeit lang in der Luft, und stürzte dann auf der Seeseite herab, indem es auf eine aus dem Wasser hervorragende Klippe fiel, dort noch einige Augenblicke blieb und dann niederstürzte.

Wer je gejagt hat, weiß, dass es weniger ärgerlich ist, gefehlt zu haben, als ein erlegtes Tier verlieren zu müssen. So watete ich denn ins Wasser, um die Klippe zu erreichen, da Ebbe war und ich das Wasser nicht tief wähnte. Als ich indessen bis an den Gürtel im Wasser stand, fing mich dasselbe zu heben an, und ich sah, dass ich schwimmen musste. Ich ging mithin zurück, entkleidete mich, und begann meinen Weg aufs Neue. Ist die See ruhig und gerade keine starke Brandung, so mag auch ein wenig geübter Schwimmer Ähnliches unternehmen. Ich selbst habe später öfter solche Felsen schwimmend erreicht, bin nie in irgendeine Fährlichkeit geraten, und denke noch mit Vergnügen an jene Bäder zurück, welche das außerordentlich Angenehme haben, dass namentlich anfänglich das Wasser höchst behaglich warm ist.

Als ich den Felsen erreicht hatte, und an demselben emporgeklommen war, fand sich, dass der Geier verschwunden und bereits etliche fünfzig Schritte weiter außen in der See trieb. Er war ohne Zweifel unweit des Randes der Klippe niedergefallen und während des letzten Todeskampfes ins Wasser gestürzt. Ich fühle mich nicht berufen noch weiter seewärts Schwimmübungen anzustellen, untersuchte stattdessen den Felsen näher, und fand jenen Seestern in den Klüften festsitzen. Ich habe später von dieser und von anderen ähnlichen Klippen schöne Exemplare geholt, musste aber für diesmal mich mit der Entdeckung begnügen, da ich die Hände zum Schwimmen brauchte, und nichts weiter bei mir hatte, um die Tiere ans Land zu schaffen.

Als ich mich eben anschickte, landwärts zu schwimmen, sah ich Kapitän Müller auf eine ganz eigentümliche Weise auf den Felsen der Küste umherspringen. Offenbar haschte er nach irgendetwas, denn ich konnte wahrnehmen, dass er bisweilen die Botanisierkapsel öffnete, und dann wieder seine Jagd fortsetzte. Am Ufer angekommen, sah ich Hunderte von Eidechsen, welche mit Blitzesschnelligkeit auf den schwarzen Felsen und Geröllen der Küste umherliefen, und diese waren es, welche der wackere Kapitän verfolgte, um für meine Sammlung einen Beitrag zu liefern. An jenem Tage und später gelang es mir, mehrere lebend zu bekommen und ich habe sie bis nach Kap Horn erhalten, wo sie, trotzdem, dass ich den Behälter, in welchem ich sie verwahrte, mit in meine Koje nahm, dennoch ohne Zweifel der Kälte erlagen.

Es ist eine Schuppeneidechse, welche einen Schuh lang und wohl noch größer getroffen wird. Sie ist grau und braun gefleckt, fünfzehig und hat lange, scharfe Krallen. Ihre Nahrung besteht aus kleinen Muscheln, aus Krabben, welche die See auswirft und aus einer kleinen Fliege, welche ebenfalls am Strande lebt. Sie hascht ihren Raub mit vieler Behändigkeit und raschen Sprüngen, und beißt heftig um sich, wenn man sie fasst, aber es dringt der Biss kaum durch die Haut und ist vollkommen schmerz- und gefahrlos. In der Gefangenschaft fressen sie noch einige Zeit Fliegen, bleiben aber stets wild und ungebärdig. Ich habe später an einigen andern felsigen Partien der Küste ebenfalls einige Exemplare derselben Spezies getroffen, aber nie in so ungeheurer Menge als dort, wo der Boden buchstäblich mit diesen Tieren bedeckt war.

Wir erreichten endlich die Hütten der Fischer, und ich hatte dort zum ersten Mal Gelegenheit die eigentümliche und sicher höchst einfache Bauart jener Leute zu beobachten.

Man rammt vier Pfähle in die Erde, die man entweder von irgendeinem Schiffer erworben, oder aus der See gefischt hat. Quer über diese werden vier andere Stangen gelegt, nicht selten die Stämme jenes mächtigen Cereus; die Wände und das flache Dach aber sind von alten Hadern zusammengesetzt, welche man über diese Stangen hängt und legt. Friedlich hängen hier Reste alter Packtücher, fragmentarische Kattunkleider der Señorita und allerlei, nach unsern Begriffen wenigstens, unentbehrliche und unaussprechliche Kleidungsstücke der Bewohner des Hauses, welche, abgelegt, sogleich ihre architektonische Verwendung finden, statt den Zähnen des Holländers anheimzufallen.

Da es nie regnet und auch nie kalt wird, und man sich nur gegen die Sonne zu schützen hat, so erfüllen diese Wohnungen vollständig ihren praktischen Zweck, obgleich sie in etwas geringerem Grade den Anforderungen künstlerischer Schönheit entsprechen. Ich glaube, dass jene Fischer die ursprünglichen Bewohner der Bai sind, das heißt, dass sie seit der Entdeckung der Westküste durch die Spanier dort wohnen, aber ob sie Reste der indianischen Bevölkerung, oder Abkömmlinge der Spanier sind, oder vielleicht Mischlinge von beiden, konnte ich nicht erfahren und es möchte dies auch schwer zu entwickeln sein. Dass die Bai selbst schon in den früheren Zeiten bewohnt war, vor der Zeit der Spanier, und selbst vor der Zeit der Inka, werde ich übrigens später zeigen, ohne Zweifel aber hat der Fischreichtum derselben, von den frühesten Zeiten an, stets einige Menschen dort festgehalten.

Die spanische Sprache und Kattunkleider, welche die Weiber tragen, sind die einzigen Anzeigen von Kultur, wenigstens von europäischer, welche bei diesen Leuten angetroffen wird. Sie sind Christen, das heißt angeblich getauft, da aber ein Lehrer oder Priester, so viel mir bekannt, nie an jene entlegene Stelle der Küste kommt, so weiß ich nicht, ob Christentum und Architektur dort nicht auf gleicher Stufe stehen.

Der Fischfang wird teils mit Netzen betrieben, meist aber auch auf ziemlich patriarchalische Weise mittelst Harpunen. Man bedient sich hiezu der sogenannten Balzen. Es sind diese eigentümlichen Fahrzeuge entweder aus zwei Stämmen des unendlich leichten Guayaquil-Holzes zusammengesetzt, welche der Länge nach nebeneinander durch einige Querhölzer mittelst Nägeln verbunden sind, oder aus zusammengenähten Häuten von Robben, indem man zwei Schläuche fertigt, welche ebenfalls an einander befestigt werden, und welche man aufbläst. Die auf solche Weise konstruierten Fahrzeuge sind an der Vorderseite etwas schmaler als an der hinteren, und auf diese Weise, vorzüglich aber wegen ihrer Leichtigkeit, gleiten sie leicht auf der Oberfläche des Wassers dahin. Zwei Personen finden zur Not auf ein und derselben Balze Platz, indem sie mit gekreuzten Beinen hintereinander auf einer kleinen Decke sitzen, und während der eine rudert, harpuniert der andere die Fische, welche sich in den fangreichen Stellen der verschiedenen Buchten aufhalten.

Die Hauptnahrung jener Fischer ist eben diese ihre Beute, frisch und an der Sonne getrocknet, indessen bringen sie ihre Fische auch den Minenbesitzern und handeln von diesen Brot und andere unentbehrliche Dinge, Kleidungsstücke und so weiter ein. Wir bestellen jenes Mal einen der Fischer an unser Bord, und schon das andern Tages erschien derselbe, und brachte uns wirklich prachtvolle Fische. Ich habe eine ziemlich genaue Zeichnung der größeren Art derselben entworfen und auch den Schädel derselben mit nach Europa gebracht, hier aber will ich nur erwähnen, dass die einzelnen Exemplare achtzehn bis zwanzig Pfunde wogen, und dass Kapitän Müller und ich in Abwesenheit des Kapitäns, für einige Stücke Schiffsbrot dem Fischer etwa einhundertzwanzig Pfunde seiner Ware abhandelten, da er gebotenes Geld ausschlug. Auf den Felsen, unweit der Wohnung jener Fischer, halten sich häufig Robben auf, und bisweilen gelingt es, dieselben zu erlegen. – Wir sahen eine solche auf den aus der See ragenden Klippen sitzen und ich glaube, dass es *phoca leonina* und *proboscidea* war. Es war ein mächtiges Tier, braun-schwarz und wohl zwanzig Schuhe lang.

Da ich gerne den Schädel eines dieser Tiere besessen hätte, und auf der anderen Seite auch Gelüste trug, eine Fahrt auf einer Balze zu versuchen, ließ ich mich auch vom Fischer auf seinem Fahrzeuge in die See rudern.

Ich mag wohl gestehen, dass jene Fahrt nicht eben besondere Annehmlichkeiten bot. Ich hatte die Schuhe ausgezogen, um im Notfalle besser schwimmen zu können, und kauerte hinter dem Manne, indem ich meine Büchse möglichst vor dem allenthalben spritzenden Wasser zu schützen suchte. Es gewähren die Balzen allerdings den Vorteil, dass man über alle Wellen, und selbst über die höchsten Wogen der Brandung leicht hinwegkommt, und ebenso von dem an der Küste meist häufigen Tange nicht gehindert wird. Bedenklich aber erscheint wohl jedem, der eine solche Fahrt zum ersten Mal mitmacht, die Nähe der See, und die Art, wie man das Gleichgewicht halten muss, um nicht ins Wasser zu fallen. Die Gefahr ist indessen nicht bedeutend, denn geschähe dies auch, so kann man leicht die Balze wieder erreichen, da ein Untergehen derselben unmöglich ist, insoferne die Blasenbalze aus Robbenhaut nicht etwa einen Leck bekäme. Wir ruderten rasch etwa zweihundert Schritte in die See und suchten uns dem Felsen zu nähern, auf welchem die Robbe lag; diese aber stürzte sich weit außer Schussweite mit furchtbarem Gebrüll ins Wasser, und da eben kein weiteres Tier ersichtlich, und ich die Balzenfahrt versucht hatte, bedeutete ich meinem Fährmann umzuwenden. Ich kam ziemlich durchnässt ans Ufer, gab dem Fischer einige Realen und die Hälfte meines Tabaks und versprach ihm für den Kopf einer Robbe einen Peso; indessen erhielt ich keinen, da die Tiere nur im Schlafe zu überfallen und mit Piken zu töten sind. Ich bedauere jetzt, keinen der defekten Schädel mitgenommen zu haben, welche häufig am Strande zerstreut umherlagen, welche mir aber jenes Mal nicht gut genug erschienen. Als wir am Abende am Bord kamen, hungrig und mit einer ziemlichen Anzahl von geognostischen Stufen beladen, welche ich auf dem Heimwege gesammelt, eröffnete uns der Kapitän, dass er auf den andern Tag ein Picknick mit den amerikanischen Minenbesitzern in Mamilla verabredet habe, und lud mich zur Teilnahme ein.

Ich versprach sechs Flaschen Ale beizusteuern und um sechs Uhr des Morgens fertig zu sein und legte mich vergnügt zur Ruhe, indem ich hoffte, eine neue Stadt der Westküste kennenzulernen, da Mamilla fast auf allen Karten als solche verzeichnet zu finden ist.

Wir verließen des andern Tags das Schiff bei guter Tageszeit und fuhren auf dem Boote des amerikanischen Minenbesitzers längs der Küste nach dem nordwärts gelegenen Mamilla. Die beiden Kapitäne, unser Obersteuermann, der Engländer, der Amerikaner und die Frau seines Oberaufsehers, das einzige Weib in den Kupferwerken, waren nebst mir die im Boote befindlichen, während der Oberaufseher und ein Zollbeamter, welcher uns von Cobija aus zur Kontrolle beigegeben war, den Weg zu Pferde machten. Ein kleines Segel und unsere vier rüstigen Ruderer ließen das Boot pfeilschnell über die Wogen gleiten, und indem wir uns immer so dicht als möglich zur Küste hielten, war es mir leicht, mancherlei Beobachtungen anzustellen bezüglich der Form und des Verhaltens des Küstengebirges. Aber ich hatte dort auch Gelegenheit eine psychologische Beobachtung anzustellen, welche ich mitteilen will, so unbedeutend sie auch scheinen mag.

Neben unseren drei Matrosen war der vierte Ruderer ein Franzose, ein früher, wie es hieß, von einem Kriegsschiffe entflohener Matrose, und ein starker, kräftiger, ja schöner Mann, aber ersichtlich verwildert und nach dem Zeugnis seines Brotherrn, des Amerikaners, ein wüster, wilder und unbändiger Geselle. Er schien betrunken, und als noch dazu ihm unsere Matrosen eine schwere Sorte Kautabak gegeben hatten, gab er nach Art der Seekranken sichtliche Zeichen des Übelbefindens von sich und man konnte wohl bemerken, dass ihm jammervoll zumute. Indessen ruderte er unverdrossen fort und mit weit hinauf entblößten Armen. Auf einem dieser Arme aber war, wie es sich häufig bei Seeleuten findet, mit blauer und roter Farbe eine Zeichnung eingeätzt, indessen so deutlich und zugleich so Skandalöses darstellend, dass die arme kleine Señorita, welche uns begleitete und jenem Riesen gerade gegenüber und in nächster Nähe saß, nicht wusste, wo sie die Augen hinwenden sollte.

Da fixierte ich nur mit einem Blicke den Franzosen mit den Augen auf seinen Arm, und dann kaum merklich auf die Frau blickend, und jener rohe Mann, der wohl schon manches Wüste erlebt und vollführt haben mochte, errötete und bedeckte augenblicklich seinen Arm. Er errötete, weil er eine Frau verletzt zu haben glaubte! Und auch ich fühlte, wie mir das Blut ins Gesicht stieg, weil mich jener Zug von nationaler Chevalerie doppelt erfreute an dem wilden Burschen. Als wir ans Land stiegen, grüßte er mich, und sagte unhörbar für die andern: *»Grand merci, Monsieur.«*

Man landet in Mamilla in einer kleinen felsigen Bucht und das Boot muss sich buchstäblich durch die Felsen winden, welche scharfkantig und gefährlich, allenthalben aus der See ragen und am Lande selbst sich fast grottenförmig auftürmen.

Dort ist die Vorstadt von Mamilla, welche aus einer jener bereits beschriebenen und aus alten Lappen zusammengesetzten Hütte besteht, welche indessen malerisch genug an eine Felsenwand angelehnt ist. Wir gingen zwischen den Felsen hindurch und kamen auf einen freien Platz, wo sich das eigentliche Mamilla befindet. Es sind etwa sechs Hütten, ebenfalls den bereits bekannten gleich, welche die Stadt bilden, und ich war einigermaßen überrascht, mich dergestalt getäuscht zu sehen.

Indessen ersetzte die Heiterkeit der Bewohner einigermaßen die Einfachheit der Gebäude. Es war am 10. Februar, Fasching, und ich bemerkte mit Vergnügen, dass nicht allein ernste Torheiten sich ansteckend über den Erdkreis verbreiten, sondern dass auch tolle Lust und gründliche Possenhaftigkeit sich dieses Recht nicht nehmen lässt. Allenthalben Gelächter und Fröhlichkeit, Scherz und Freude. Man tanzte und zechte vor den Hütten, auch zärtliche Gruppen schienen nicht zu fehlen, vor allem aber sind mir zwei Gestalten im Gedächtnis geblieben. Die eine, eine großer starker Neger, welcher sich, abenteuerlich vermummt, Gesicht und Hände mit Mehl bestreut hatte und unaufhörlich die furchtbarsten Sprünge und Verdrehungen vollführte, welche er mit schauderhaftem Gesang begleitete, alles zur Erheiterung des Publikums und zu Erhöhung der Festlichkeit. Die andere war ein sanfteres Bild, eine Señorita von stark bräunlicher Hautfarbe, welche ohne Zweifel den überwiegenden Teil ihrer Kleidungsstücke nach Landessitte zu architektonischen Verzierung der Hütte verwendet hatte, und ziemlich oberflächlich nur mit dem allerunentbehrlichsten bekleidet war. Über ihre Gesichtszüge vermag ich nichts zu berichten, denn sie lag mit dem Antlitz gegen die Erde gekehrt, ein Bild der Ruhe und Beschaulichkeit, vielleicht auch tiefen Kummers, oder einer intensiven Arrak-Narkose!

Wir wendeten uns von jenen Szenen, indem wir bergan stiegen, um in die Schlucht zu gelangen, welche eigentlich den Namen Quebrada mamilla führt, ohne Zweifel von mamila, die nährende Mutterbrust. Denn dort, etwa in halber Höhe des Gebirgs, und 1200 Fuß hoch über dem Spiegel des See entspringt eine kleine Quelle, welche befeuchtend und nährend die Schlucht zu einer Oase umwandelt, und an manchen Stellen derselben eine wahrhaft üppige Vegetation hervorgerufen hat. Die Quelle wird vom Fuß des Berges durch eine improvisierte Wasserleitung bis an die See geführt, und dort lässt täglich, auf vier Stunden Entfernung der englische Minenbesitzer in der Algodonbai seinen Wasserbedarf für Menschen und Tiere holen.

Die Wasserleitung selbst besteht aus alten Blechfragmenten, entnommen aus unbrauchbar gewordenen Kisten, in welchen Waren über die See gebracht worden sind, und welche man mit der Hand in Form von Rinnen gebogen hat. Man hat durch kleine Steine diese Rinnen unterstützt, und ich glaubte anfänglich das Ganze von spielenden Kindern erbaut, denn ein leichter Stoß mit dem Fuße mag leichtlich alles zerstören. Aber der kunstlose Bau steht unter dem Schutze der Bevölkerung, und erfüllt seit Jahren ungestört seinen Zweck.

Weiter oben in der Schlucht breitet sich die Quelle bewässernd aus, dort hat sich Erde gebildet, und man hat kleine Gärten angelegt. Der Baumwollenstrauch stand dort in voller Blüte, ein ziemlich großer Baum, dem Linzenbaum unserer Ziergärten ähnlich in Blatt und Blüte, Granatbaum und andere Kinder der tropischen Flora wucherten, man könnte fast sagen übermütig in der nächsten Nähe ihrer tödlichsten Feindin, der Wüste.

Wir machten unter einem mächtigen Feigenbaume, der mit einer Menge reifer Früchte bedeckt war, halt, und da unsere Reiter ebenfalls angekommen waren, begannen wir zu schmausen.

Es war ein fröhliches Fest, welches wir dort feierten, ein lustiger Kongress der verschiedensten Nationen der alten und neuen Welt, die ein abenteuerlicher Geist über die See geführt, und fröhliche Laune hier versammelt hatte. Deutschland, England und Frankreich, Nordamerika, Peru und Chile waren repräsentiert, und es waren die Speisen fast alle gewählt und bereitet nach dem Geschmacke der Landsmannschaft.

Man erlässt mir wohl den Küchenzettel, aber doch muss ich berichten, dass kürzlich durch einen Dampfer in die Bai gebrachte Früchte aus Peru den Reiz des Mahles erhöhten durch Seltenheit und Wohlgeschmack.

Da war die mächtige Ananas, die große peruanische Traube, die Duna, die Cheremoya, dann die goldene Frucht des Granatbaums, und kaum gedachten wir die Feigen vom Baume zu pflücken, die wir fast mit den Händen erreichen konnten.

Dankbarerweise aber erwähnen wir der Weine aus verschiedenen Ländern, die uns die heiterste Stimmung brachten, und mancher mag wohl dort tief genug seine Lippen getaucht haben in das purpurfarbige Blut der Rebe.

Aber auch unser Festsaal war zu loben und trefflich gewählt. Ringsum die wilden und schroff ansteigenden Felsen der Steinwüste von Atakama, aber wir auf duftendem Grase, unter den Zweigen des riesigen Feigenbaumes und dem schönsten Himmel der Erde. Vor uns aber, wo die Schlucht sich öffnet, das unendliche Meer, groß, still und ruhig, ja einsam wie die Wüste hinter uns, denn es vergehen öfters Wochen, bis ein Schiff die Bai besucht, und kein Segel war auf der weiten Fläche zu sehen. Ich habe dort einen Toast ausgebracht auf die alte deutsche Muttererde, den die ganze Welt erfahren darf, und einen andern auf die lieben, teuern Herzen in der Heimat, der niemand in der Welt interessiert als jene und mich, dann warf ich mein Glas in die Felsen, nahm meine Büchse und stieg in die Berge, da sich die Gesellschaft zur Siesta anschickte, ich aber zu träumen fürchtete von meinen Toasten.

Der Ursprung der Quelle war nicht genau zu ermitteln, indem der Teil der Schlucht, aus welcher die Quelle kam, so steil und unzugänglich war, dass ich längere Zeit bedurft hätte, als mir zu Gebote stand, um bis zur Quelle zu gelangen. Ich wandte mich daher nach einer andern Seite, und stieg zwischen und über doleritische Gesteine und Grünsteinformen eine ziemliche Strecke aufwärts.

Schon an der Quelle und in der mit Pflanzwuchs bekleideten Schlucht fand sich häufig die Losung der Guanacos, welche ohne Zweifel von den Bergen herabgestiegen dort ihren Durst löschten, weiter gegen oben aber lag der ausgetrocknete Kot dieser Tiere so häufig, dass bisweilen auf Stellen von einigen Ackern Landes der Boden buchstäblich damit bedeckt war. Dies ließe auf eine ungeheure Anzahl dieser Tiere schließen, wenn nicht der Umstand zu beachten wäre, dass in jenen Gegenden nichts fault, sich nichts in der Art zersetzt, wie es bei uns der Fall ist, sondern dass alles einem langsamen Austrocknungsprozesse, einer wenig stürmischen Verwesung unterliegt, und dass zugleich keine Insekten vorhanden sind, welche diese und ähnliche organische Reste verzehren. So ist ohne Zweifel seit einer Reihe von Jahren von den zu Tale ziehenden einzelnen Tieren jene Losung dort aufgehäuft worden.

Ich war lange aufwärtsgestiegen im Gebirge, war auf- und abwärts geklettert über Schluchten und an abschüssigen Wänden, sodass ich längst die See nicht mehr sah, und als ich endlich an den Heimweg dachte, die Möglichkeit vor mir sah, unser Lager nicht mehr zu finden. Doch gab bereits die im Sinken begriffene Sonne mir die Richtung, und ich langte nach etwa dreistündiger Abwesenheit im Lager an.

Dort lagen alle Schläfer noch zerstreut in malerischen Gruppen; da ich aber keinen Zweig zu zerbrechen hatte, feuerte ich einen Schuss über ihre Köpfe hinweg. Bald loderte nun ein Feuer, es wurde Kaffee bereitet und die Rüstung zum Heimweg betrieben. Ehe ich aber die wirtliche Schlucht verlasse, will ich noch einiger Tiere gedenken, welche ich dort getroffen, und welche ohne Zweifel einzig auf die grünende Partie derselben angewiesen sind. Es war ein kleiner finkenartiger Vogel, welcher, jedoch selten, durch die Äste der größeren Bäume schlüpfte, dann einige Eidechsen, welche zierlich und schlank gebaut und unserer *Lacerta agilis* nicht unähnlich waren. Sie schienen den Menschen kaum zu fürchten, und haschten kleine Stückchen Brot oder Feigen, welche man ihnen hinwarf, und flohen damit in ihre in den Steinen befindlichen Schlupfwinkel, um bald darauf wieder zu erscheinen. Ich habe keines dieser Tierchen getötet, und auch keinen der Vögel, kann daher über Art und Gattung nichts weiter sagen.

Am Strande angelangt, wurde uns von einigen Bewohnern Mamillas ein junges Guanaco zum Verkaufe angeboten, und der Kapitän erstand dasselbe zu einem ziemlich hohen Preise, um es mit nach Europa zu nehmen. Wir erfuhren dort, dass die Guanacos eben nicht häufig auf den Bergen seien, dass aber doch welche getroffen würden, und dass die Tiere häufig des Nachts an die Quelle kämen um zu trinken. Ganz à la Robinson wird dann bisweilen eines oder das andere von irgendeinem Verstecke aus mit dem Lasso gefangen. Das Junge, welches wir mitnahmen, war nebenher gesagt, das boshafteste, störrigste und widerwärtigste Subjekt (unter den vierbeinigen nämlich), welches mir seit langer Zeit vorgekommen. Es hatte die Größe eines starken Rehbockes; wir brachten es glücklich mit nach Europa, und ich habe später vielleicht noch Gelegenheit, von ihm zu berichten.

Wir hatten heimwärts günstigen Wind, und konnten abermals das Segel benutzen; so kamen wir rasch vom Flecke und die Fahrt war bei der lieblichen Temperatur des Abends in der Tat eine höchst angenehme zu nennen. Als wir uns dem Felsen näherten, auf welchem sich gewöhnlich die Robben aufhalten, lagen wirklich mehrere derselben dort, sich in der Abendsonne wärmend.

»Das gibt einen Scherz«, sagten unsere Matrosen, »geben Sie einmal Acht, was die Burschen sich ärgern, wenn man ihnen ›Seehund!‹ zuruft, denn weil es eigentlich Seelöwen sind, so verdrießt sie dies ganz verzweifelt.«

In der Tat hatte es ganz den Anschein, als wollten die »Seelöwen« die Meinung der Matrosen in Betreff ihres Rassenvorurteils rechtfertigen. Wir näherten uns dem ersten, der zu schlafen schien, und riefen sämtlich aus voller Kehle das ominöse »Seehund«. Da erhob sich das Tier, stieß ein wirklich schauderhaftes Gebrüll aus, und rutschte, mit den kurzen Stummelfüßen sonderbare Bewegungen machend, bis an den Rand der Klippe. Jetzt lachten ihn die Matrosen aus, wiederholt Seehund rufend, bis endlich unter wütendem Gebrülle das Tier sich kopfüber in die See stürzte. Interessant war bei der Geschichte, dass die kaum fünfzig Schritte davon auf andern Klippen liegenden Robben nicht auch sogleich die Flucht ergriffen, sondern wirklich warteten, bis auch sie persönlich angegriffen und verhöhnt wurden.

Ohne irgendeinen störenden Unfall und sehr befriedigt von den Ereignissen des Tages, erreichten wir ziemlich spät des Abends den »Dockenhuden«, und versprachen uns gegenseitig einen zweiten ähnlichen Ausflug nach Mamilla, der aber infolge anderer Exkursionen unterblieb.

Einige Tage später unternahm ich allein eine Exkursion in die Berge, um geognostische Notizen zu sammeln, und vielleicht nebenher ein Guanaco zu erlegen. Ich hatte eine kleine, wollene Decke mit mir genommen, wie ich solches auch in Chile tat, wenn ich im Freien übernachten wollte, etwas Charque, das heißt an der Sonne getrocknetes Ochsenfleisch, ein wenig Zwieback, und meine Feldflasche mit Rum gefüllt. Dass Bergkompass, Mineralienhammer und die Doppelflinte nicht fehlten, versteht sich von selbst. Ich verließ des Morgens gegen zehn Uhr den »Dockenhuden« und stieg rüstig bergan.

Bis gegen Abend kletterte ich bald abwärts, bald aufwärts, Handstücke schlagend, Durchschnitte zeichnend, und überhaupt nach Kräften geognostische Studien betreibend. Dann stieg ich aufwärts, so weit ich konnte, und ging die Strecke ins Land, wenn der felsige, steinige Boden so genannt werden darf, der von tausend Rissen durchzogen, und mit mächtigen Felsenstücken bedeckt war. Aber stets war die Aussicht ins eigentliche Innere versperrt durch neue aufsteigende Felsenhügel, und ich sah ein, dass ein weiteres Vordringen für heute nicht möglich, wenn ich morgen wieder an Bord sein wollte. Ich ging also gegen Süden, wo sich das Gebirge etwas senkte, und so weit gegen die Küste zu, dass eben das Meer wieder sichtbar wurde. Dort suchte ich mir einen Felsen aus, in dessen Nähe möglichst wenige frisch herabgestürzte, scharfkantige

Bruchstücke lagen, weil ich schloss und hoffte, dass auch während der Zeit, in welcher ich neben ihm liegen würde, ein Herabfallen nicht stattfinden würde. Ein Vorsprung von einigen Fuß musste das schützende Dach vorstellen, und indem ich größere Steine hinwegräumte, bereitete ich mein Lager, so gut es ging.

Spartanisch genug fiel es aus, das mag ich nicht verhehlen, und wenngleich die Müdigkeit mich die ersten Stunden ziemlich fest schlafen ließ, so brachte ich doch den größten Teil der Nacht schlaflos zu, und diese Schlaflosigkeit war sicher nicht durch die allzu reichliche Abendmahlzeit hervorgerufen, da ich die Hälfte meines Vorrats für den folgenden Tag gespart hatte. Was ich indessen am meisten fürchtete, den Mangel an Wasser, empfand ich am wenigsten, und ohne Zweifel war die schwache Nebelschichte, welche sich herabgesenkt hatte, die Ursache hievon.

Als ich etwa gegen ein Uhr in der Nacht erwachte, war der Mond heraufgestiegen und der Nebel auf den Bergen fast gewichen, sodass die Felsengruppen um mich beleuchtet waren, und auch über den öden Flächen des Gebirges und der fernen See ungewisse Streiflichter zitterten. Ich starrte dort wie im Traume auf jenes Chaos von Felsen, Nebel und undeutlichen Lichtmassen hin, und es beschlich mich ein solches Grauen, dass ich deutlich mein Herz schlagen hörte. Wovor? Ich weiß es nicht. Warum? Ich vermag keine Rechenschaft zu geben, denn ich hatte viele Nächte im Freien zugebracht, ebenso allein wie hier. Es war keine Furcht vor etwas Lebendem, keine Scheu vor etwas Totem, Gespenstigem, es war ein tiefes, unbezeichenbares Grauen, ein Schaudern bis ins innerste Mark, ein Albdrücken im wachenden Zustande.

Mancher Sprung ins Wasser und mancher verhängnisvolle Druck am Schlosse der Pistole mag vielleicht solche Momente geschlossen haben. Ich hatte das nicht zu fürchten. Hatte ich nicht den zweiten Toast getrunken in der Schlucht von Mamilla!

Jenes furchtbare Gefühl dauerte indessen nicht lange. Schon eine halbe Stunde nach dem Erwachen rauchte ich die versöhnende Friedenspfeife mit mir selbst, und schuf mir Theorien, wodurch jene Schauder entstanden sein konnten. Ich will diese dem Leser erlassen, muss aber beifügen, dass ich mehrmals in der Nacht das Wiederkehren fürchtete, ähnlich einer pathologischen Erscheinung.

Obgleich ich schon manche unangenehmere Nacht zugebracht unter Dach als hier unter dem sogenannten Himmelszelte, so war doch die Erinnerung an diese eben keine erfreuliche zu nennen, und ich nahm mir vor, ein zweites Nachtlager auf ähnliche Weise in der Folge zu versuchen, der Probe halber und des Experiments wegen. Ich habe es einige Tage später ausgeführt, und kann von jener Nacht dem Leser versichern, dass sie friedlich vorübergegangen und die Expedition nichts Besonderes geliefert, als Ergänzungen zu meinen geognostischen Studien.

An jenem Morgen aber brach ich schon vor Anbruch des Tages auf und hielt mich in südlicher Richtung das Gebirge verfolgend auf dessen Höhe, bis ich endlich, als die Sonne zu steigen begann, abwärtsschritt, um das Ufer zu erreichen. Es waren bisweilen die Wände und Gehäge so steil, dass ich mich kaum zu halten vermochte, und da ich eine ziemliche Last an erworbenen geognostischen und oryktognostischen Stufen mit mir trug, welche durch neue Funde stets wuchs statt abzunehmen, so war ich froh, als ich den Fuß des Gebirges erreicht hatte.

Meiner Rechnung nach mochte ich etwa drei und eine halbe Stunde von der Bai entfernt sein, aber bei der bereits drückenden Sonnenhitze und dem oft glühend heißen schwarzen Sand der Küste, welcher häufig mit dem weißen, aus Muschelfragmenten bestehenden, wechselte, war der Heimweg immerhin ein beschwerlicher zu nennen. Zudem hatte ich Hunger, da bis auf einen kleinen Rest von Zwieback mein Speisevorrat zum Frühstück gedient hatte, um die Schauer der Nacht zu vertilgen. So gewährte es mir ganz besonderes Vergnügen, als ich an den aus der See ragenden Klippen plötzlich mehrere Möwen sitzen sah, welche sich wenig um mich zu bekümmern schienen. Ich schoss eine derselben, und indem ich mir dieselbe aus dem Wasser holte, nahm ich ein Morgenbad und zugleich einen Mund voll Seewasser.

Ich wusste, dass in den Ausläufen der Schluchten nicht selten vertrocknete Kaktusstämme angetroffen werden, welche dort als Feuerungsmaterial dienen, und so schritt ich weiter, auf solche wartend, um meine Möwe zu braten, wie ich es bereits in Chile mit einem guten Teile geschossener Vögel getan.

Wie ich schon früher bemerkte, wechselt häufig der Sand der Küste, indem er einmal aus schwarzen magneteisenhaltigen Körnern, dann wieder aus größeren Geschieben, endlich aber an andern Orten bloß aus Muschelkalkfragmenten oder tierischen Resten überhaupt besteht.

Es ist ohne Zweifel sowohl der nächste Meeresgrund, als auch die Richtung der kleineren Buchten, gegen den vorzugsweise herrschenden Wind, hieran schuld, und so kam ich bald, nachdem ich die Möwe erlegt hatte, an eine solche Bucht, die buchstäblich bedeckt war mit Knochen von Robben und Walfischen, und mit Schädeln derselben, welche in der Form wenigstens noch wohl erhalten, obgleich fast alle organische Substanz aus ihnen verschwunden war, und ein weiterer Transport kaum möglich erschien. Die flachen Ufer jener Bucht erstreckten sich wohl hundert Schritte weit bis an den Fuß des Gebirges und hatten die vierfache Länge, und es bedurfte ohne Zweifel mehrere Jahrhunderte, um die Unzahl von Knochen aufzuhäufen, welche sich dort befinden. Ich zeichnete den Schädel eines Walfisches, der etwa sieben Fuß Länge hatte, und verließ die Stelle, indem ich mich wieder den Bergen näherte, wo ich endlich fand, was ich suchte, nämlich einige ausgetrocknete, zur Feuerung tüchtige Stücke von Kaktusstämmen. Ein kleines Feuer war bald entzündet und die zerstückte Möwe kunstgerecht mit etwas Salz bestreut, gebraten, oder vielmehr halb geröstet und halb verbrannt. Obgleich ich stets Hammelfleisch und weiße Rüben als das abscheulichste Essen erklärt habe, muss ich doch gestehen, dass jener Vogel noch verabscheuungswürdiger roch, und fast noch erbärmlicher schmeckte als jenes genannte schmähliche Gericht.

Nach etlichen Stunden kam ich an Bord an, nachdem ich vorher die Ruinen, oder wenn man will die Grundmauern von Wohnungen aufgefunden hatte, welche einer alten und längst ausgestorbenen Menschenrasse angehörten.

Ich habe soeben jener ekelhaften Speise des Hammelfleisches erwähnt und muss jetzt gestehen, dass ich schon des folgenden

Tages dreimal Hammelfleisch genießen musste (glücklicherweise indessen ohne Rüben), und dass ich dieser außerordentlichen und kaum glaublichen Tatsache halber ein Attest bei mir führe, welches ich mir von unserm Kapitän mit beglaubigter Zeugenunterschrift habe ausstellen lassen.

Dem Leser erlasse ich die Mitteilung dieses Attestes, welches indessen, als ich den Kapitän um die Unterschrift bat, viel Scherz veranlasste, und hiefür erlässt mir vielleicht der günstige Leser die detaillierte Aufzählung der ganzen Reihe von merkwürdigen Begebenheiten, welche jene unerhörte Tatsache hervorgerufen hat.

Direkt aber an den letzten Hammelkopf mit Zwiebeln, der bei dem englischen Minenbesitzer verzehrt wurde, muss ich die Schilderung einer der romantischsten Partien der Bucht anknüpfen. Wir hatten nämlich bei Herrn Thomas Helsbey zu Mittag gegessen, und es führte uns derselbe nach Tische in der Umgegend seiner Besitzung umher. Nicht weit von der Letztern befindet sich eine größere Gruppe jener öfters erwähnten dunkeln Felsgebilde, welche zusammenhängend und massiger als gewöhnlich, hier eine Halbinsel bilden. Das unregelmäßige Viereck, aus welchem die Gruppe besteht, hängt eben nicht unmittelbar längs der ganzen dem Lande zugewendeten Seite mit demselben zusammen, sondern es bildet die See hier einen Einschnitt in die Felsenmasse, eine schmale etwa zehn bis zwölf Fuß breite Bucht, die ungefähr zwei Drittteile der Länge jener der Küste zugewendeten Seite der Felspartie beträgt.

Die ganze Masse der Felsen steht senkrecht und mauerartig aus dem Wasser hervor und ihre Höhe beträgt auf der Seeseite sechsunddreißig bis vierzig Fuß. Auf der Landseite aber sind sie etwas höher, sodass vom Lande gegen See zu ein Fall stattfindet.

Die Oberfläche der kleinen Halbinsel ist mit einzeln emporstehenden Spitzen, kegelförmigen Erhöhungen und Zacken besetzt, und dieselbe erhält dadurch ein phantastisches und groteskes Ansehen, dabei beträgt ihre Breite dreißig und etliche Schritte, ihre Länge aber etwa zweihundert.

Was aber jener schon an und für sich romantischen Partie einen wirklich und großartig pittoresken Reiz verleiht, ist die Brandung, welche an jenem Teile der Küste, wie ich bereits erwähnte, bisweilen in so ungestümer Heftigkeit und mächtiger Höhe auftritt.

Die Oberfläche jener Felsgruppe ist bei gewöhnlicher Brandung bis auf einige mit Wasser gefüllte Vertiefungen trocken und kann bestiegen werden. Bei höherer Brandung aber steigen die Wasser über die Felsen empor und überfluten dieselbe.

Wir nahmen unseren Standpunkt hinter dem vorher erwähnten Einschnitte, welcher einen Teil der Halbinsel von der Küste trennt, und sahen über Erstere hinweg, wie mächtige Wellen der Brandung, wandelnden Riesenmauern gleich, gegen die Felsen anstürmten. Aber dort brach sich ihre Kraft, wir hörten bloß das dumpfe Brüllen der zerschellenden Wassermassen und höchstens stiegen weiße, zackige Dämme, die Spitzen der stürmenden Wogen, über die Felswand empor, um im anderen Augenblicke wieder zu verschwinden.

Plötzlich aber rückte von der See her eine neue, stürmende Wassermasse an, eine gewaltige, mächtige Flutenmauer; sie erreichte die Felswand und dieses Mal überströmte sie dieselbe. Mit donnerähnlichem Brausen und Toben stürzte von allen Seiten mit der Schnelligkeit des Blitzes die siegende See aufwärts über die schiefe Fläche des Felsplateaus. Zwischen uns und der anstürmenden Flut war jene Schlucht, und doch wichen wir unwillkürlich einen Schritt zurück, aber die Wasser ergossen sich jetzt unaufhaltsam vorwärtsstürzend in die Schlucht selbst, sodass diese bis zum Rande gefüllt erschien mit dem weißem, wild aufkochenden Elemente.

Auf der einen Seite ist die Schlucht gegen die See geöffnet und bietet einen schmalen Eingang, auf der andern Seite aber ist eine etwa zehn Fuß breite Höhle in gleichem Niveau mit dem Wasser bei gewöhnlichem Stande. In diese Höhle stürzen die Wasser, welche kurz vorher die Schlucht erfüllten, und obgleich ein Teil derselben wieder hervordringt, so bleibt doch die größte Menge im Innern und muss jedenfalls einen andern Ausfluss haben.

Es erneuert sich das interessante Schauspiel stets nach einigen Minuten, und obgleich fast betäubt von der ganzen kolossalen Erscheinung, bleiben wir doch fast eine Stunde lang in ihrer Betrachtung versunken, und unwillkürlich habe ich bei jenen wild aufkochenden Wogen, die dann plötzlich in die geheimnisvolle Höhle verschwinden, an Schillers Taucher gedacht.

Geheimnisvoll aber ist die Höhle wirklich. Es benützen sie Schmuggler als Zufluchtsort und Versteck, und ihnen allein sind die Vorteile bekannt, mittelst welcher man über und durch die unzähligen Klippen und Felsenspitzen hinwegkommt, welche aus dem stets heftig bewegten Wasser der Schlucht hervorragen. Das Innere der Höhle hat ohne Zweifel einen andern, bloß ihnen bekannten Ausgang, und muss sichern Raum bieten. Aber niemand außer den Schmugglern hat je den Eingang gewagt.

Zollwächter verfolgten vor einiger Zeit an der Küste ein Schmugglerboot, welches die Schlucht gewann, und in dem tobenden Wogenchaos derselben verschwand. Auch das Wachtboot folgte und verschwand ebenfalls. Des andern Tages fand man einige Trümmer desselben, und den zerschmetterten Leichnam des einen der sechs Zollbedienten. Die andern hat kein Auge je wieder gesehen; aber die Schmuggler erschienen ganz unbefangen nach einigen Tagen, verkauften ihre Ware und besuchten auch später die Küste wieder.

Nachdem wir die »Schmugglerbuch« verlassen hatten, ging der Kapitän mit Herrn Helsbey nach dessen Wohnung, um noch einige Geschäfte zu besorgen; Kapitän Müller und ich aber fuhren an Bord zurück, und wir hatten das Glück, an jenem Abende eine interessante Erscheinung zu beobachten.

Die Sonne war eben am Untergehen, und das Wetter war wie immer heiter, obgleich die höchsten Spitzen des Küstengebirgs bereits fast seit einer Stunde mit der gewöhnlich bis Abends erscheinenden Nebelschicht bedeckt war. Zugleich war auch in einiger Entfernung auf der See Nebel aufgestiegen, und es erschien hiedurch und durch die verschwindenden Strahlen der Sonne, der Horizont einige Grade hochrötlich gefärbt.

Wir waren etwa noch sechs Faden vom Schiffe entfernt, als ich plötzlich scheinbar in Entfernung von etwa einer englischen Meile an einer Stelle, welche sonst vollkommen frei war, einen dunklen Fleck bemerkte, und Kapitän Müller hierauf aufmerksam machte, da ich ein Segel zu sehen glaubte; indessen wurden wir beide im nächsten Augenblicke gewahr, dass wir kein Schiff vor uns hatten, sondern dass es ein Fels sein müsse, und zwar der ganzen Form nach einer jener spitz und kegelförmig aus dem Meer hervortretenden Grünsteinformen.

Aber noch indem wir die Sache besprachen, rief uns der Obersteuermann zu, uns zu beeilen, indem sich etwas ganz Seltsames zeige. »Ich sehe Land mit einem Flaggenstocke – rief er – wo noch vor zehn Minuten keins war!«

Man kann sich denken, wie die beiden Matrosen, die uns fuhren, mit ihren Riemen auszogen, und wie rasch wir beide am Fallreef hinauf und auf Deck flogen. Dort sahen sowohl wir als auch alle anwesenden Matrosen allerdings etwas sehr Seltsames. An einer Stelle der See, an welcher vor einigen Minuten keine Spur von irgendetwas Fremdartigem zu sehen war, stand ruhig und vollständig klar ausgesprochen ein spitzer Felsenkegel, der etwa hundert bis hundertfünfzig Fuß hoch sein mochte, wenn die Entfernung richtig war, in welcher wir ihn zu sehen glaubten, und welche keinen Falls mehr als eine englische Meile betrug.

Während aber der Fels ruhig und fest aus dem Wasser ragte, befand sich oben auf demselben ein anderer Gegenstand, der sich sichtlich bewegte, sich bald nach rechts, bald nach links wendete, bald höher, bald niedriger wurde. Dieses zweite Bild war unten schmal, oben aber breit und machte auf mich den Eindruck zweier Palmbäume, deren Stämme dicht aneinanderstanden, während nach oben die Kronen sich weiter ausbreiteten und teilweise ineinander übergingen.

Die Seeleute glaubten Land zu sehen und einen Flaggenstock auf demselben. So jeder nach seinem Geschäfte.

Mein erster Gedanke war eine Lichtspiegelung, das Abbild irgendeines Felsens der Küste mit einem Palmbaum auf der Spitze. Aber es befanden sich in der ganzen Umgegend keine Palmbäume, mithin war die Theorie nicht stichhaltig. Da tauchten rechts und links von dem zuerst sichtbar gewordenen Felsenkegel kleinere auf, zwar kaum die halbe Größe des erstern erreichend, aber wie er ruhig und unbefangen dastehend und sich sichtlich nicht um uns kümmernd, während wir uns die Köpfe zerbrachen über ihr unerwartetes Erscheinen. Jetzt fuhr mir wie ein Blitz die Idee einer vulkanischen Hebung durch den Kopf. Welch ein Glück! Ich fühlte, wie mein Herz schlug! Ich war also von einem günstigen Geschicke auserkoren einer weitern Hebung der Küste beizuwohnen. Jene Grünsteinformen, welche mich bereits so vielfach beschäftigt hatten, sollten jetzt vor meinen Augen entstehen. Morgen schon vielleicht war es möglich, mit dem Boote sich den neu entstandenen Bildungen zu nähern. Durch Bimssteinstücke und durch Massen von Seefischen, die getötet von der Hitze um die vulkanischen Kegel schwammen, wird das Boot den Letzteren beizukommen suchen. Vielleicht kann irgendwo schon Fuß gefasst und eine bezeichnende Stufe geschlagen werden!

Während die bewegliche vorhin geschilderte obere Partie der Erscheinung von den Seeleuten für eine Flagge gehalten wurde, sah ich jetzt in derselben eine Rauchsäule, gegen oben sich fächerartig ausbreitend, und allerdings war sie einer solchen sehr ähnlich, und selbst die Matrosen gaben mir jetzt recht.

Als ich aber den Steuermann, der allerdings Kenntnis hatte von solchem Entstehen neuer Inseln, meine Vermutung mitteilte, fuhr derselbe zurück wie von einer giftigen Schlange berührt.

»Wenn das wäre! Zum Teufel, wie kommen wir aus den verdammten Klippen, die vielleicht allerwärts um uns emporsteigen«, sagte er und ich begriff, dass er recht hatte, obgleich ich mich dennoch innerlich über das Phänomen freute. Aber es war mir mittlerweile mein Fernrohr gebracht worden, ein Feldstecher von Plössel in Wien mit vier Okularen. Als ich jetzt die Erscheinung näher betrachtete, so zeigte sich, dass das Bild derselben zwar *größer* wurde, aber *nicht schärfer*, wenigstens nicht in dem Grade, als es bei der gewählten Vergrößerung hätte werden müssen, und wir waren bald alle einig, dass wir zwar Felsen vor uns hatten, aber keine wirklichen, sondern dass das ganze Phänomen eine Luftspiegelung war, oder wenigstens in die Reihe dieser Erscheinungen gehörte. Vollkommen bestätigt wurde jetzt diese Ansicht dadurch, dass durch das Instrument am Fuße des Felsen keine Spur von Brandung wahrgenommen werden konnte.

Die Bilder standen nicht weit von der anfänglich erwähnten Nebelschichte entfernt, aber auch immer noch so weit, dass zwischen ihnen und der Stelle, wo der Nebel die See bedeckte, noch ein freier Raum blieb, in welchem, also noch hinter dem scheinbaren Felsen, die Oberfläche des Meeres gesehen werden konnte. Wäre also in Wirklichkeit irgendein Gegenstand in der See gestanden, so hätte jedenfalls die Brandung wahrgenommen werden müssen, da das Wasser in so weiter Ausdehnung beobachtet werden konnte, und überdies wäre ohne Zweifel bei einer vulkanischen Hebung ringsum das Wasser ohnedem mächtig empört gewesen.

Aber allerwärts war die See ruhig, und man konnte durch das Glas deutlich die friedlichen kleinen Wellen um das Bild, oder vielmehr vor demselben spielen sehen.

Nachdem die Erscheinung, solange wir am Bord sie beobachteten, etwa acht Minuten gedauert hatte, verschwand sie allmählich, indem sie zu versinken schien und dieses Versinken fand vollkommen gleichmäßig statt, indem die kleineren später sichtbar gewordenen Kegel schon vollständig verschwunden waren, während die obere Hälfte des größten Kegels noch vollständig zu sehen war. Jenes zweite Bild oberhalb des größern Kegels, des Obersteuermanns Flaggenstock und meine Rauchsäule, hatte sich allmählich oben weiter ausgedehnt, war aber zugleich schwächer geworden.

Ich hielt es jetzt, und wie ich glaube mit Recht, für eine verkehrte Spiegelung des untern Bildes, und es war vollständig verschwunden, ehe noch das untere gänzlich untergesunken war.

Die See blieb, wie ich durch das Fernrohr beobachten konnte, vollständig ruhig während des Verschwindens und scheinbaren Untertauchens aller jener Felsenkegel und es herrschte kein Zweifel mehr, dass wir eine Luftspiegelung beobachtet hatten.

Da die See eine niedere Temperatur als die sie umgebende Luft hatte, so bewirkte sie eine stärkere Abkühlung der ihr zunächst gelegenen Luftschicht, und indem sich diese Abkühlung nach oben fortpflanzt, bilden sich mehrere Schichten von verschiedener Dichte. Dies sowohl wie die hierdurch veranlassten Nebel, sind bedingende Momente der Luftspiegelung. Ohne Zweifel finden hie und da ähnliche Erscheinungen in der Bai statt, aber ich konnte keine Notizen erhalten, ob sie von den Einwohnern beobachtet worden sind.

Wohl aber mag man sich denken, dass ich hocherfreut war, Zeuge der Erscheinung gewesen zu sein, war gleich die Hoffnung, eine vulkanische Hebung beobachten zu können, buchstäblich zu Nebel geworden.

Ich komme jetzt zu dem glücklichsten und interessantesten Funde, welchen ich in der Algodonbai gemacht habe.

Kaum einige Tage in der Bai angekommen, fand ich an mehreren Stellen unzweifelhafte Spuren, dass früher, und wohl ohne Zweifel lange vor Entdeckung der Küste durch spanische Schiffe, dieselbe bewohnt gewesen war. Aber welchem Volke jene Bewohner angehört hatten, ließ sich nicht ermitteln.

Unweit jener Felsen, welche die Schmugglerbucht bergen, findet sich das Plateau eines größeren Grünsteinfelsens, und dasselbe ist offenbar, um ihm eine größere Ausdehnung zu geben, durch eine Art Mauer oder Damm fortgesetzt. Es ist diese Mauer teils aus großen Steinen und Felsstücken ohne alles Bindemittel aufgetürmt, teils aber auch aus kleinen Geschieben und scharfkantigen Gesteinfragmenten konstruiert, welche durch Kalkzement verbunden sind. Das Plateau selbst ist gegen Nord hin frei, und es herrscht unter den Grubenbesitzern die Ansicht, es sei zum Sonnendienste bestimmt gewesen.

Es finden sich ferner etwa zweihundert Schritte weit entfernt vom mittleren Stande der See die Ruinen alter Bauwerke, Reste, die wohl an tausend Jahre alt sein mögen, die man indessen vollkommen zu zerstören sich nicht die Mühe genommen hat. Man hat sich bemüht, die Wände einzuwerfen, hat aber den andern Teil stehen lassen. Ich habe den Grundriss jener Hütten gezeichnet, aber leider ist mir das Blatt, neben einigen anderen Papieren auf der Rückreise verloren gegangen.

Die Basis ist ein in die Länge gezogenes Viereck, etwa fünfzehn bis achtzehn Fuß lang und zwölf Fuß breit, doch vermag ich diese Dimensionen nicht mehr genau anzugeben. Bei zwei derselben habe ich neben dem Eingange die Grundmauer eines kleinen Seitenbaues gefunden, welcher ebenfalls länglich war, aber auf der einen schmalen Seite eine runde Ausbiegung hatte.

Die Mauern dieser Hütten sind an der noch stehenden Basis einen bis einen und einen halben Fuß breit; wie die oben erwähnte größere Mauer sind sie teils aus Geröllen, teils aber auch aus scharfkantigen Fragmenten zusammengesetzt und mit Mörtel verbunden. Irre ich nicht, so stehen in der Bai selbst, unweit Bella Vista, drei solche Ruinen. Weiter ab aber an der Küste und gegen Süd habe ich ebenfalls eine gefunden, welche wenigstens noch drei Fuß hohe Mauern hatte. An verschiedenen Orten in der Bai und auch weiter hin an der Küste sollen selbst noch vor einigen Jahren solche Ruinen anzutreffen gewesen sein, indessen wurden sie, wie man mir sagte, aus Mutwillen zerstört.

Nie hatten die Spanier auf ähnliche Weise ihre Mauern konstruiert, ohne Zweifel also waren jene Baureste vorspanischen Ursprungs. Aber welchem Volke gehörten sie an? Ich sollte bald hierüber erfreuliche Aufschlüsse erhalten.

Hundert Schritte etwa von den erwähnten Ruinen der Hütten liegt eine Begräbnisstätte und wahrscheinlich die der Bewohner der Hütten selbst, obgleich viele weiter südlich lebende spätere Stämme der Westküste Amerikas die Gewohnheit haben, ihre Toten sehr weit entfernt von ihren Wohnungen zu beerdigen.

Es waren noch etwa sechsunddreißig bis vierzig Grabhügel sichtbar, indessen war ein Teil derselben bereits geöffnet und durchwühlt worden, in der Hoffnung, Gold zu finden, welches bei den Gräbern der alten Peruaner, Inkarasse, bisweilen der Fall ist. Hier indessen wurde nie etwas Ähnliches gefunden und die archäologischen Bemühungen der Bergleute und zufällig an die Küste gekommener Matrosen waren fruchtlos.

Neben den noch sichtbaren Gräbern mag aber durch häufiges Darüberhinweggehen und -reiten wohl ein anderer Teil derselben vollkommen eingeebnet und unsichtbar geworden sein.

Ich schritt indessen zur Öffnung der noch leicht erkennbaren Gräber, und da ich von früher her mir in derlei einige Übung erworben hatte, war es mir ziemlich leicht zu bestimmten, welche der Hügel schon vorher geöffnet sein mochten und welche noch unberührt waren, und ich fand mich beim Nachgraben selten getäuscht.

Mein freundlicher Kapitän gab mir mehrere Matrosen mit ans Land, um bei dem Ausgraben behilflich zu sein, und ich will jetzt angeben, was ich gefunden habe. Getrost mag der Leser nun einige Seiten überschlagen, wenn es ihn nicht unterhält, von einer alten ausgestorbenen Menschenrasse zu hören, von welcher ich dort Reste aufgefunden habe und von denen ich ausführlicher sprechen muss, auf die Gefahr hin, einem Teile meiner Leser langweilig, ja noch langweiliger zu werden, als es bisher bei geognostischen und meteorologischen Notizen der Fall war.

Alle Gräber befanden sich in dem schon früher erwähnten Muschelgruse, welcher teilweise lose daliegt, bisweilen aber auch durch ein kalkartiges Bindemittel leicht zusammengekittet ist. Es ist die Form derselben manchen keltischen oder germanischen ähnlich, wenigstens habe ich in Franken früher Grabhügel geöffnet, welche unseren in Rede stehenden sehr ähnlich waren.

Sie sind ziemlich von kreisrunder Form, und haben im Durchmesser etwa zehn bis fünfzehn Fuß; gegen die Mitte zu sind sie drei bis vier Fuß erhöht, im Zentrum aber etwas eingesunken. In den vorher noch nicht durchwühlten Gräbern befanden sich die Skelette aufrecht, in sitzender Stellung, die Knie an die Brust gezogen, die Hände an das Kinn gestützt, und die Arme fest an die Schenkel geschlossen. Das Gesicht war bei der Beerdigung nicht nach einer bestimmten Himmelsgegend gerichtet, sondern es war leicht ersichtlich, dass die Leichen ganz nach Zufall oder Belieben eingesenkt wurden.

Man kam meist nach drei, höchstens nach drei und einem halben Fuß Tiefe auf den Kopf der Leiche. Es war das Haar und die Kopfhaut bei den meisten gut erhalten, und das Erstere war straff und scheint bei beiden Geschlechtern lang und teilweise in Zöpfe geflochten gewesen zu sein. Ich fand bei einigen einzelne kleine, zierliche Flechten, mit großem in der Mitte befindlichen Hauptgeflechte, bei anderen größere Zöpfe, die in wollene Schnüre eingebunden waren, und ich verwahre noch mehrere dieser Zöpfe mit all jenem Respekt und der Achtung, welche einem fast vorhistorischen Urzopfe gebührt.

Es ist unter diesen ein starker, stattlicher Zopf, der mehrere Zolle lang ist, und ganz allein im Nacken eines Schädels saß, genau so, wie ihn die christlichen Germanen zu Ende des vorigen Jahrhunderts trugen.

Mithin scheinen verschiedene Formen der Frisur schon zu jener Zeit Mode gewesen zu sein, und Haarpflege gang und gäbe. Die Haare selbst sind bei allen Individuen schwarz-braun, aber sie waren ursprünglich wohl dunkler, und haben durch die Länge der Zeit ihre Farbe in etwas verändert.

In allen altperuanischen Gräbern, welche man geöffnet hat, und ebenso in den Grabhügeln und Ruinen der Wüste von Atakama hat man fast vollständig wohlerhaltene Mumien gefunden, hingegen fand sich bei keinem der von mir ausgegrabenen Skelette ausgetrocknete Muskelsubstanz, und es zeigten sich um die Knochen höchstens nur Spuren von Moder. Die konservierenden Bedingnisse, welche bei jenen Mumien auftraten, finden auch hier statt, es mag mithin schon hieraus auf ein hohes Alter derselben geschlossen werden, denn es kann nicht wohl angenommen werden, dass die Toten skelettiert ins Grab gebracht worden sind, indem dieser Gebrauch nur bei einigen ganz südlich wohnenden Stämmen im Schwunge war.

Ich will jetzt kurz die Gegenstände beschreiben, welche ich bei den Skeletten in den Gräbern gefunden habe, sie vermögen immerhin einigen Aufschluss über die Lebensweise und den Kulturgrad jenes Volkes zu geben, ja selbst über den Stand der Flora und der Fauna, welche zu jener Zeit in der Bai geherrscht hat.

Die meisten der Skelette waren mit einem Steinkranze umgeben, wie sich solches auch bei alten deutschen Gräbern findet. Indessen waren es offenbar zu wenig Steine, um eine Mauer zu bilden, und sie scheinen bloß in die Grube geworfen worden zu sein, um den Raum um die Leichen auszufüllen. Dicht um diese selbst befanden sich die Gegenstände, welche man den Toten mitgegeben hatte.

So fand ich in einem Grabe zwei Geflechte, die nach Art einer Mütze das Haupt bedeckten, eines über das andere gelegt. Die

Form derselben ist eine einfache Halbkugel; sie sind etwa zwei Linien dick, von sehr zierlicher Arbeit und wie ich unter dem Mikroskope fand, von Kaktusfasern geflochten.

Weiter wurde eine kleine Kürbisschale gefunden. Sie ist an einer Stelle gesprungen, und dort mit ganz feinen Löchern versehen, um sie zu heften. Es resultiert hieraus, dass sie als eine große Seltenheit betrachtet wurden, denn hätte es zu jener Zeit Kürbisse in der Bai gegeben, würde man ohne Zweifel sich diese Mühe nicht genommen haben. In der Schale findet sich ein feines Netz mit kaum liniengroßen Maschen, und in demselben einige Stücke Eisenocker. Die Schale selbst ist mit einer Schnur umwunden.

Ein ziemlich großes Stück eines Netzes mit stärkeren Maschen, große keulenartige Stücke von Kaktusstämmen und Streifen eines groben Gewebes, in welches, wie es scheint, der Leichnam eingewickelt war, sind die übrigen in jenem Grabe gefundenen Gegenstände. In einem andern Grabe fanden sich bloß die eben aufgeführten Stücke von Kaktusstämmen, Reste eines größeren Netzes und das grobe Gewebe, in welches die Leiche eingehüllt war.

Fragmente von Töpferarbeit fanden sich neben soeben erwähnten Gegenständen in einem dritten Grab. So viel sich aus der Form derselben noch entwickeln ließ, war dasselbe fast gänzlich gleich jener, die sich allenthalben in Deutschland noch heute in alten Gräbern findet, und mithin auch gleich den schon oben geschilderten Töpflein, wie sie noch heute in Chile im Gebrauch sind und gefertigt werden. Das Material scheint ebenso fast identisch mit dem der alten bei uns gemachten Ausgrabungen zu sein, und es entscheiden vielleicht hierüber mitgebrachte Proben, welche ich an verschiedene altertumsforschende Gelehrte gegeben habe.

In demselben Grabe fanden sich auch dünne Stücke eines Holzes, welches viel Ähnlichkeit mit einer Weinrebe hat, ein kleines, roh geschnittenes Stückchen eines festeren Holzes, drei Zoll lang und an beiden Enden mit einer kugelförmigen Verdickung versehen, ohne Zweifel zu einem Fischernetze gehörig.

In einer vierten und fünften Grube endlich wurde eine Waffe oder ein Messer von Feuerstein gefunden, einen Zoll lang, zwei breit, drei Linien dick und sorgfältig geschärft. Dann acht Zoll lange sauber geschnittene und abgeschliffene Knochenstücke eines größeren Säugetiers, welche wahrscheinlich als Webeschiffchen zum Netzstricken gedient hatte, und mehrere dünne Röhrenknochen von derselben Länge, an beiden Enden abgeschliffen. Endlich noch fünf bis sechs Zoll lange Harpunen von Knochen, zum Teil mit einem starken, ledernen Riemen versehen, aber alle an einem Ende mit Widerhaken von Horn, welche durch fein geflochtene Schnüre an den Knochen befestigt sind. Unzweifelhaft haben diese Harpunen zum Fischfang gedient.

Fast in allen Gräbern wurden büschelförmig zusammengefundene Fasern des Kaktus gefunden und desgleichen größere Bündel desselben Tanges *(Hymanthallea lorea)*, welcher noch heute sehr häufig in der Bai getroffen wird.

Was die verschiedenen Gewebe und Schnüre betrifft, deren ich im Vorhergehenden erwähnte, so bestehen dieselben aus drei verschiedenen Stoffen.

Es wurde unter dem Mikroskope gefunden, dass das Gewebe, in welches die Leichen eingehüllt waren, aus feinen Haaren gedreht ist, deren Durchmesser Herr Professor Will auf 1/80 bis 1/100 Linien bestimmte. Es ist in demselben nur selten ein Merkmal sichtbar, aber man findet Spuren von der leiterförmigen Zeichnung, welche die Haare vieler Neger haben, und es wurde ein Haar gefunden, welches bestimmt dem Chinchilla angehörte.

Die feineren Schnüre, zum Beispiele jene, mit welchen die Widerhaken an den Harpunen befestigt, und die Zöpfe zusammengebunden sind, sind aus stärkeren Haaren gedreht, welche 1/20 Linien Durchmesser haben. Die meisten derselben haben einen starken Markkanal, indessen mit wechselndem Durchmesser. Auch die gröberen Gewebe, und die Schnur, welche um die Kürbisschale geschlungen ist, bestehen aus dieser stärkeren Wolle, welche ohne Zweifel dem Guanaco angehört, und es rühren mithin alle aufgefundenen, aus tierischem Stoffe gefertigten Gewebe bloß von diesen zwei genannten Tieren her.

Die Netze hingegen bestehen offenbar alle aus Pflanzenfasern. Ich habe die in den Gräbern gefundenen Büschel von Kaktusfasern mit dem Faden der Netze unter dem Mikroskope verglichen und gefunden, dass sowohl das ganz feine, in der Kürbisschale befindliche Netz, als auch die gröberen, ohne Zweifel zum Fischfange dienenden Netze, aus eben diesem Material geflochten waren.

Übrigens werden gegenwärtig, nach allem, was ich erfahren konnte, nirgends an der Küste diese Kaktusfasern mehr zu Flechtwerken benützt, sondern man gebraucht den Kaktus überhaupt nur noch zur Feuerung, oder zum Baue jener bereits geschilderten ärmlichen Hütten.

Aus dem bisher Gesagten aber geht jedenfalls hervor, dass auch zu jener Zeit, als jene längst verschwundene Menschenrasse die Küste bewohnte, die Flora und Fauna sich dort in demselben Zustande befunden haben wie gegenwärtig, und keine andere Hilfsmittel von der Natur dem Menschen geboten worden sind, als eben jetzt.

Was die Skelette selbst betrifft, so war es nicht möglich, ein vollständiges auszugraben, und es wäre mir aus verschiedenen Gründen wohl auch unmöglich gewesen, ein solches an Bord mit mir nach Europa zu nehmen, indessen habe ich zwei vollkommen wohlerhaltene Schädel, und zwei etwas defekte, erworben und mitgebracht.

So viel sich übrigens aus den noch erhaltenen Knochen schließen ließ, waren jene Menschen zierlich gebaut, und ich möchte als mittlere Größe für dieselben etwa fünf Fuß angeben, eher aber noch weniger als mehr. Dazu sind Hände und Füße klein, selbst *ungewöhnlich* klein im Verhältnis zum übrigen Knochenbaue. Eine Hand, noch ziemlich erhalten, und durch die eingetrockneten Bänder notdürftig zusammengehalten, welche ich noch besitze, beweist dieses.

Es liegen, wie es scheint, genaue Forschungen vor über Sprache und Mythus der Mayarasse und anderer Ureinwohner von Zentralamerika. Nichtsdestoweniger bin ich in großer Versuchung, als die Erbauer der großartigen Bauten, welche Steffens in Zentralamerika gefunden hat, eben jene Titicacarasse anzunehmen.

Die Ornamentik aber, welcher wir bei jenen Bauten begegnen, erinnert uns an die ägyptische, wobei jedoch Reminiszenzen an griechische Kultur und verwandte Völker nicht fehlen, und die Beschreibung, welche d'Orbogni von den Monumenten am Titicacasee gibt, ist den Abbildungen von Steffens so ähnlich, dass beide von einem und demselben Volke errichtet worden sind.

Ich spreche also die, wie ich glaube begründete Vermutung aus, dass die Titicaca-Rasse eine weitere Ausdrehung gehabt haben mag, und dass die alten Bewohner von Zentralamerika, wenigstens die Erbauer der dort sich findenden monumentalen Überreste, mit jenen vom Titicacasee identisch gewesen sein mögen.

In Santiago fand ich in einem Hause einen alten Helm, von welchem man mir sagte, dass er von einer uralten Menschenrasse herrühre, welche gegen den Norden zu auf der hohen Cordillera gewohnt habe. Ich habe diesen Helm mitgebracht und mag denselben getrost als eine der interessantesten »Errungenschaften« meiner ganzen Reise bezeichnen.

Seine Form zeigt unwiderstreitbar, dass er nur allein für einen jener besprochenen Flachschädel passt, indem der innere Teil desselben vollkommen so lang gezogen wie jene ist, und nur mit Mühe auf einen ehrlichen europäischen Kopf gepresst werden kann. Das Material desselben ist Holz, aus welchem die am vorderen Teile befindliche Maske geschnitten ist, mit an Stelle der Augen eingesetzten Muschelstücken. Der übrige Teil des Helms ist aus Baumbast konstruiert, so der Kamm und die Seitenflächen.

Der ganze Typus desselben aber ist so vollkommen *gleich* den Helmen, welche auf alten ägyptischen Monumenten gefunden werden, dass an eine *zufällige* Ähnlichkeit nicht wohl gedacht werden kann, so zum Beispiel die Maske am vorderen Teile, welche ganz die Ornamentik der Mumiensärge trägt, obgleich die flache und hinter dem Augenrande sogleich zurückweichende Stirn wieder deutlich eine Nachahmung der Gesichtsbildung eines Flachschädels erkennen lässt.

Während also oben ausgesprochen wurde, dass die ältesten Bewohner von Zentralamerika und jene der Ufer des Titicacasees ein und demselben Stamme angehört haben, ergibt sich durch die Betrachtung der von ihnen hinterlassenen monumentalen Überreste, und vielleicht auch durch die des oben erwähnten Helms, eine wie es scheint, nahe und kaum abweisbare Verwandtschaft, sprechen wir es aus, eine *Abstammung* von den ältesten Völkern des alten Festlandes.

Um es nicht gänzlich mit dem strengen Archäologen zu verderben, der vielleicht indessen nur (Pardon!) noch wenige Studien über Baureste, Schädel und Ähnliches aus jener Gegend gemacht hat, überlasse ich demselben höchst bereitwillig, eine Theorie zu bilden, wie jene Völker der Alten Welt nach Amerika gekommen.

Als fragmentarische Notizen aber möchte ich noch Folgendes beifügen:

Die Monumente scheinen anzudeuten, dass, wenn eine Einwanderung von der alten Welt her stattgefunden hat, wie ich wirklich glaube, solche doch nur ein Mal geschehen, und die weitere Verbindung mit dem Mutterlande verloren gegangen ist. Der ganze Typus tritt immerhin als ein modifizierter auf, wenngleich noch hinlänglich charakteristisch.

Ferner möchte ich der alten Sagen erwähnen, welche sich bis auf die Besitznahme der Westküste durch die Spanier hin bei den Inkas erhalten haben. Wunderliche tolle Mythen, die berichten von einem fabelhaften Ursprunge jener Amyaras oder Titicaca-Rasse und ihrer Verteilung durch die Inka selbst. Ein Herkommen der Amyaras aus fernen weit entlegenen Landen leuchtet deutlich bei diesen Sagen durch.

Es ist aber an der Zeit, die Algodonbai zu verlassen und den freundlichen Leser aus diesem Auslaufe der Steinwürste von Atakama durch kurze Seereise nach Peru zu führen; doch muss ich vorher noch eines Abenteuers erwähnen, welches sich ganz gut niederschreiben lässt, in der Wirklichkeit aber vielleicht hätte schlimm ausfallen können.

Wir hatten Abschied genommen von den Grubenbesitzern, zugleich uns aber bei Herrn Jose Mackenney in Tocopilla etwas verspätet. Als wir nun mit unserem Boote an Bord gehen wollten, war mittlerweile der Abend herangekommen, und zufällig hatte sich die schon des Tages über heftige Brandung dermaßen verstärkt, dass ich mich kaum erinnere, sie je heftiger gesehen zu haben. Tobend und brausend stürmten in kaum unterbrochener Reihenfolge mächtige Riesenwellen gegen die Küste, an vielen Stellen dieselbe mit Tang bedeckend, was während unsers ganzen Aufenthaltes nie der Fall gewesen war.

Dass es Mühe macht, mit dem Boote gegen eine solche Brandung anzukommen, versteht sich von selbst; hier aber vermehrte noch der Umstand die Schwierigkeit, dass am Landungsplatze eine Menge jener spitzen Felsen teils ober, teils unter dem Wasser standen, und eben nur so viel Raum boten, dass ein mäßig großes Boot hindurchkonnte. Über die Brandung hingegen selbst, oder über die anstürmende Welle kommt man gut, wenn man dieselbe mit der Spitze des Bootes tritt. Man wird dann in die Höhe gehoben und gleitet gleichsam über die Wasserwelle hinweg. Erreicht aber die Welle das Boot schief und von der Seite, so schleudert sie leicht dasselbe vor sich her oder füllt es mit Wasser.

Im Boote, welches uns an Bord bringen sollte, waren die beiden Kapitäne, von welchen Kapitän Meyer steuerte, weiter gegen vorn saß ich, dann kamen die beiden rudernden Matrosen.

Wir warteten, bis eine Welle der Brandung zerschellt war, und stießen dann rasch ab, um einen Vorsprung zu gewinnen und erst weiter außen in der See der zweiten Welle zu begegnen. Zufälligerweise folgte aber hier ganz ungewöhnlich rasch eine zweite ungeheuere Welle der ersten, sodass plötzlich und kaum drei Bootslängen vom Lande entfernt in nächster Nähe vor uns die aufgetürmte Flut stand.

Unser Boot hatte, weiß Gott wie, eine schiefe Richtung bekommen. Der Kapitän handhabte kräftig das Steuer, und rief dem Matrosen, dessen Bootseite zurück war, zu: »Hart an Heinrich! Hart an!« Aber schon in diesem Augenblicke war das Boot mit Wasser gefüllt und zurück auf einen jener spitzen Felsen geschleudert. Ich fühlte den Ruck und zu gleicher Zeit sah ich, wie die beiden Kapitäne ins Wasser sprangen und das Land erreichten. Auch der eine Matrose hatte ein Gleiches getan, doch erfuhr ich dies erst später, und bemerkte es dort nicht. Im andern Augenblicke waren wir wieder etwa dreißig Schritte weit in der See, ein Ruder war verloren, der noch im Boote befindliche Matrose und ich waren vollständig unvermögend das Boot zu retten. Aber außen in der See und von der dritten ebenso rasch ankommenden Welle gehoben, sah ich, dass das Boot, welches vorher halb voll Wasser gewesen, jetzt fast leer war. Es lag dasselbe auf der Steuerbordseite, aber auf der Backbordseite hatte es einen mächtigen Leck erhalten, durch welchen ohne Zweifel der größte Teil des Wassers für den Augenblick ausgelaufen war. Ich hatte indessen kaum einen Moment Zeit dies wahrzunehmen, denn schon hatte uns eine andere Welle wieder so auf die Klippen geworfen, dass das Bot krachend sich zu schütteln schien. Ein weiterer Augenblick und wir waren wieder in die See geschleudert, wo schon eine andere Welle von außen auf uns zukam.

Dies alles ging rasch mit Blitzesschnelligkeit und vom Augenblick unseres ersten Zurückgeworfenwerdens bis jetzt waren keine zwölf Sekunden verflossen.

Verdammte Situation das! Die See schien wahnsinnig geworden! Ich aber begriff, dass, durch unser Gewicht beschwert, das Boot, ging es auch zufällig nicht unter, doch jedenfalls kaum ganz ans Land geworfen werden, sondern ohne Zweifel von der nächsten oder übernächsten Welle an die verwünschten Klippen, vielleicht samt unsern Schädeln zerschmettert werden würde. Also schwimmen! Wieder in die See zurückgeschleudert, rief ich dem Matrosen, der mein Schicksal teilte, zu: »Heinrich, nun ist's Zeit, über Bord!« Keine zehn Schritte von unserm Wrack war die wieder anstürmende Brandung. Teufelslärm rings um uns. Vorwärts! Das Wasser schlug über mir zusammen! Es war ordentlich schön stille da unten, gegen jenen Höllenlärmen oben. Ich kann nicht sagen, wie tief ich kam, Grund bekam ich nicht, aber was die Hauptsache war, auch keinen Tang um die Füße, der dort fast allenthalben vorkommt.

Mit dem Kopfe wieder an der Oberfläche, schickte ich mich eben an, kunstgerecht das Schwimmen zu beginnen, als plötzlich abermals, wie im Augenblicke vorher, sich alles dunkelgrün färbte und ich wieder vom Wasser bedeckt war. Aber ich hatte nicht Zeit mich zu besinnen, denn im andern Momente lag ich am Ufer, und das zwar auf dem, von der See des Tages über ans Land gespülten Tange, wohlbehalten, wenngleich, wie ein geprellter Frosch, von der letzten Welle dorthin geschleudert.

Gleichzeitig mit mir kam auf demselben Wege Heinrich an, und eine Sekunde später das Boot, Letzteres glücklicherweise neben, und nicht auf uns geworfen. Es hatte den Anschein, als wolle dieses liebe, friedliche, sogenannte stille Meer Fangball mit uns spielen.

Heinrich und ich aber sprangen gleichzeitig auf und fassten, ich muss es leider gestehen, mit einem derben Fluche das durchlöcherte Boot an, um es der alsbald wiederkehrenden See zu entreißen oder wenigstens vor gänzlicher Zertrümmerung zu retten. Ich zerrte und riss dort mit einer wahren Wut an jenem Boote, und wenn ich genau analysiere, weniger im Eifer dasselbe für das Schiff zu erhalten, als in einer Art kindischer Bosheit, oder »nobler« ausgedrückt, in einmal aufgeregter Kampfeslust.

In der Tat suchte die See uns auch wieder ihr Opfer zu entreißen, denn wir standen bald wieder bis an den Gürtel im Wasser, aber die herbeigeeilten Minenarbeiter halfen uns bald unser Wrack vollends ans Ufer und ins Trockene zu bringen. Als ich so noch triefend mit am Boote stand, und dasselbe landwärts ziehen half, frug mich Heinrich, ohne Zweifel *pour parler quelque chose*: »Sie sind og nass worden, Herr Doktor?« Ich antwortete bescheiden: »En lütken!« Der Kapitän aber lachte und zeigte mir seine Kupferproben welche vollständig trocken waren. Er hatte als Probe gepulverte Kupfererze mit an Bord nehmen wollen, welche durchnässt, unbrauchbar für seine Zwecke geworden wären. Da er hinten im Boote saß, und gleich das erste Mal aus demselben springen konnte, kam er nicht so tief ins Wasser, und erhielt seinen Schatz trocken, indem er das Tuch, in welchem er befindlich, hoch über dem Kopfe schwang. Eine zweite Frage aber war jetzt die, wie wieder an Bord kommen? Unser Boot lag durchlöchert auf dem Sande. Die »Dockenhuden« aber lag eines teils so weit in der See, dass man das Rufen schon wegen des Lärmens der Brandung unmöglich gehört hätte, aber auf der andern Seite wäre es mit dem dort noch befindlichen größeren Boote rein unmöglich gewesen, uns zu holen, da dasselbe der tobenden See halber nicht hätte landen können.

Herr Mackenney besaß zwar ein Boot, aber es lag etwa 150 Schritte weit in See vor Anker, und nichts stand zur Disposition als eine Seehundbalze, welche etwas weiter abwärts an einer ruhigeren Stelle der Bai vor Anker lag.

Indessen konnte keiner der Arbeiter in den Minen mit der Führung dieses eigentümlichen Fahrzeuges umgehen. Jener Franzose aber mit der unzweideutigen Zeichnung auf dem Arme, dessen ich schon oben erwähnte, war kurz entschlossen.

Er bestieg die Balze, ruderte ans Boot, legte die Erstere stattdessen vor Anker, und ruderte mit dem Boote auf etwa dreißig Schritte bis ans Ufer. Aber weiter anzukommen war unmöglich, ohne das Boot der augenscheinlichen Gefahr ebenfalls zertrümmert zu werden, auszusetzen. Versuche, uns ein Tau zuzuwerfen, missglückten. Da sprang der Franzose ins Wasser, schwamm durch die Brandung, und wurde endlich auf eine kurze Strecke, ähnlich wie ich auch, von derselben ans Ufer geworfen. Aber er hatte das Tau zwischen den Zähnen, und an diesem schoben wir uns endlich ins Boot.

Man kann sich einen Begriff von der lieblichen Milde der Nächte an jener Küste machen, wenn ich sage, dass am Bord angelangt für mich auch nicht das mindeste Bedürfnis vorhanden war, mich umzukleiden, sondern dass ich, nach all diesen verschiedenen unfreiwilligen Waschungen, noch etwa eine Stunde auf Deck blieb, und als ich endlich »zur Koje« ging, meine Kleider vollständig am Leibe getrocknet waren.

Wir verließen Tags darauf die Bai, kehrten aber wieder zurück, da wir vollständigen Gegenwind hatten, welcher zugleich so schwach war, dass wir uns nicht in gehöriger Entfernung von der Küste halten konnten. Des andern Tages indessen segelten wir mit günstigerem Winde unserer neuen Bestimmung, dem Hafen von Callao zu.

Kapitel 8

IN PERU

Vor einer neuen Seefahrt, das heißt vor einer umständlichen Mitteilung des auf derselben Erlebten, darf der freundliche Leser keine Besorgnis hegen. Ich werde bald für die Rückreise von Peru nach Europa genug zu tun haben, seine Geduld nicht allzu sehr zu ermüden.

Wir bedurften, um von der Algodonbai aus nach Callao zu kommen, zehn Tage und bekamen bereits am 4. März gegen Abend die Insel St. Lorenzo in Sicht.

Es muss in der Tat ein furchtbares Erdbeben gewesen sein, welche diese Felseninsel vom Festlande losgerissen hat. Sie liegt gegenwärtig zwei und eine halbe Meile von der äußersten Spitze des Landes entfernt, und ohne Zweifel ist der sie mit dem übrigen Lande früher verbindende Teil versunken, das heißt von der See verschlungen worden.

Die größere Tiefe der See, welche jetzt die Durchfahrt zwischen Land und Insel bildet, ist sechzig Fuß, die geringste vierundzwanzig Fuß und der Grund besteht aus Felsen und Sand.

Kaum glaublich, dennoch aber sicher beurkundet, sind die grauenhaften Erscheinungen, unter welchen jenes berüchtigte Erdbeben (1746) aufgetreten ist.

Die Erde hob und senkte sich dergestalt, dass die ganze frühere Hafenstadt Callao samt ihren Bewohnern in Zeit von wenigen Sekunden vollkommen vertilgt war. Natürlich trat die See mit einer furchtbaren Schnelligkeit über das für den Augenblick gesunkene Land, und man kann sich einen Begriff von der Heftigkeit dieses Vordringens des Meeres und der Mächtigkeit der stürmenden Flut machen, wenn man erfährt, dass neben einer großen Anzahl anderer ans Land geschleuderter und zerschellter Schiffe, eine große englische Kriegsfregatte über eine englische Meile weit ins Land geworfen wurde und dort liegen blieb. Ein Denkstein bezeichnet noch heute die Stelle.

Wir hatten auf der Fahrt von der Algodonbai aus nach Callao noch öfter die Küste in Sicht, und daher noch den Eindruck derselben, das Wilde und Sterile im Gedächtnis behalten. Einen umso erfreulicheren Anblick gewährte jetzt das landschaftliche Bild der peruanischen Küste. Grün und bebuscht dehnt sich vom Ufer an eine freundliche Fläche aus. Einzelne hervorragende Palmen verfehlen nicht den Typus der Tropen zu verleihen, und im Hintergrunde liegt die Ciudad de los Reyes, das königliche Lima, tausend Erinnerungen weckend an alles, was man gehört und gelesen von demselben, und wohl auch geträumt. Ein Gebirge, dessen Spitzen meist in Nebel gehüllt sind, schließt hier die Landschaft. Im Vordergrunde, und dicht an See, liegt die Hafenstadt Callao.

Kurz ehe wir in den Hafen einliefen, kam ein mächtiger Hai, wohl zwölf Fuß lang, an Bord. Es wurde, da er die Angel nicht nahm, mit der Harpune auf ihn Jagd gemacht, das Tier auch wirklich getroffen, aber wie gewöhnlich ging es beim Aufheben verloren. Auch Walfische sahen wir mehrere. Außerhalb des Hafens war eine Unzahl von Vögeln, im Hafen jedoch weniger. Indessen behauptet man, dass die Menge der Vögel in und um den Hafen gegen früher sehr abgenommen habe, seitdem sie durch das Holen des Guanos allenthalben gestört und verjagt werden.

Am Lande selbst herrscht, wie allenthalben an solchen Orten, reges lebendiges Leben, und bunt durcheinander klingen die Zungen aller Nationen. Ich gefiel mir dort darin, den Seemann zu spielen, trug eine weiße Jacke mit roter Schärpe und sprach ein schauderhaftes Spanisch. Wir wanderten durch die reich und einladend aufgestapelten Schätze der Früchte des Landes, welche dort zum Verkaufe geboten werden, ans Zollhaus, und da man mich wirklich für einen Seemann hielt, machte man Miene, mich einer etwas sorgfältigeren Untersuchung zu unterwerfen. Aber die Zauberformel »Soy medico« und das Öffnen meiner Reisetasche, welche Verbandzeug, Aneroidbarometer, Mineralienhämmer und ähnliche Dinge enthielt, verschaffte mir sogleich freien Pass.

Ich mietete mich hier einen Tag im »Marine-Hotel« ein, um flüchtig Callao zu besehen und dann nach Lima zu gehen. Die bescheidene Wohnung, welche mir angewiesen wurde, bestand aus einem kleinen Häuschen, welches neben drei andern Kollegen auf dem flachen Dache des Hotels stand, in jeder Ecke des Daches eins. Ein schmales Bett, ein Tisch und ein Stuhl nebst so viel Raum, um zwischen diesen Gegenständen sich ohne besondere Mühe durchwinden zu können, war die Bequemlichkeit, welche mein Haus bot.

Die Unbequemlichkeit, welche es enthielt, bestand neben einer drückenden Hitze aus einer Unzahl von Flöhen und Ameisen. Ich nahm daher vor meiner Haustür Platz, ließ mir eine Flasche Ale bringen nebst einem Imbisse, und zeichnete, so gut es ging, während des Essens einen Teil der Küste und des Hafens.

Einen Überblick über die Stadt gewinnt man übrigens auf einem solchen Dache ganz vortrefflich, und es gewährt einen eigentümlichen Anblick, die Menge von braunen, aus Lehm geschlagenen Vierecken zu sehen, welche mit vergitterten Fenstern versehen sind und mit dem Schmutze von Decennien bedeckt scheinen.

Außer einzelnen Aasgeiern, welche hie und da die sterblichen Reste eines Hundes oder einer Katze aufzehren, sieht man indessen auf jenen Dächern nichts Lebendes, und bloß im »Marine-Hotel« hatte man die – wie es schien – wohlwollende Einrichtung getroffen, für Flöhe, Ameisen und wohl auch für Reisende jene kleinen Zufluchtsorte zu errichten.

Ähnlich wie in Valparaiso, wenn auch in kleinem Maßstabe, verläuft auch hier die Stadt gegen außen in kleinere Gebäude und Hütten. Gegen das Feld zu findet man dort lange, breite und einsame Straßen, in welchen nur hie und da eine Hütte steht. Diese Hütten sind im nämlichen architektonischen Sinne konstruiert, wie die früher erwähnten in Mamilla, aber bei den meisten bestehen die beweglichen Wände nicht aus fragmentarischen Kleidungsstücken wie dort, sondern aus Flechtwerk und Matten, was nicht übel lässt.

Ich hatte Gelegenheit, dies zu bemerken, indem ich einige Stunden in der Stadt umhergelaufen war, einige Skizzen gezeichnet, und ein Paar herrliche Papageien gekauft hatte, welche ich, nebenher gesagt, auch glücklich lebend mit nach Europa brachte.

Im Gasthause wieder angelangt wurde ich mit einer fabelhaften Achtung und Aufmerksamkeit empfangen, Capitano und Señor Baroné genannt, ein Ausdruck, den ich dort zum ersten und letzten Male an der Westküste hörte, und zugleich wurde mir angezeigt, dass meine Sachen in ein würdiges Zimmer gebracht worden seien. So war es in der Tat, aber ich habe nie erfahren, welcher unbekannte Freund mich dort so in höhere Potenz gestellt hatte. Indessen waren durch das einige Mal ab- und zufahrende Boot meine Kleider ins Hotel gebracht, und die erkauften Vögel an Bord geschafft worden, so konnte der Abend sorglos zugebracht, und im Gespräche mit einigen Deutschen umfangreiche Notiz über das Land erworben werden.

Es wurde jenes Mal viel von der Unsicherheit des Landes gesprochen. Richtig war allerdings, dass der von Callas nach Lima gehende Postomnibus öfters beraubt worden war, und dass fortwährend berittene Abteilungen von Militärwachen jene Straßen durchstreiften. Geschieht dies vierzehn Tage nicht, sagte man mir, so kann man darauf rechnen, dass Räubereien vorfallen. Als ich aber meinen Vorsatz äußerte, am anderen Morgen die Umgegend von Callao zu durchstreifen, versicherte man mir ganz ernsthaft, dies würde ich nicht tun, denn es sei zehn gegen eins zu wetten, dass ich ermordet werden würde.

Ich war aber nicht nach Südamerika gegangen, um hinter den Lehmwänden einer kleinen Hafenstadt mich vor Räubern versteckt zu halten, steckte des andern Morgens frische Hütchen auf meine zuverlässige Taschenpistolen und machte mich, nachdem ich den Kaffee mit heroischen Gedanken genossen, auf den Weg. Vor der Stadt indessen und im Gebüsche angelangt, fand ich, dass ich meine Pistolen vergessen hatte.

Aber der Leser kann mich friedlich ziehen lassen, es wiederholte sich nicht das Abenteuer mit dem Löwen, welchem ich unbewaffnet entgegentreten musste, und ungefährdet erreichte ich gegen Mittag wieder die Stadt.

Kapitän Müller und ich fuhren des Nachmittags nach Lima. Zu jener Zeit wurde die Fahrt im Omnibus gemacht, deren mehrere des Tags hindurch hin und zurück gingen, und genau alle Unbequemlichkeiten boten, wie die deutschen analogen Institute. Mehrere Damen waren unsere Reisebegleiterinnen, und ich staunte über die Masse des Schmuckes, mit welchem dieselben buchstäblich beladen waren.

Es hätte sich in der Tat rentiert, einem solchen Omnibus einen Besuch à la Rinaldo Rinaldini abzustatten, und reitende Patrouillen, welchen wir begegneten, schienen zu beweisen, dass in Wirklichkeit ähnliche romantische Ideen Eingang gefunden haben mochten bei den Söhnen des Landes.

Jetzt ist eine Eisenbahn von Callao nach Lima geführt, an die Stelle des wilden Räubers wird der sanfte Taschendieb treten und die Nachkömmlinge der blutdürstigen Spanier werden der Segnungen der Kultur und feiner Bildung mehr und mehr teilhaftig werden.

Der Weg von Callao bis Lima beträgt etwas über drei Wegstunden, welche wir aber in einer Stunde zurücklegten, und auch hier wurde, wie in Chile, fortwährend Galopp gefahren.

Einzelne Landhäuser und Ruinen von solchen, Erinnerungen an die Kämpfe der Revolution, stehen hie und da auf der weiten Ebene, und bei allen scheint ungebrannter Lehm das vorherrschende Baumaterial gewesen zu sein.

Die Repräsentanten der Pflanzenkultur waren vorzugsweise Kleefelder und Zuckerrohrplantagen, auch Orangenbäume fehlten nicht, zerstreute Palmen aber gaben der Gegend jenen tropischen Anstrich, welcher für den aus höheren Breitengegenden Kommenden stets anziehend und reizend ist.

Lima selbst macht einen großartigen Eindruck. Die Kuppeln und Portale der Kirchen, an altspanischen Stil erinnernd, wenngleich oft mit starker Zopfreminiszenz, treten immer imponierend genug aus der Masse der übrigen Gebäude hervor, und die ganze Stadt dehnt sich weithin aus. Man hat mir die Einwohnerzahl von Lima auf 80.000 angegeben, aber für den Flächenraum der Stadt gibt dies nach unseren Begriffen keinen sicheren Anhaltspunkt, da die meisten Häuser nur ein Erdgeschoss mit einem Stockwerke haben, und nur wenige Gebäude mit drei Etagen bestehen, ja viele Häuser selbst nur ein Erdgeschoss haben.

Es ist mithin die Einwohnerzahl auf eine größere Grundfläche verteilt als in unseren europäischen Städten, wo durchgängig höhere einzelne Bauten eine größere Menschenmenge fassen.

Die Bauart selbst erinnert mehr an jene von Rio de Janeiro als an die von Santiago, namentlich die besseren Häuser, welche freundlicher aussehen oder wenigstens nicht den klösterlichen Typus haben wie die chilenischen, doch trifft man auch solche. Einen ganz eigentümlichen Eindruck haben die abenteuerlich konstruierten Dächer mehrerer Kirchen auf mich gemacht, welche fast alle mit einer dichten Staubdecke belegt, mich unwillkürlich an alte, sonderbare Spielwerke meiner Jugendzeit erinnerten, welche beiseitegestellt in irgendeinen Winkel nach längerer Zeit wieder hervorgesucht wurden, und sich dann ebenso bestaubt wie jene zeigten. Auch auf Balkons und gedeckten Gängen der Privatwohnungen liegt eine dicke Staublage, welche von den spärlichen und selbst dann nur nebelähnlichen Regen nur selten vollständig entfernt zu werden scheint.

Kapitän Müller und ich stiegen in der »Goldenen Kugel«, einem der ersten Gasthäuser von Lima ab, und besuchten hierauf sogleich einen deutschen Uhrmacher, der in nächster Nähe wohnte, und einen reichen Verkaufsladen hatte. Er war ein alter Bekannter von Müller und empfing uns mit derselben Herzlichkeit, wie alle Deutsche, welchen ich an der Westküste begegnet bin, und da in seinem Geschäftslokale zugleich der Versammlungsort der meisten Deutschen war, welche eben ein paar müßige Augenblicke hatten, so lernte ich in der Folge viele derselben dort kennen.

Wir gingen, nachdem es dunkel geworden, nach der Plaza, und ich staunte über das eigentümliche Leben, was sich uns dort darbot. Die Plaza ist der Hauptplatz von Lima, wohl einige hundert Schritte lang und breit und gegen Ost von der Kathedrale begrenzt, welche ein würdiges Bauwerk ist, und im Innern vor der Revolution unglaubliche Schätze enthielt, von welchen aber ein großer Teil seitdem verschwunden ist. Die nördliche Seite schließt das Rathaus ein, gegen Süd und West aber stehen Privathäuser, unten mit geräumigen Galerien versehen, in welchen offene Kaufläden mit

Blick auf Lima

den verschiedenartigsten Gegenständen gehalten werden. Täglich erlebt man auf der Plaza drei verschiedene Perioden.

Des Morgens mit Tagesanbruch herrscht der Lärmen und das Gewühle von Viktualienverkäufern aller Art, denn es wird dort zugleich der Hauptmarkt abgehalten; bei steigender Sonne aber und des Tages über ist der Platz leer und geräumt, und fast im alleinigen Besitze der glühenden Sonnenstrahlen; beim Beginne der Nacht hingegen entwickelt sich dort das lebendigste Treiben. Hunderte von Verkäufern bieten Eiswasser (Fresco) und Limonade aus. Ihre Buden sind freilich nicht glänzend, und bestehen meist aus alten Kisten, in welchen die Gefäße mit Eis stehen, beleuchtet von einem kleinen Talglichte, und aus einer Anzahl niedriger Bänke und fußschemelartiger Stühlchen, denn man liebt in Peru ebenso wie in Chile, fast huckweise (kauernd) zu sitzen.

Aber um diese bescheidenen Etablissements hat sich der Luxus geschart, die schöne und die feine Welt von Lima. In reichen Anzügen haben dort die vornehmsten Damen Platz genommen, und lassen sich Fresco reichen von ihren ebenfalls zierlich geschmückten Männern oder Freunden. Offiziere beleben die bunten Gruppen, und anständig schreitet mitunter ein Mönch zwischen ihnen.

Friedlich aber zwischen allen diesen Staatspersonen sitzt mitunter leichte Ware, Priesterinnen der verrufenen, wenngleich nicht unbeliebten Göttin, die dereinst den Wellen entstiegen; bunte Vögel, zwar nicht geschmückt mit fremden Federn, wohl aber mit lebenden, blühenden Blumen. Man sagte mir, dass dies das selbst gewählte Abzeichen jener schwärmenden Damen sei. Vielleicht aber sind sie eben deshalb geduldet mitten im Kreise der Tugend und des Anstandes, da sie so hinreichend bezeichnet sind durch den duftenden Jasminkranz, den zu jener Zeit wenigstens fast alle trugen. Jedenfalls fällt es aber niemand ein, Übel zu denken oder sich aufzuhalten über jene Vermengung von Tugend und Leichtsinn.

So schlürft man behaglich einige Gläser Fresco, die nebenher gesagt, aus Eiswasser besteht, gewürzt, je nach Wunsch des Konsumenten, mit fast allen Früchten, die Peru bietet, und verlässt gegen zehn Uhr die Plaza. In den Familien beginnt jetzt erst das eigentliche Leben, man empfängt Besuche, musiziert oder spielt. Der Fremdling aber geht ins Hotel und sucht sein einsames Lager. Er denkt über die Versuchungen nach, denen er auf der Plaza glücklich entgangen, und preist seine Tugend – aber, er bedarf ihrer noch ferner! Im Gasthofe, auf den dunklen, oder wenigstens nur halb beleuchteten Gängen, die zu seiner Schlafstube führen, schwärmen Gestalten flüsternd und lockend. Sie mehren und mehren sich! Führt man Robert auf? Soll er in der Kirchhofszene debütieren? Aber glücklich der erfahrene Mann! Die Señoritas tragen Jasminkränze, und er hat vor einer halben Stunde auf der Plaza erfahren, was diese bedeuten. So gewinnt er sein Zimmer und verschließt seine Türe, klopft man, so ruft er einfach *no quiero*, und nachdem er zehn oder zwölf Mal an stets neue Klopfgeister diese Zauberformel gerufen, kann er sich ruhig zu Bette legen mit dem Kranze der Unschuld, statt mit dem von Jasmin geschmückt, und eine willkommene Speise für Tausende von Flöhen, welche jetzt wie wütend über ihn herfallen, und gegen welche weder Tugend noch kölnisches Wasser, weder Essigsäure noch männliche Festigkeit und Salmiakgeist hilft. Beiläufig so wie eben geschildert, war mein erster Abend in Lima, auf und nach der Plaza.

Den folgenden Tag lief ich in der Stadt umher, planlos in Hinsicht auf die zu verfolgende Richtung, indessen in der Absicht, ein, wenn auch nur oberflächliches Bild derselben und ihrer Bewohner zu erhalten. Erinnern gleich die kuppelförmigen Dächer der Kirchen, ihre eigentümlichen Portale und ganze Bauart, sowie die Balkons der Privatwohnungen stets den Beschauer daran, dass er sich in einem fremden Lande befindet, so haben doch wieder die gangbarsten Straßen viel Europäisches. Man sieht allenthalben glänzende Buden, in welchen die Industriegegenstände Deutschlands, Englands und Frankreichs ausgeboten werden, und Restaurationen, so viel als möglich in gleichem Sinne eingerichtet, finden sich häufig.

Es herrscht ein reges Leben auf diesen Straßen, was bedeutend abweicht von der Ruhe, welche fast allerorten in Santiago stattfindet, und in der Tat zeigen sich interessante Gestalten genug, die Stoff zu Beobachtung bieten. Fast gänzlich verschwunden ist gegenwärtig die alte Tracht, von welcher früher Reisende so vieles zu berichten wussten, und ich habe nicht viele Damen in der Saya und dem Manto gesehen. Die Saya ist ein Rock von Wolle oder Seide, welcher unten an den Füßen sich wieder verengte, sodass die Trägerin nur trippelnd gehen konnte. Der Manto ist eine Art Schleier von dickem, schwarzen Seidenzeug, welcher am Gürtel befestigt und so über den Kopf geschlagen wird, dass nur das eine, meist das linke Auge der Dame zu sehen ist. In der unten engen Saya habe ich nur noch einige ältere Frauen gesehen, während bei denen, welche noch jetzt die Saya und den Manto tragen, die Erstere in malerischen, wenngleich künstlich durch verschiedene Mittel hervorgebrachten Falten abwärtsfällt.

Um die schlanke Taille noch mehr zu heben, wird das Unterkleid durch einen zweiten Gürtel in die Höhe geschoben und festgehalten, und dann über den Kopf die Saya und der daran befestigte Manto übergestürzt.

Ganz gut kann man begreifen, warum unter 12° südlicher Breite sich die Damen so einhüllen, dass man bloß ein Auge von ihnen sieht, denn bei vorliegenden Gründen kann man sich für jeden Unberufenen, oder wenigstens Ungewünschten, unkenntlich machen, während ein kaum sichtliches Zeichen zu dem Freunde deutlich genug spricht; aber es ist mir nie recht klar geworden, warum man die allerschwersten und mattierten Seidenzeuge zu diesen Verhüllungen angewendet hat.

Doch – wie gesagt – nur wenige Damen werden jetzt mehr in dieser Tracht gesehen, und französische Mode hat auch hier das Landeseigentümliche verdrängt. Doch muss ich gestehen, dass immerhin noch die Damen malerisch genug und wirklich mit Zierlichkeit auch jenen französischen Tand um sich zu schlingen wissen, den sie gegenwärtig tragen. Wunderbar und unglaublich klein sind die Hände und Füße der Damen in Lima, aber mir schien es fast, als sei man wenig eitel auf diese Zierde, da sie Gemeingut.

Da ich von den Damen und ihrem Anzuge gesprochen, muss ich natürlich auch die Herren erwähnen. Gänzlich verbannt ist bei diesen, im Stadtleben wenigstens, der Poncho und die ältere Landestracht, und die Mode hat vollen Eingang gefunden. Man trägt den engen, schwarzen Frack, um die Strahlen der Sonne aufzuhalten, bindet eine Krawatte um den Hals, da man bei +24° R. sich sonst leicht erkälten könnte, und trägt den schwarzen, runden Hut, um das Malerische und Zweckmäßige des ganzen Anzugs zu vollenden. Der teure, aber für jenes Klima so passende Strohhut kommt dort täglich mehr aus der Mode. So die Herren. Die Männer, das heißt die Männer aus dem Volke, tragen den Poncho, leichte Schuhe und weite Beinkleider, nebst einem stets breitkrempigen Hut, in übrigens sonst verschiedener Form. Sie haben die alte Tracht des Landes beibehalten, so wie bei uns auf dem Lande an verschiedenen Orten Deutschlands auch deutliche Spuren älterer Moden zu finden sind. Aber ob sie nicht mit heimlichem Wunsche und mit Begehrlichkeit nach den neuen Moden blicken, will ich nicht entscheiden.

So drängen sich in den Straßen von Lima in buntem Gewühle der europäisch gekleidete Modeherr und der Arbeiter mit dem Poncho. Dazwischen reitet ein Früchteverkäufer mit mächtigen Körben und Säcken zu beiden Seiten des Maultiers. Sein Poncho ist brennend rot und seine Beinkleider von schönster Indigfarbe. Ihm folgt stolz auf einem weißen Rosse ein Neger, ein Lieblingssklave vielleicht, oder ein Freigelassener. Seine Satteldecke ist blau, sein Poncho weiß, weiß sein Hut und ein weißer Kragen, Andeutung des zukünftigen Vatermörders, wenn er ganz Caballero geworden sein wird, dehnt sich bis an die Ohren. Der solide Neger liebt die weiße Farbe.

Mit eben nicht überflüssigen Kleidungsstücken ausgestattet, aber rittlings nach Männerart im Sattel oder wohl auch auf ungesatteltem Tiere sitzend, begegnet uns dort eine ländliche Señorita. Unter dem blauschwarzen Haare, welches wild über die braunen Wangen hängt, blitzen zwei kohlige Augen hervor, vielleicht nach einem Sohne des Mars, der eben wohlgenährt, wie fast alle seine Kameraden, und weiß uniformiert, mit der hohen, leichten Mütze durch die Straßen schreitet. Mönche in verschiedenen Ordenskleidern, ernst, würdevoll oder demütig, wohl nach der Regel des Ordens, durchwandern, grüßend und gegrüßt das bunte Gewühl, was vervollständiget wird durch die Fremden, die eben angekommen sind, durch die Kapitäne und Seeleute überhaupt, durch Neger und Negerinnen und Staffage der verschiedensten Art, die zu schildern der Raum verbietet.

Verlässt man die volkreichsten Straßen, so treten wohl die von ungebranntem Lehm erbauten und weiß getünchten Häuser, die an Santiago erinnern, hervor. Dort zieht sich auch, wie in den meisten Straßen der genannten Stadt, ein schmaler Kanal der Länge nach durch die Mitte des Weges, und an diesem sitzt in stoischer Ruhe der schwarze Aasgeier, der häufig sich nicht bewogen fühlt, dem vorübergehenden Herrn der Schöpfung auszuweichen, oder höchstens einen Schritt zur Seite geht. Diese Tiere haben die Reinigung der Straßen übernommen, und erfreuten sich hierfür der allgemeinsten Achtung und Sicherheit. Abfälle aller Art, Aas und Unrat, werden einfach und ohne Wahl von den Bewohnern auf die Straße geworfen und mit ebenso wenig Auswahl aufs Schnellste von diesen Tieren verzehrt. Der Zweck ist edel, aber die Ausführung streift häufig ans Unappetitliche.

Da Lima mit Lehmmauern umgeben ist, welche etwa neun Fuß Höhe und sechs Fuß Breite haben, so findet nicht jener allmähliche Übergang in immer kleinere und unansehnlicher werdenden Wohnungen statt, welchen ich früher für die Südamerikanischen Städte überhaupt angegeben habe. Geht man aber über die wirklich schöne Brücke, welche über den Fluss Rimac führt, so kommt man in die Vorstadt San Lazaro, welche meist von ärmeren Leuten bewohnt und wo allerdings der eben erwähnte Typus gefunden wird.

Nach langer Wanderung durch die Straßen Limas mag mich der Leser in die »Fonda Italiana« begleiten, eine Restauration, wo man fast zu allen Zeiten des Tages nach der Karte speisen, aber auf Abonnement auch festen Mittagstisch nehmen kann.

Es ist ein schönes, ja vollkommen großstädtisch angelegte Etablissement, und man speist dort ziemlich billig, wenigstens nach »Westküstenpreisen« und in zierlich ausgestatteten Räumen. Es waren auf der Speisekarte einhundertvierundfünfzig warme Speisen, zwanzig kalte und ebenso viele Weine und Spirituosen angegeben. Wirklich zu haben waren an jenem Tage zweiundsechzig warme Speisen und alle kalten, nebst den verzeichneten Weinen. Da in der »Fonda Italiana« auf den Geschmack aller seefahrenden Nationen Rücksicht genommen war, und sich die Lieblingsgerichte einer jeden vertreten fanden, war dort auch stets ein Zusammenfluss der meisten Fremden zu finden, und nebenher zugleich auch starker Besuch von Limanern selbst.

Ich habe in jener »Fonda Italiana« einen alten Spanier kennengelernt, keinen *Peruaner*, denn er selbst nannte sich so, und alle Welt bezeichnete ihn nur mit dem Namen *il Español*. Ich habe von dem alten mehrere Notizen über das frühere Verhältnis von Peru erfahren, und ich, der Fremde, war vielleicht der einzige Mensch, der seit langer Zeit ihn freundlich behandelt hatte. Er war eine Ruine aus vergangener Zeit, ein *Geduldeter*. Unter der spanischen Herrschaft war er ein reicher, begüterter Mann und allgemein geachtet. Da brach die Bewegung aus und er hielt es mit der Sache des Königs. Sie ging verloren. Einen Teil seines Vermögens hatte er seiner Partei geopfert, er hatte ihn auf die eine Seite des vaterländischen Altars gelegt. Die neue Regierung konfiszierte den Rest seiner Habe, und legte ihn auf die andere Seite des bekannten Opfersteins. Er war ein Bettler und stand allein. Sein einziger Sohn war in der Revolution getötet worden, noch ein halbes Kind, sagte

Kathedrale in Lima

der Alte, indem er sein Gesicht verbarg; ob aber für oder gegen die Sache des Vaters, habe ich nicht erfahren. Er hatte sich, nachdem alles verloren war, verborgen und erreichte endlich ein Schiff, in welchem er später nach Spanien flüchtete, denn dort lebten ihm Verwandte, und vor allem war dort die Regierung, der er alles geopfert. Man würde ihn nicht sitzen lassen im Vaterlande, meinte er. Man ließ ihn auch wirklich nicht sitzen, sondern gab ihm den guten Rat, so bald wie möglich wieder zu gehen, woher er gekommen, oder auch in Gottes Namen anderes wohin, aber nur fort. Wer hatte ihn geheißen, dem Dinge, welches er seine Ehre nannte, so leichtsinnig alles zu opfern. Niemand war ihm etwas schuldig. Ein französischer Kapitän nahm ihn aus Barmherzigkeit wieder mit nach Peru. Er hoffte, einen Teil seiner Besitzungen wieder zu erlangen, indessen vergebens. Doch kümmerte sich die Regierung, jetzt stark genug, nicht weiter um ihn, aber ein alter Bekannter borgte ihm eine kleine Summe, und er begann einen Papierhandel und hielt einen kleinen Buchladen, der ihn spärlich nährte. Aber er wusste Herrliches zu berichten von der vorigen Zeit, von der Pracht, die geherrscht, und von dem Gelde, das im Überfluss vorhanden. Zu jener Zeit, sagte er, kam es wohl, wie allenthalben vor, dass auch ein reicher Mann für den Augenblick kein Geld hatte. Er ging zu einem Freunde und entlieh eine Kleinigkeit von 500 oder 1000 Talern. Wollte er aber nach ein paar Tagen oder Wochen das Geld zurückzahlen, so sagte der andere: »Heilige Jungfrau! Diese Kleinigkeit, wer denkt daran! Lassen Sie es doch gehen, ich komme wohl auch einmal zu Ihnen, und niemand sprach mehr von der Sache!« Wenn diese Liberalität noch jetzt geübt würde, welch ein vortreffliches Land für die Auswanderung würde dieses Peru abgeben. Aber man bekräftigte auch von anderen Seiten, dass Ähnliches wohl vorgekommen sei.

Ein anderer Beweis von dem Reichtum jener Zeit, der indessen wohl schon bekannt, keinesfalls aber eine Fabel ist, ist der, dass wenn ein neuer Gouverneur aus Spanien kam und zum ersten Mal ausfuhr, die Reichen aus ihren Häusern liefen, und spanische Taler auf seinen Weg streuten, nicht einzeln, so wie bei uns bisweilen Blumen gestreut werden, sondern dicht. »Pferde und Räder liefen auf Silber.« Die Armen lasen dann diese Taler auf. War der Gouverneur beliebt, so wurde auch später und zum Öftern dieses Streuen wiederholt. Dies ist eine Tatsache, welche noch heute älteren Leuten dort wohlbekannt ist.

Auch der Luxus, der mit silbernen und goldenen Gerätschaften getrieben wurde, grenzte in jener Zeit ans Fabelhafte. Alles war von edlem Metalle, und ein gewisses Geräte, so unentbehrlich im Schlafgemache, wie unnennbar in guter Gesellschaft, war selbst bei Leuten, die nicht zu den reichsten gehörten, stets von Silber, und gerade von diesem Artikel soll man sich am schwersten getrennt haben, als das eiserne Zeitalter viele Opfer nötig machte.

Aber noch heute glänzt dort Gold und Silber in den Zimmern der Reichen und ich habe Nipptische gesehen, welche eine kleine Schatzkammer waren.

Gleich in den ersten Tagen meiner Ankunft besuchte ich das Museum, *Museo national y latino* genannt. Diese Sammlung befindet sich auf dem Standpunkte, auf welchem etwa vor vierzig Jahren fast alle europäische ähnliche Sammlungen waren.

Ohne allen Plan hat man alles »Merkwürdige« zusammengestapelt, dessen man eben habhaft werden konnte, und so ist ein vereintes Kunst- und Naturalienkabinett entstanden. Aber wie bei uns, so wird wohl auch in Peru der Sinn für die Schätze der Natur und Kunst geweckt werden durch solche Sammlungen, es wird wenigstens einigermaßen vorläufig der blinden Zerstörungswut entgegengewirkt werden, und wie beim einzelnen Individuum das anfängliche Sammeln endlich zum Studium führt, so wird hier der bessere Teil der Nation selbst zuerst zum Erhalten, später zum Beachten aufgefordert.

Man findet im Museum zu Lima die alten peruanischen Gefäße und Götzenbilder ziemlich reich vertreten, wenngleich ein bei Weitem größerer Teil derselben entweder bei zufälligem Funde zerstört, oder außer Land gebracht worden ist, wohl auch sich noch in Privathänden befindet.

Die Wichtigkeit solcher Funde, wenn die Ausgrabung gehörig geleitet wird, schein jetzt bei uns erst in neuerer Zeit mehr und mehr anerkannt worden zu sein, und es ist kaum glaublich, dass bisher fast allgemein die bei solchen Gelegenheiten gefundenen Schädel entweder zerstört oder wieder begraben wurden und dass nur wenige daran gedacht zu haben scheinen, wie wichtig ihre Erhaltung für die Ethnografie gewesen wäre. Die im Museum befindlichen alten Götzenbilder, meist von Silber, einige von Gold und alle mit dem Hammer getrieben, scheinen mir großenteils altperuanischer Abkunft.

Da sich ziemlich viele dieser Ausgrabungen im Privatbesitze befinden, habe ich mehrere derselben erwerben können, und bin so ziemlich imstande, das eben Gesagte nachzuweisen.

Die Mumien im Museum zu Lima sind vollständig wohlerhalten und noch mit den Decken versehen, mit welchen sie gefunden wurden. Sie wurden ebenfalls in sitzender Stellung gefunden, wie fast alle dort ausgegrabenen Leichen, und ganz so wie ich die der alten Titicaca-Rasse fand, aber sie gehören nicht dieser Rasse, sondern der altperuanischen an, wie sich deutlich aus der Form der Schädel ergibt.

Mitten unter den alten Resten dieses früheren Kunstfleißes sah ich plötzlich zu meiner Überraschung einen alten Bekannten stehen, den ich seiner sonderbaren Gesellschaft halber anfänglich kaum zu erkennen mich getraute. Es war eine Sicherheitslampe von Davy, die wie Saul unter den Propheten, friedlich unter den alten Götzen Platz genommen hatte. So steht eben dort, wie ich vorher bemerkt, alles bunt durcheinander.

Ich habe mehrere Ausflüge zur Pferde in die Umgegend von Lima unternommen, wobei mich meistens Deutsche begleiteten. Allein reitet oder geht man ungern vor die Stadt aus Furcht vor Räubern, welche allenthalben lauern sollen.

Außer einem Überblicke über die Gegend habe ich aber bei jenen berittenen Exkursionen wenig erworben. Man reitet in Peru fast ebenso toll und besessen wie in Chile, so stürmten wir im Galopp stets vorwärts, und kaum waren die Genossen zu bewegen, irgendwo einige Augenblicke zu halten.

Als ich aber eines Abends meinen Vorsatz äußerte, des andern Tags zu Fuß die Umgegend zu besehen, lachte man mich geradezu aus und versicherte mir, teils der Hitze halber, vorzugsweise aber wegen des Raubgesindels, sei dies eine vollkommene Unmöglichkeit.

Da ich mit der Hitze auf gutem Fuße stehe und nicht zu jenen unaufhörlich transpirierenden und schnaufenden Subjekten gehöre, welche lieber mit Eisbären verkehren, als unter Palmen wandeln, so ging ich dennoch: Wegen der Räuber hoffte ich, dass sich das Weitere ebenfalls finden würde. Ich durchstreifte zuerst einen Teil des alten Flussbettes des Rimac, welches dort nur selten bewässert erscheint und mit acht bis zehn Fuß hohen Büschen eines hiftenartigen Strauches bewachsen ist, von welchem ich Samen mitgebracht habe, der in Europa trefflich anschlug.

Verdächtig aussehende Bursche traf ich allerdings gelagert in jenen Sträuchern, aber keiner machte nur im Entferntesten Miene mich anzufallen. Als ich dicht zu zwei derselben trat, und um sie anzusprechen fragte, wohin der Weg zu Stadt gehe, hob einer von ihnen den Fuß, die allgemeine Richtung zu bezeichnen, und sagte: *»aquí«* (hier) – dann legte er sich auf die Seite, um, wie es schien, von der Anstrengung auszuruhen, und würdigte mich kaum mehr eines Blickes. Möglich, dass es ein verwegener Räuber gewesen, allein entweder war er im Augenblicke nicht disponiert, »befand sich nicht in der Lage« wie man sich auszudrücken pflegt, sein Metier zu betreiben, oder hielt es nicht der Mühe wert, indem mein Äußeres eben nicht sehr glänzend beschaffen war. Hierauf wendete ich mich gegen den Monte San Cristoval und erstieg dessen kahlen Gipfel. Ich hatte nicht Zeit, die geognostischen Verhältnisse des Berges näher zu untersuchen, doch schien mir der Granit, aus welchem der größte Teil desselben bestand, welchen ich bestieg, von Gängen anderer Gesteine durchsetzt. Ich habe von dort einen Diorit, einen schönen Porphyr und zwei Stufen Granit mitgebracht, von welchen der eine so feinkörnig ist, dass man kaum mit unbewaffnetem Auge die Gemengteile zu erkennen vermag. Vom Gipfel aus hat man eine reizende Aussicht und es macht Lima, von dort aus gesehen, fast den Eindruck einer orientalischen Stadt, der begründet durch die vielen Kuppeln der Kirchen, noch verstärkt wird durch die zahlreichen Palmen in der Nähe, und die eigentümlichen Formen des aus der Ferne herüberblickenden Forts von Callao.

Vom Berge herabgestiegen, erbeute ich einige schöne Farrenkräuter und einige Spezies einer Landschnecke. Auch mehrere schöne Tagfalter sah ich, konnte aber mit dem Fang mich nicht befassen, hingegen wurde ich auch nicht eines einzigen Käfers gewahr, was mir eigentümlich genug erschien. Indem ich durch eine Schlucht gehend auf Umwegen die Stadt wieder zu erreichen suchte, hörte ich plötzlich Schritte dicht hinter mir, und mein erster Gedanke war jetzt wirklich ein räuberischer Anfall. Ich griff in die Tasche und spannte den Hahn meiner einen Pistole, denn diesmal hatte ich sie nicht wie in Callae vergessen, und drehte mich dann rasch um. Aber statt in das tückische und mordlustige Gesicht eines braungelben peruanischen Ladron zu sehen, blickte ich in ehrliche blaue Augen und das gemütliche Gesicht eines Deutschen aus dem gesegneten Schwabenlande, den ich schon einmal früher in Valparaiso gesehen hatte, und der sich nicht genug verwundern konnte, wie ich *gerade* hierherkäme. »Tausend! Tausend!«, sagte er, »die Deutschen kommen doch überall herum, und schlagen überall gut an.« Er war auch wirklich gut angeschlagen, das heißt er befand sich gut in Lima, und war Aufseher in einer Mühle. Wir aßen später zusammen in einer unweit der Stadt gelegenen Fonda, und als ich ihm von den Befürchtungen wegen Unsicherheit durch Räuber sprach, versicherte er mir, dass er in den acht Wochen, seit welchen er in Lima sei, nicht das mindeste Verdächtige bemerkt habe, obgleich sein Geschäft ihn täglich, und oft noch spät des Abends, in ziemliche Entfernung von der Stadt geführt habe. Die Unsicherheit des Weges nach Callao bekräftigte er indessen.

In Valparaiso hatte ich mehrere Empfehlungen nach Lima erhalten und wurde mittelst derselben von den dortigen Deutschen, an welche sie gerichtet waren, ebenfalls auf das Freundlichste aufgenommen. Ich hatte in einem dieser gastfreien Häuser Gelegenheit, weitere Studien zu machen in Betreff des Obstes sowohl, als auch der übrigen Kulturfrüchte, da man dort teils zum Vergnügen die feinsten Sorten von Früchten selbst zog, teils auch überseeische Geschäfte in größerem Maßstab mit Landesprodukten überhaupt machte. So sah ich dort alle Sorten des Kaffee, welcher im Lande gebaut wird, und von welchen einige ganz ausgezeichnet sind. Ich erwähne, um einen Anhaltspunkt zu geben, dass das beiläufige Gewicht von hundert Pfunden eines solchen vierzig Taler kostet, während eine geringere Mittelsorte vier Taler kostet.

Auch von Zuckerrohr, Kakao, Vanille, Chinarinde und Baumwolle wurden mir die verschiedenen Proben gezeigt, welche in den Handel gebracht werden, desgleichen drei Sorten von Mais, Reis, Weizen, Bohnen, Manioc, Oliven und analoge Dinge.

Unter den Früchten bemerke ich neben Weintrauben, welche dort an kühleren Stellen gezogen werden, der süßen Kartoffel *(Batata)*, der Liebesäpfel, Granatäpfel, der Pfirsiche, Aprikosen, Quitten, Melonen, der Brotfrucht, der Palta und anderer. Lebhaft im Gedächtnisse ist mir noch die Tuna und die Cheremoya. Der Letzteren habe ich schon in Chile Erwähnung getan, aber in Peru wird sie noch schöner und geschmackvoller getroffen als dort. Die Tuna hingegen ist eine Frucht von der Größe eines Gänseeis und kann am besten mit einer kolossalen Stachelbeere verglichen werden. Ihr

Fleisch hat dieselbe Konsistenz wie bei jener, und ist ebenso wie sie mit einer Menge von kleinen Kernen durchwachsen. Auch im Geschmacke ist eine nicht zu verkennende Ähnlichkeit vorhanden, doch ist jener der Tuna gewürziger.

Sicher das unparteiischste Urteil über die Sklaverei in Peru habe ich ebenfalls bei den dort wohnenden Deutschen erfahren. Es lautet günstig und wirft ein gutes Licht auf den Charakter der Limaner. Bei der Herstellung der Republik wurde die Sklaverei gewissermaßen aufgehoben. Ich vermag nicht die Worte der Akte anzugeben, mittelst welcher dieser Beschluss ins Leben trat, aber der Sinn derselben war der, dass keine neuen Sklaven eingeführt, die alten aber beibehalten werden sollten. Man hat dies treulich getan, und keine neue Zufuhr von schwarzer Ware findet statt. Dass hiedurch das Institut der Sklaverei nur modifiziert wurde, versteht sich freilich von selbst, indessen hat sich das Verhältnis, selbst im philantropischen Sinne betrachtet, erträglich gestaltet.

Die Neger, aufgewachsen in den Häusern ihrer Herren, gewöhnen sich leichter an sie und ihre Launen, und werden fast ohne Ausnahme von diesen gut behandelt, wenngleich, wie man mir sagte, namentlich bei den schwarzen Damen, hie und da eine etwas lebhaftere Ansprache nötig werden sollte.

Aber ich war nie Zeuge der Misshandlung eines Negers, wie in Brasilien dies fast täglich der Fall war, und die Sklaven in Lima sehen so zufrieden, ja selbst wohlhäbig aus, dass man von vorneherein auf ein nicht allzu schlimmes Los schließen darf.

Zur Zeit als ich in Valparaiso war, lag im dortigen Hafen ein Schiff mit Chinesen vor Anker, welche nach Lima bestimmt waren, um dort den Seidenbau einzuführen, oder vielmehr zu kultivieren. Da ich mehrmals auf jenem Schiffe war, um verschiedene chinesische Gegenstände, Waffen und dergleichen zu kaufen, und die wunderlichen Gestalten der Chinesen selbst, so wie der ganze abenteuerliche Typus derselben mir lebhaft im Gedächtnis geblieben waren, verfehlte ich nicht, über deren weiteres Los Erkundigungen einzuziehen, aber man konnte mir nichts weiter angeben, als dass jene Menschen ins Innere gebracht worden seien. Selbst später habe ich nicht in Erfahrung bringen können, ob der Seidenbau in Peru einigermaßen Wurzel geschlagen, und es will fast scheinen, als habe dessen Kultur nicht den günstigsten Fortgang.

Ohne Zweifel hat mancher der Leser tadelnd und missbilligend auf die spärliche und noch überdem ziemlich verworrene Reihenfolge der Notizen gesehen, welche ich über Callao und Lima gegeben habe. Aber die kurze Zeit, welche ich mich dort aufhalten konnte, reichte nicht aus, ein auf die strenge Wahrheit basiertes abgerundetes Ganze zu bilden. So habe ich vorgezogen, die gemachten Wahrnehmungen und Erfahrungen so bunt gemengt und abgerissen zu berichten, wie sie mir selbst vorgekommen sind, anstatt durch eine künstliche Verbindung vielleicht allzu sehr in Ausschmückung zu verfallen.

In diesem Sinne mögen hier noch einige Bemerkungen über den religiösen Kultus von Lima einen Platz finden.

Man *glaubt* dort, wie man in allen warmen Ländern glaubt, ohne viel zu untersuchen was und warum, und man hält die Gebote der herrschenden Kirche, im Falle sie nicht allzu schwer zu befolgen sind. Ohne Zweifel hat dies seine Nachteile, aber es hat auch sein Gutes. Es schützt den Laien einerseits vor einem gewissen geistlichen Hochmute, mit welchem er auf Andersdenkende so gerne herabsieht, und auf der andern Seite den Halbgebildeten gegen gänzlichen Unglauben.

Die glänzenden Feierlichkeiten der Kirche erbauen und beschäftigen zu gleicher Zeit den Limaner und er vergnügt sich, indem er betet, er betet also mit Vergnügen. Prozessionen sind beliebte Volksfestlichkeiten, und bei allen kirchlichen Zeremonien denkt man mehr an den zukünftigen Himmel als an die Hölle.

Sicher ist ganz bezeichnend, was ich sowohl in Peru als auch in Chile häufig gesehen habe: Vor einem Muttergottesbilde brennt eine Lampe, ein Caballero tritt an dieselbe und nimmt grüßend seinen Hut ab, aber hierauf zündet er seine Zigarre an der Lampe an, und geht friedlich rauchend weiter. Freilich aber betrachtet man in jenen Ländern das Rauchen nicht als etwas Unanständiges wie bei uns, trotzdem dass hier so wie dort fast alle Welt raucht.

Ein alter, aber heute noch wie früher bestehender Gebrauch findet beim Abendläuten statt. Mit dem ersten Schlage der Abendglocke ruhen auf einige Augenblicke alle Geschäfte. Der Arbeiter lässt den Hammer sinken, die Näherin die Nadel, und das bereits erhobene Glas, welches der Durstige zu den Lippen führen will, wird niedergesetzt. Jedermann verstummt, auf den Straßen steht jeder Fußgänger stille, und Reiter so wie Wagen halten an. Mancher murmelt wohl einige kurze betende Worte, und die Señoritas bekreuzen sich. Aber nach einigen Momenten tritt wieder die lebhafteste Bewegung ein. Man ruft jetzt auf den Straßen dem Nebenumstehenden einen freundlichen guten Abend zu, mag man ihn kennen oder nicht, geht dann seiner Wege. Mag man diese Sitte recht altväterisch oder »Abergläubisch« finden, mir hat sie gefallen. Sie ist eine Form, aber eine achtende gegen das Göttliche, eine wohlwollende gegen den Nebenmenschen. Eine andere Sitte (die Bezeichnung passt nicht recht, aber ich weiß keine andere) ist so eigentümlich, zugleich aber so charakteristisch, dass ich sie nicht übergehen kann, obgleich sie manchem meiner Leser wohl kaum glaublich erscheinen dürfte.

Jenes rätselhafte und doch leicht erklärliche Kind der tollsten Ehe, die je geschlossen wurde, die Eifersucht, ein Sprössling des Hasses und der Liebe, existiert auch in Lima.

So wie allenthalben, auch dort, und sonder Zweifel höchst irriger Weise, glauben bisweilen eigentümliche Ehemänner, dass die Señorita irgendeinem Caballero mehr Aufmerksamkeit schenkt, als eben nötig oder zuträglich für den künftigen Frieden des Hauses ist. Hie und da wollen solche verblendete Männer selbst mit eigenen Augen solche Aufmerksamkeiten gesehen haben.

Man weiß, dass in manchen Familien in Europa bisweilen ärgerliche Geschichten entstehen durch solche optische Täuschungen. Nicht so unter jenem glücklichen Himmel. Es bestehen dort eigene Bußklöster für solche Fälle, bewohnt bloß von alten ergrauten Nonnen und beaufsichtigt nur von einem sehr alten, allgemein würdig anerkannten Priester.

In ein solches begibt sich, auf energisches Anraten des scheinbar beleidigten Ehemannes, die Señorita, und stellt dort Buß- und Betübungen an, fastet und kasteit sich vielleicht mit Maß und Ziel, ohne Zweifel aber hinlänglich und genügend, denn nach Verlauf von vierzehn Tagen oder drei Wochen verlässt sie in *aller Augen* vollständig entsündigt, das Kloster.

Und sie ist wirklich entsündigt, denn jedermann hat den etwa bekannt gewordenen Skandal vergessen, oder betrachtet ihn wenigstens als ungeschehen. Die Verwandten der Frau, der Mann und seine Angehörige, holen die Weißgekleidete und klösterlich Geschmückte an der Pforte des Klosters ab, und führen sie zurück in das ebenfalls verzierte Haus, wo gleichsam eine zweite Hochzeitsfeier stattfindet.

Vielleicht mag es dort in der ersten Schäferstunde mancher Frau gelingen, den Mann von ihrem erlittenen Unrecht zu überzeugen, dies vermute ich, nicht genau weiß ich, wie oft diese Entsündigung mit genügendem Erfolge vorgenommen werden kann; ganz klar aber ist mir, dass derselben sich in Europa unübersteigliche Hindernisse entgegenstellen würden, selbst in den gläubigsten Ländern dieses alten halsstarrigen Weltteils. Mit Vergnügen aber füge ich bei, teils vielleicht als einen Beweis der großen Milde und Nachsicht der Frauen, teils auch als einen solchen für das solide Benehmen der Männer, dass ähnliche Buß- und Entstündigungs-Anstalten für Letztere in Lima nicht bestehen.

Kapitel 9

VON PERU NACH EUROPA

Am 14. März des Nachmittags drei Uhr gingen wir bei flauem Winde in die See. – Es war eine lange Reise, die wir vor uns hatten, und es hält schwer für eine solche die Zeit der Ankunft genau im Voraus zu bestimmen. Man hatte in besonders günstigen Fällen Hamburg von Peru aus schon in 85 Tagen erreicht, aber man hatte auch schon 150 Tage gebraucht und mehr, denn Kap Horn ist zu passieren, und niemand kann mit Sicherheit sagen, wie sich dort die Gelegenheit gestaltet.

In solchen Fällen gibt man sich der besten Hoffnung hin, arbeitet, so viel man kann, gegen das Schlimme und erträgt das Unvermeidliche mit stoischer Ruhe.

Wir hatten indes alle Aussicht, eine gute Reise zu bekommen. Der »Dockenhuden« war ein neues und gut segelndes Schiff, der Kapitän ein tüchtiger und wohlerfahrener Seemann, ebenso waren die Steuerleute, von welchen nach unserer Ankunft der Obersteuermann ebenfalls ein Schiff bekam, und die Matrosen, gewandte und kräftige Leute mit dem besten Willen von der Welt.

Schon oben habe ich mich über das Verhältnis zwischen Kapitän und Passagier ausgesprochen, und brauche daher kaum zu wiederholen, dass fortwährende Misshelligkeiten zwischen beiden das Leben am Bord zu einer wahren Hölle machen. Aber mit desto größerem Vergnügen und mit aufrichtigem Herzen spreche ich hier aus, dass sowohl während der früheren Fahrten, welche ich mit Kapitän Meyer an der Küste unternommen, nie eine Störung in unserem guten Vernehmen stattgefunden hat. Lobend und dankend muss ich besonders anerkennen, welchen Vorschub mir derselbe bei allen wissenschaftlichen Untersuchungen und Arbeiten geleistet. Ich bin auf dem »Dockenhuden« nicht nur auf jede eigentümliche Erscheinung aufmerksam gemacht worden, welche sich auf See oder am Himmel zeigte, sondern es wurden mir, erlaubte es nur halbweg der Gang des Schiffes, auch alles aufgefischt und zugebracht, was von Seetieren nur irgendwie zu erreichen war. Da mir überdies, mit Ausnahme der Zeit, wo die Schiffrechnungen vorgenommen wurden, fast den ganzen Tag hindurch der Tisch in der Kajüte zur Verfügung freistand, so hatte ich überflüssigen Raum, alle meine Arbeiten ungehindert vornehmen zu können, und war so imstande, später im Atlantischen Ozean eine ganze Reihe von mikroskopischen Zeichnungen zu entwerfen, welche mir in Bezug auf das Leuchten der See, wie auch in Hinsicht auf die Quallen, von großer Wichtigkeit waren, wenn sie auch großenteils nur als Privatstudien zu betrachten sind.

Fast alle Kapitäne der deutschen Handelschiffe sind gute und erprobte Seeleute, sie haben von unten auf gedient, und kaum wird einer ein Schiff erhalten, der nicht tüchtig befähigt ist; aber sicher haben eine weit geringere Anzahl den Takt, ihren Passagieren, ohne sich etwas zu vergeben, das Leben am Bord angenehm zu machen. Kapitän Meyer hatte hiezu den Willen und die Befähigung. Es ist dies nicht mein Urteil allein, gebildete Passagiere, welche früher mit ihm gereist sind, haben dasselbe gefällt und aus vielfachen kleinen Anekdoten, welche ich von der Mannschaft des »Dockenhuden« ganz unbefangen erzählen hörte, sind mir sichere und zuverlässige Beweise genug geworden, dass Auswanderer aus allen Klassen und von sehr verschiedenem Bildungsgrade, welche mit ihm reisten, sich ebenso lobend ausgesprochen haben.

Vielleicht am rechten Orte mag hier beigefügt werden, dass die Ausrüstung der Schiffe für Auswanderer von Godefroy in Hamburg alles Lob verdient. So will ich nur einfach bemerken, dass wir auf der ganzen Reise stets reichliches frisches und gutes Wasser hatten, da wir eiserne Wasserbehälter führten. Wer längere Zeit zur See war, wird dies gehörig zu schätzen wissen. Auch die übrige Verpflegung war genügend und gut. Derjenige aber, welche frische Austern und Fasanen zu speisen wünscht, tut ohne Zweifel besser, zu Hause zu bleiben als auf See dergleichen zu suchen.

Es ist für den Reisenden auf See höchst notwendig, sich eine bestimmte Beschäftigung zu schaffen. Die grenzenloseste Langweile und Missbehagen an allem und jedem, ist die unausbleibliche

Folge des Müßiggangs, und auf See in verdoppeltem Maßstabe als am Lande.

Ich habe mir in dieser Beziehung keine Vorwürfe zu machen, und habe, solange das Wetter oder besser das Klima es erlaubte, stets gearbeitet. Vorzugsweise beschäftigte ich mich mit spanischen Studien, und habe namentlich vieles vom Spanischen ins Deutsche übersetzt. Zur der Zeit hingegen, wo die Fauna der See sich mehrte, war ich fast den ganzen Tag hindurch mit Untersuchung aufgefischter Tiere beschäftigt und mit Zeichnen derselben. Zugleich wurde täglich viermal der Barometerstand verzeichnet, einmal die Temperatur des Wassers, und dreimal jene der Luft genommen. Aber ich gestehe, dass auch ohne seekrank zu sein, und selbst ohne das mindeste Unwohlsein zu spüren, man sich dennoch zwingen muss, eine wissenschaftliche Arbeit zu unternehmen, wenn die See hoch geht, und das Schiff sich stark bewegt. Unzweifelhaft ist dieses Gefühl der Arbeitsscheu bedingt durch eine Verstimmung der Magennerven, und Ähnliches wird am Lande ebenfalls getroffen, dort aber mehr durch zu langes Sitzen als durch zu starke Bewegung.

»Perser nennen's *Bidamay baden*, Deutsche sagen Katzenjammer.«

Der Abend wurde dem Spiele gewidmet, ohne Zweifel auf die unschuldigste Weise, Kapitän Meyer und ich lagen nämlich dann mit Eifer dem edlen Sechsundsechzig ob. Wir spielten umsonst, mit einem und demselben Spiele Karten, von Peru bis Europa, und niemand mag daher behaupten, dass irgendeine Verschwendung, oder ein sträflicher Luxus bei dieser harmlosen Unterhaltung stattgefunden habe. Und dennoch, ich gestehe es, fehlte mir etwas, unterbrach ein Zufall jenes Spiel, und ich ärgerte mich, wenn ich verlor, was häufig der Fall war.

Der Rest des Abends wurde in den Breitegegenden, wo es das Wetter erlaubte, auf Deck zugebracht, und dort habe ich nicht selten die Rolle des »Märchen-Erzählers« vertreten und Dichtung und Wahrheit gegeben aus meinem und anderer Leben. So rasch aber als möglich will ich das stille Meer durcheilen, um an Kap Horn vorüber in den Atlantischen Ozean und über diesen nach dem Ziele der Reise zu gelangen, und nur einzelne Notizen mögen

Platz finden aus meinem Tagebuch, um den Leser nicht über die Gebühr zu ermüden.

Der Anfang der Reise zeichnete sich nicht durch besonders günstigen Wind aus; wir hatten teils Stille oder waren gezwungen, mehr als nötig gewesen wäre, nach Westen zu gehen. Dabei hatten wir des Morgens meist Nebel oder Regen, und der Hygrometerstand war 50 ja 62‘ bis zum 22° südlicher Breite, dann nahm aber die Feuchtigkeit der Luft ab, und begann erst gegen Kap Horn zu allmählich wieder zu steigen

Unter 15° 30‘ sahen wir einen Tropikvogel in einer Entfernung von etwa zweihundert Stunden vom Lande. Er umzog in weiten Kreisen das Schiff und bot einen zierlichen Anblick mit seinen wohl anderthalb Fuß langen Schwanzfedern. Der Vogel ist weiß, mit rotem Schnabel und hat die Größe einer starken Taube. Da er sich nicht auf Schussweite näherte, waren wir gezwungen, ihm freundliche Grüße in sein Heimatland mitzugeben. Im entgegengesetzten Falle wäre er weniger gastlich begrüßt worden, denn ich trug starkes Verlangen, ihn abzubalgen. Ich habe zu jener Zeit zuerst genauer beobachtet, wie der Sturmvogel, der so häufig auf allen Meeren getroffen wird, über die Wellen läuft. Das kleine Tierchen, in Größe und Färbung einer Schwalbe sehr ähnlich, fliegt nämlich dicht über dem Spiegel des Wassers, indem es unaufhörlich mit einem seiner mit Schwimmhaut versehenen Füße, die Wellen tritt, ohne Zweifel um sich den Flug zu erleichtern. Dieses Auftreten geschieht indessen stets mit dem auf der Leeseite befindlichen Fuße, das heißt wenn der Wind von rechts kommt, tritt der Vogel mit dem linken Fuß und umgekehrt. Es scheint hiedurch ein doppelter Zweck erreicht zu werden, indem einmal das Tierchen sich gewissermaßen dem Winde entgegenstemmt und zugleich leichter die vom Winde geglättete Seite der Welle erreicht als die entgegengesetzte.

Ich habe etwa von zwanzig zu zwanzig Breitegraden Seewasser geschöpft und in wohlgereinigten und gut gekorkten Flaschen mit nach Hause genommen, um es dort einer chemischen Untersuchung zu unterwerfen. Die Resultate dieser Analysen sind bereits veröffentlicht worden, aber ich will hier ein Verfahren angeben, welches wir anwendeten, um aus größerer Tiefe Seewasser zu erhalten. Ich weiß nicht, ob dies Verfahren allgemein bekannt, mir aber wurde es von Kapitän Meyer mitgeteilt. Es ist nötig, dass bei dem Versuche ganz vollständige Windstille herrscht. Man verkorkt mit einem festen Pfropf so dicht als möglich eine starke Flasche und senkt dieselbe mit einem schweren Bleilot versehen, rasch in die Tiefe. Nach Verlauf von kaum einer halben Minute zieht man, so schnell es geschehen kann, die Flasche wieder aufwärts und findet die Letztere durch den Kork hindurch vollständig gefüllt, und diesen, selbst wenn er auch vorher über den Hals der Flasche hervorragte, dennoch meist etwa einen halben Zoll weit eingedrückt. Der Druck der oben befindlichen Wasserschichten presst durch die Poren des Korks hindurch das Wasser, und die niedere Temperatur des auf solche Art geschöpften Wassers zeigt, dass die Flasche zum größten Teile sich in der Tiefe gefüllt haben muss. Ist nicht vollständige Windstille, so wird von den sich fortbewegenden Schiffen die Flasche in schiefer Richtung nachgeschleift und die Tiefe, in welcher sie sich gefüllt hat, kann natürlich nicht ermittelt werden.

In diesen Tagen und auch noch später wurden Tintenfische und Quallen aufgefischt und Kapitän Müller und ich bemühten uns zugleich eines Haies habhaft zu werden, welcher aber hartnäckig die Angel verweigerte. Der Quallen gedenke ich weiter unten, wo ich überhaupt einige Worte über dieselben sprechen werde, den Hai aber fertigte ich, als er seine Rückflosse kokettierend über dem Wasser zeigte, mit einer Kugel ab, die gut sitzen mochte, denn der Bursche machte einige wütende Sprünge und verschwand. Selbst vorm mildesten Herzen mag die der Hyäne des Meeres geschickte Kugel gerechtfertigt werden, weniger gut aber werde ich vor einem Antitierquäler dastehen, wenn ich erzähle, dass ich nach einem Walfische geschossen habe, einem zarten Jüngling von nur etwa dreißig Fuß Länge, der auf vierzig bis fünfzig Schritte von Bord vorüberzog. Das Tier sprang hoch auf, sodass es fast auf der Spitze des Schwanzes zu stehen schien, überschlug sich dann und ging in die Tiefe. Ich glaube nicht, dass sie mit der Harpune getroffen, sich ebenso toll gebärden, und vermute, dass die Kugel edle Teile getroffen haben muss.

Bereits auf der Höhe von Valparaiso fingen die Wellen an häufig über Bord zu schlagen, zugleich aber kamen wir bei gutem Winde wacker vorwärts. Der Skylight wurde jetzt mit dem Glassturze versehen und alle Öffnungen und Ritzen mit geteertem Werg verstopft. Zugleich aber vermehrte sich die Gesellschaft in der Kajüte. Mein eigenes noch lebende Chinchilla nahm in meiner Koje Platz, desgleichen wurden meine zwei kleinen Papageien aus Peru und ein großer, wunderschöner rot und grün gefärbter Papagei, den ich in Valparaiso bekommen hatte, um ihn mit nach Hamburg zu bringen, in der Kajüte aufgehängt. Auch das Guanaco des Kapitäns leistete uns Gesellschaft. Ich habe nicht leicht ein eigensinnigeres und widerwärtigeres Tier gesehen, als eben dieses Guanaco. Alles benagend, was eben *nicht* Nahrungsmittel war, verschmähte es später Kresse und Salat, welche wir in ein wenig Erde gesäet und mühsam für dasselbe gezogen hatten. Die wollenen Hemden der Matrosen hingegen zernagte es hartnäckig und unverbesserlich allerorten, wo es ihrer habhaft werden konnte, sodass, wenn ein Matrose irgendwo mit beiden Händen bei der Arbeit beschäftigt war, er sicher sein konnte, von dem Tiere gezupft zu werden. Gegen mich schien es übel gesinnt zu sein. Indessen kann ich nicht leugnen, dass ich mir auch bisweilen die Freiheit nahm, es ein wenig zu ärgern. Ich durfte zu diesem Behufe dasselbe nur mit einem Auge schielend ansehen, während ich das andere zudrückte. Es suchte nun zu beißen, drehte sich wohl auch um und schlug wacker aus, und spuckte zuletzt den Gegenstand seines Hasses an. Diese letzte Zornesäußerung habe ich bei zwei Guanacos, welche sich bei einer Menagerie in Deutschland befanden, ebenfalls gesehen.

Ein heiterer Geselle aber war der junge Philipp, ein liebenswürdiger, langschwänziger Affe, der in Lima an Bord gekommen war, um ebenfalls nach Hamburg zu reisen. Man hatte denselben meiner speziellen Aufsicht anvertraut, und so war ich denn endlich, nachdem ich schon Schiffsarzt und Superkargo gewesen, noch zum Range eines Affenhofmeisters befördert. Wie alle Tier am Borde leicht zahm werden, da man sich viel mit ihnen abgibt, und sie sich stets in nächster Nähe des Menschen befinden, so entwickelte auch Philipp merkwürdige Fortschritte in Bildung und Kultur, und ich habe, ernsthaft gesprochen, oft gestaunt über die Beweise von Überlegung, welche dieses Tier gegeben hat.

Bald begann jetzt das schlimme Wetter. Wechselnd eisige Regen und Sturm. Jeden Augenblick gab es Arbeit auf Deck, Kürzen der Segel oder ähnliche Dinge. Der Skylight wird mit einem hölzernen Gehäuse verdeckt und in der Kajüte herrscht Grauen und Dunkelheit. Die Seeleute speisen Grütze und Sirup, was unbedingt noch grauenhafter, die beiden Passagiere aber, Kapitän Müller und ich, machen die Probe, wie viel Stunden des Tages der Mensch zu schlafen vermag. Ich habe dort Perioden gehabt, in welchen ich sicher achtzehn Stunden durchgeschlafen habe. Aber ich habe auch gewacht und üble Stunden gehabt. Auf Deck Regen, Sturm und jeden Augenblick Seen über Bord, unten kalt und finster. So bin ich nicht selten in meinen Mantel gehüllt in meiner Koje gesessen, umgeben von Finsternis, frierend und mich kümmernd und härmend über die Heimat, denn dort fiel mir's schwer aufs Herz, dass ich während anderthalb Jahren keinen Brief erhalten und keine Nachricht. Allein es ist eben einmal nicht anders bei Kap Horn!

Auf der See war wenig zu sehen. Am 11. April unter 44° 49' Breite beobachtete ich des Morgens bei Aufgang der Sonne jene Spiegelung der Sonnenstrahlen am entgegengesetzten Horizonte, welche ich schon früher beschrieben, so klar und deutlich, dass, während die Sonne im Osten aufging, eine zweite im Westen unterzugehen schien. Gleich darauf aber bewölkte sich der Himmel wieder und es regnete den ganzen Tag.

Albatrosse und Kaptauben, die Staffage Kap Horns und seiner Umgebung, fehlten indessen nicht, und wurden geangelt und abgebalgt, so gut es eben ging, auch schwarz und weiße Delfine zogen am 15ten 53° 13' südlicher Breite am Bord vorüber.

Wir kamen aber rasch vorwärts, überholten am 15. ein englisches Schiff und passierten am 18. Diego Ramirez unter 56° 32' südlicher Breite. So hatte ich das Glück, die beiden berüchtigten Südspitzen Amerikas zu sehen, und dort war die Sonne so artig, auf etwa eine halbe Stunde notdürftig die Nebel zu zerstreuen, sodass ich die Felseninsel von verschiedenen Seiten aufzeichnen konnte.

Unwirtlich genug stehen sie dort, jene schwarzen Kegelberge, umtobt von ewiger Brandung, schneebedeckt auf den Gipfeln und ohne alle Zeichen von Vegetation. Aber doch immer Land und ein anderes als jene Wasserwüste, die länger als einen Monat schon uns umgab. Ein Raubvogel umkreiste die Insel, stieg dann ziemlich hoch und verfolgte das Schiff. Wacker Sturmvögel schmausend, welche sich fangen ließen, als müsse es so sein, begleitete er uns so weit, dass uns, und ohne Zweifel auch ihm, die Felsen außer Sicht kamen, denn plötzlich stieg er hoch auf entfernte sich eine Strecke vom Schiff, kehrte aber bald wieder und ließ sich wie vorher, als er seine Beute verzehrte, auf dem Tauwerke nieder. Ich habe weiter oben bereits einmal von den Schwalben berichtet, welche trotzdem, dass sie so bedeutende Wanderungen machen, dennoch auf einige Stunden Entfernung das Land nicht mehr zu finden wussten, und es war mit unserm Raubvogel derselbe Fall. Vollständig entmutigt wich er nicht mehr vom Schiffe, und es begann jetzt eine eigentümliche Jagd, indem einige Matrosen aufwärtsgingen, um ihn zu fangen, der Vogel aber stets nur einen oder zwei Fuß weiter zu rücken, oder sich auf eine andere Rah zu setzen brauchte, um wieder einige Zeit gesichert zu sein. Man gab endlich die Verfolgung auf, aber nach Einbruch der Dunkelheit hörten wir in der Kajüte plötzlich ein klägliches Geschrei, und der Untersteuermann brachte den Gefangenen. Er hatte sich die Stelle gemerkt, wo er im Schlafe Platz genommen. Es war *Falco peregrinus*. Er wurde des andern Tags abgebalgt und gewissermaßen das Vergeltungsrecht geübt, indem die Seevögel mit seinem Fleische gefüttert wurden.

Da wir keinen günstigen Wind hatten, mussten wir längere Zeit östlichen Kurs halten, und die Temperatur war stets noch keine erfreuliche zu nennen, stieg sie gleich um etliche Grade; dabei fortwährend Sturm, Nebel und Regen. Auch bei dieser Umschiffung von Kap Horn fanden wir nur wenig Tang, und nur hie und da wurden kleine Stücke auf See treibend gesehen. Indessen begleiteten uns fast täglich Delfine von sehr verschiedener Größe und Färbung; so sahen wir schwarze mit weißem Bauche, ganz weiße und weiße mit schwarzen Flecken auf dem Rücken. Erlaubten es die Umstände, so wurde Jagd auf sie gemacht, aber mit demselben ungünstigen Erfolge wie früher, indem die harpunierten Tiere stets verloren gingen, wenn man sie über Bord holen wollte.

Endlich schien sich die »Gelegenheit« denn doch in etwas bessern zu wollen, wir kamen vorwärts und es wurde mithin auch allenthalben wärmer und behaglicher. In der Kajüte wurde Licht und die paradiesischen Zustände in derselben modifizierten sich, indem Philipp eine eigene Koje auf Deck bezog, und auch das Guanaco wieder dorthin versetzt wurde. Der große grüne Papagei indessen war bei Kap Horn gestorben, und auch unter meinen anderen Tieren richtete der Tod arge Verwüstungen an, zwei Schlangen aus Chile, mehrere Eidechsen aus der Algodonbai, Skorpionen und eine große Vogelspinne *(Mygale)* erlagen zu meiner Bekümmernis. Nur die zwei kleinen Papageien aus Peru überstanden glücklich die schlechte Zeit, und gebärdeten sich wie unsinnig, als sie zuerst wieder auf Deck, in Luft, Licht und Sonne gebracht wurden. Wir sahen in jener Zeit ziemlich häufig Walfische, so begegnete uns am 5. Mai unter 36° 6‘ südlicher Breite und 28° 46‘ Länge ein wenigstens siebzig Fuß messendes Tier. Der Wasserstrahl, welchen dasselbe auswarf, war sicher dreißig Fuß hoch, und ich beneidete die Ruhe, mit welcher es an uns vorüberzog. Überhaupt schienen die Walfische nur wenig Notiz von den Schiffen zu nehmen. Am 8. Mai kam ein sicher sechzig Fuß langes Tier so nahe an Bord, dass die Entfernung kaum 15 Schritte betrug. Es kreuzte unsern Kurs und blieb still liegen als wir uns ihm näherten, als wolle es uns vorüberpassieren lassen. Natürlich eilte alles an Bord auf die Backbordseite, wo das Tier lag, und da wir eben langsam segelten, so konnten wir dasselbe mit der größten Bequemlichkeit beobachten. An der rechten Seite hatte es eine Verletzung, indem die Haut etwa in Länge und Breite von zehn Zoll abgeschunden war, für einen Walfisch freilich nur ein kleiner Hautriss. Als das Schiff fast vorübergesegelt war, beschleunigte er seine Bewegung und tauchte plötzlich unter Wasser, indem er unter dem Bugspriet hinwegging, noch eine kurze Zeit gesehen wurde, und dann verschwand. Indem so das riesenhafte Tier durch das Meerwasser eine tiefe dunkelblaue Farbe annahm, gewährte es wirklich einen prachtvollen Anblick. Am 13. Mai, 21° südlicher Breite, kam der erste Fliegende Fisch an Deck, und in der Nacht beobachtete ich zugleich zum ersten Male wieder das Leuchten der See, schwach zwar, aber mir immer eine erfreuliche Erscheinung. Weniger erfreulich war eine heftige Böe, welche sich so rasch erhob, dass man alle Hände voll zu tun hatte, die Segel zu bergen. Die See gebärdete sich, kurz nachdem dies geschehen, ganz verrückt, warf unsinnige Wellen und schleuderte das Schiff auf jämmerliche Weise nach allen Seiten. In höheren Breitegegenden blieb ich bei ähnlichen Ereignissen friedlich im Bette liegen, ja ich schlief meistens, denn da mich die Sache nichts anging, da ich nicht zu arbeiten oder zu sorgen hatte, bewahrte ich meine vollständige Ruhe, und kümmerte mich wenig um den Höllenlärm, den häufig Wind und Wellen vollführten. Dass etwas Unangenehmes passieren würde, dachte ich nicht, und wäre es wirklich passiert – je nun, es ertrinkt sich ohne Zweifel gleich unangenehm oben, wie unten. Hier aber, bei einer wirklich angenehmen Temperatur von +19° oder 20° R., setzte ich mich auf den Hühnerkasten und sah, meine Zigarre rauchend, die Sache mit an. Eine unsinnige Woge nach der andern wälzte sich einher, tobend und krachend auf Deck schlagend oder gegen die Seiten des Schiffes, als wolle sie alles zertrümmern. Da krachte es plötzlich am Bugspriet. Der Klüver war zum Teufel gegangen, das heißt eine Welle hatte den vordersten, wohl über anderthalb Fuß dicken Mast zersplittert, den großen und kleinen Klüverbaum samt den entsprechenden Segeln in die See geworfen und das Vorstengstagsegel flatterte in großer Bedrängnis in der Luft.

Mit innerem Wohlbehagen habe ich immer bei solchen Gelegenheiten die Seeleute beobachtet. Dort zeigen sie sich als Männer im echten Sinne des Worts, ruhig, mutig, unerschrocken, und ihre Pflicht erfüllend mit einem Eifer, der Bewunderung erweckt. Jeder sucht das kleinste Stückchen Tau zu erhalten für das Schiff, als wäre es Tausende wert und scheint nicht im Mindesten zu beachten, ob er selbst dabei über Bord gehen könne oder nicht. Während man beschäftigt war, einen Teil des über Bord gegangenen Tauwerkes wieder auf Deck zu holen, saß ich ruhig auf meinem Hühnerkasten, getreu meinem Grundsatze, bei solchen Gelegenheiten auf See nie zu fragen, und keine Verwunderung, kein Erstaunen zu äußern. Als mir einer der Matrosen im Vorübergehen sagte: »Der Klüver ist flöten, Herr Doktor!«, nickte ich mit dem Kopfe und brummte bejahend: »Hm!« Doch denke ich noch heute an den Lärm der Elemente, welcher in jener Nacht stattfand.

Nachdem wir uns innerhalb der Wendekreise befanden, begann für mich ein neues und tätiges Leben. Die See belebte sich, und während bei Tage buntfarbig und glänzend Quallen aller Ordnung an Bord vorüberzogen, trat des Nachts das Leuchten der See mehr und mehr in der Pracht auf, in welcher ich es schon früher geschildert habe. Zu jener Zeit habe ich des Tags hindurch die gefangenen Individuen gezeichnet und Versuche mit ihnen angestellt, während ich halbe Nächte hindurch auf Deck beschäftigt war, das Leuchten der See zu beobachten und namentlich die kleinen Individuen, meist *Entomostraca*, herauszufischen, welche, dem unbewaffneten Auge kaum sichtbar, dennoch auf kurze Zeit ein ziemlich großes Gefäß mit Wasser leuchten machen können.

Wir bekamen am 19. Mai die Felseninsel Ferando de Noronha, unter 4° 17‘ südlicher Breite und 31° 8‘ Länge in Sicht, sie wird bekanntlich als diejenige bezeichnet, auf welcher Robinson gelebt haben soll; gegenwärtig bringen die Brasilianer ihre Verbrecher dorthin, es scheint also immerhin, es habe die Insel etwas Bekehrendes und Bußfertigmachendes an sich.

Indessen hätten wir noch am selben Abend fast ein Fahrzeug übersegelt. Es entstund plötzlich auf Deck Lärm und zugleich wurde dem Kapitän ein Schiff gemeldet, was gerade vor uns lag. Ich eilte natürlich ebenfalls rasch auf Deck, und sah in einer Entfernung von kaum vierzig Schritten, wahrhaft gespenstig unheimlich, vor uns einen kleinen Schoner, der mit ziemlich flauem und für ihn ungünstigen Winde gegen Ost steuerte, während unser Kurs Nord war. Die Nacht war dunkel, und so konnte man nur eben bemerken, dass auf dem fremden, düster aussehenden Schiffe ein einziges Segel, das Schonersegel, in Aktivität war, aber kein Licht, keine lebende Seele ließ sich blicken.

Wir hielten rasch gegen West, um das mystische Fahrzeug nicht zu übersegeln, und da für unsern Kurs der Wind günstiger war, so lag es bald hinter uns, indem es fast stille zu stehen schien. Natürlich wurde es von uns mehrfach angerufen, aber keine Antwort wurde erhalten.

Entweder schliefen alle Männer auf dem Schiffe, oder sie waren tot, vielleicht hatten sie auch nicht das beste Gewissen und wollten Ebenholz, lebendes nämlich, von der afrikanischen Küste holen. Wir blieben jene Nacht länger als gewöhnlich wach, und mehr Faden wurden gesponnen, von ähnlichen unheimlichen Begegnungen, und von Seeräuberei, welche wohl noch hie und da stattfindet, wenn auch nicht ganz in der Art, wie sie in Seeromanen geschildert wird. Aber die einfache Erzählung der Seeleute trägt das Gepräge der Wahrheit, und man lauscht ihr mit Behagen.

Gern hätte ich bei dieser und andern Gelegenheiten irgendetwas erfahren von Spuk- und Schiffsgespenstern, aber nur wenig war zu erbeuten in dieser Beziehung. Dem Seemann ist meist sein Schiff zu lieb, als dass er solchen unheimlichen Gästen Passage gäbe. Doch aber klopft es und schlarrt es in manchen alten Schiffen im Raume, und »wenn es nicht die Ratten sind, so mag der Teufel wissen, was es ist«. Auch Tote, die versenkt worden sind ins Meer, strecken bisweilen unsichtbar die Arme aus der Tiefe, und halten sehnsüchtig das Schiff, das auf der Heimreise wieder in die Nähe ihres nassen Grabes kommt. Sie wollen wohl heim zu ihren Lieben. Diese leichtsinnigen Verstorbenen aber denken nicht daran, dass ihre Lieben vielleicht sich recht gut befinden, und gar nicht so besondere Sehnsucht hegen nach den reisenden Teuern. Auf mehreren alten Schiffen (gesehen hat es keiner selbst, aber glaubwürdige Zeugen haben es von andern, die es gesehen haben), läuft in gewissen Nächten ein alter Matrose, ein kleines Männchen, in fast veralteter Seemannstracht und mit unhörbaren Schritten auf der Schanzverkleidung vom Bugspriet bis zum Steuer, er sitzt auch wohl auf der Schanzverkleidung und blickt mit bekümmerter Miene auf das Schiff. Nähert sich ihm der Mann von der Wacht, so geht er kopfüber über Bord, und wird lange nicht mehr gesehen. Solche und ähnliche Geschichten erzählt man sich wohl bisweilen auf Deck, und man mag daran glauben so viel und so wenig, wie man bei uns am Kamine erzählend von dergleichen glaubt. Das aber bin ich überzeugt, dass jeder Seemann dem Teufel selbst entgegengeht, wenn er sich unnütz machen sollte irgendwie an Bord, und wenig Bange hat.

Ich habe bei dieser Durchschiffung der Wendekreise oft die schönen Sonnenuntergänge bewundert, welche sich häufig zeigten, und welche, besonders je näher wir dem Äquator kamen, stets brillanter zu werden schienen. Hoch aufschießend bis zum Zenith, wechselten die Strahlen in tief Dunkelblau, Hochgelb und Grün, und bisweilen hatte die glänzende Erscheinung viel von der Beweglichkeit des Nordlichts. Zehn bis zwölf Minuten nach dem Verschwinden der Sonne waren die Farben der Strahlen meist am lebhaftesten, um bald darauf indessen gänzlich zu verschwinden. Auch mehrere Wasserhosen wurden unweit des Äquators in der Ferne beobachtet. Wir passierten die Linie in der Nacht vom 22. auf 23. Mai, unter 32° Länge und bei sehr wechselndem Wetter, indem einzelne Böen, Regen und Sonnenschein häufig wechselten.

Als am 27. Mai des Morgens Kapitän Müller und ich uns eben auf Deck befanden, sahen wir einen mächtigen Hai, der mit liebenswürdiger Unbefangenheit uns das Geleite gab. Unverzüglich wurde eine Angel ausgeworfen, welche in einiger Entfernung nachschleifte, und mit welcher sich der Fisch sogleich beschäftigte. Er schien indessen bloß den Angenehmen zu spielen und biss nicht an, sondern umschwamm nur den Köder, als scherze er mit demselben.

Plötzlich aber gebärdete er sich wie rasend und wir sahen, dass er sich gefangen hatte. Als er näher geholt worden war, konnten wir bemerken, dass die starke Angel durch seine Brustflosse gedrungen war, sodass er der Breite nach dem Schiffe nachgezogen wurde. An die Seite des Schiffes gebracht, tobte der wenigstens neun Fuß lange Fisch so stark, dass wir jeden Augenblick sein Abreißen befürchteten. Indessen traf ihn der Obersteuermann mit einem tüchtigen Harpunenstoß, und er wurde mittelst einiger umgeschlagener Taue glücklich an Bord gebracht. Ich habe bereits oben die Art und Weise geschildert, wie man den dort angekommenen Hai bewältigt, und so will ich hier nur bemerken, dass ich einen Teil des Fleisches verspeiste, wobei der Kapitän Gesellschaft leistete, obgleich auch ihm die Speise nicht besonders mundete. Bei den andern im Schiffe aber fand sie den schlechtesten Anklang. Am Unterkiefer des Hais hatte sich eine Bohrmuschel eingebohrt und den Knochen vollständig durchlöchert, auch mehrere Saugfische fanden sich, wie gewöhnlich an dem Tiere festsitzend.

Eine willkommenere Speise, ein wahres Manna in der Wüste, zeigte sich indessen einige Tage später, nördlicher Breite 7° 40 Länge, 30° 4, indem Goldbrassen erschienen und das Schiff begleiteten. Kapitän Meyer harpunierte drei derselben. Ich habe ebenfalls bereits oben diese Fische beschrieben, und will daher bloß nachträglich beifügen, dass deren Fleisch eine wirkliche Delikatesse ist, namentlich wenn man Monate hindurch fast einzig auf Salzfleisch beschränkt gewesen. Der Magen dieser Fische enthielt nichts als Fliegende Fische.

Wir sahen am 4. Juni, nördlicher Breite 20° 54‘, Länge 40° 44‘, die ersten Exemplare des in jenen Gegenden frei umher schwimmenden Tanges, *Sargassum bacciferum*, welchen die Seeleute allgemein »das Kraut« nennen.

Am 9. Juni, unter 30° 0‘ nördlicher Breite und 45° 35‘ Länge, wurde der letzte Tang gesehen und aufgefischt, und während der zwischen diesen Tagen liegenden Zeit war häufig die See, so weit man blicken konnte, mit demselben bedeckt, doch stets nur in einzelnen, einige Fuß im Durchmesser haltenden Exemplaren, zehn bis zwanzig oder dreißig Schritte weit voneinander entfernt, und nie zu größeren Gruppen inselartig verbunden.

Ich habe in diesem Sargassum eine Menge von Individuen gefangen, welche ich teils in Sublimatwasser mit nach Europa gebracht, teils gezeichnet habe. Doch sind wohl die meisten derselben bekannt, da fast jeder Reisende eben dieser Erscheinung seine Aufmerksamkeit schenkt.

Am 9. Juni sahen wir scheinbar in nicht sehr großer Entfernung wieder eine Wasserhose, welche in jener Gegend des Ozeans sich überhaupt nicht selten zeigen sollen. Es war des Mittags, und Gewitterwolken häufig am Himmel. Der zapfenartige und unten zugespitzte Streifen der Wolke, welchen die Wasserhose bildete, hing fest bis auf die Oberfläche der See und bewegte sich ziemlich schnell nach links und rechts, etwa als würde er oben irgendwo festgehalten und geschüttelt. Der Spiegel der See war unruhig und scheinbar in kochender Bewegung, wie ich durch das Fernrohr beobachtete, aber eine eigentliche Erhellung des Wassers fand nicht statt. Nach einer Dauer von fünf Minuten zog sich der Wolkenstreifen in die Höhe, indem er kürzer und dicker wurde, und endlich vollkommen verschwand. Die Anlage zu ähnlichen Bildungen, nämlich zapfen- oder trichterförmige Herabsenkungen der Wolken gegen den Spiegel der See konnte man allerwärts am Horizonte bemerken, nach wenigen Stunden verschwanden aber diese Bildungen.

Noch ziemlich weit außen vor dem Eingang in den Kanal begegnete uns ein Lotsenkutter. Mit der Schnelligkeit eines Raubvogels streichen diese Boote über die See hinweg, und den Schiffen entgegen, welche sich zeigen, um sie durch den Kanal zu lotsen. Meist legen sie einige Augenblicke an denselben an, werfen ein frisch gebackenes Brot den Männern an Bord zu, und erhalten auf gleiche Weise eine Flasche Wein. Erinnere ich mich recht, so kam dieser Lotse aber nicht näher, da er unser Schiff als ein Hamburger erkannte, das wohlbekannt in jenen Regionen, sich selbst durch den Kanal lotsen konnte.

Die brennende Frage an Bord war zu jener Zeit der Dänenkrieg. War die Elbe frei, so konnten wir in einigen Tagen zu Hause sein, war sie blockiert, so mussten wir in England anlegen, und abgesehen von den Kosten für den Reeder, welche hieraus erwachsen wären, hätte dort ohne Zweifel der »Dockenhuden« eine andere Bestimmung erhalten, und keiner von der Mannschaft wäre nach Hause gekommen. Was mich betrifft, so hätte ich meine mitgebrachten Naturalien und mein Gepäcke von 14 Ctr. an Gewicht in England versteuern müssen, und wäre gezwungen gewesen auf einem andern Schiffe die Heimreise zu vollenden.

Als jener erste spitzbübische Lotse an unserm Borde vorüberflog, riefen wir ihm zu: Ist Krieg? Antwort: Dänenkrieg! Ist die Elbe frei? Antwort: All' gesperrt! Und hiermit war er schon so weit, dass man sich nicht mehr verstehen konnte.

Keiner unserer Leute verzog bei dieser Nachricht eine Miene. Der Seemann ist gewohnt, und sucht eine Ehre darin, dem Unvermeidlichen ruhig zu begegnen und keine nutzlosen Worte zu verlieren.

Aber bald darauf kam ein zweiter Lotse, welcher auf einige Augenblicke anlegte. Brot und Wein wurden getauscht, und der Sicherheit halber doch die Frage nach Sperrung der Elbe wiederholt. Da erfuhren wir, dass die Elbe frei sei. Der erste Lotse hatte sich einen Scherz erlaubt.

So rasch und glücklich wir mit der »Reform« aus dem Kanal gekommen waren, durchsegelten wir denselben auf der Heimreise mit dem »Dockenhuden«. Als ich Dover sah und die entsprechende französische Küste, fühlte ich mich fast heimisch. Endlich die Nordsee! Immer näher!

Am 6. Juli gegen ein Uhr des Morgens wurde ich geweckt. Man sah die Leuchtfeuer von Helgoland und auf Schiffen, die heimkehren von weiter Reise, wird da meist Kaffee getrunken, sobald der Feuerschein jener Insel in Sicht kommt. Es war eine fröhliche Kaffeegesellschaft, welche wir dort abhielten, wenngleich keine normale, indem nicht gelästert und geklatscht wurde.

Früh befanden wir uns bereits auf der Elbe. Die Orte, welche dort am Ufer liegen, mag man auf der Karte lesen, ich kümmerte mich nicht um ihre Namen, aber den ersten spitzen deutschen Kirchturm und die grünen Ufer habe ich mit jubelndem Herzen begrüßt. Wer nie so lange auf See war, dass er in stundenweiter Entfernung das Land riecht, weiß nicht, was eine solche Heimkehr bedeutet. Was war aber der Duft der tropischen Blüten, der uns in Brasilien die Nähe des Landes verkündete, gegen den Geruch des frischen Heues am deutschen Ufer und jenen der Obsternte, welchen der Landmensch kaum bemerkt, den wir aber wollüstig einsogen, noch ehe wir die grünen Flächen erblickten!

Der Kapitän spazierte im Landstaate an Bord umher, denn auf der Elbe kommandieren Lotsen das Schiff, und die Kapitäne sprechen nicht darein, auch ich hatte mich notdürftig anständig gekleidet, soweit es eine ziemlich hart mitgenommene Garderobe gestattete.

Ich nahm jetzt vorläufigen Abschied von den Leuten der Mannschaft und wurde von vielen mit Kleinigkeiten beschenkt, die sie früher auswärts gesammelt hatten, und mir jetzt zum Andenken verehrten. Aber auch ohne dieses hätte ich stets ein freundliches Andenken an diese Männer bewahrt, mit welchen ich so lange Leid und Freud geteilt, und welche sich mir stets wohlwollend bewiesen. Zerstreut auf allen Meeren der Welt durchkreuzen jetzt wohl die meisten von ihnen das bewegliche Element. Mögen sie stets so glücklich ihre Heimat wieder erreichen wie jenes Mal!

Das Schiff ist später gescheitert, doch die Männer wurden gerettet. Ein Bericht aus Hamburg, 15. Dezember 1853 in der Weserzeitung Nr. 3122, meldete ganz kurz: ... »Die dem Hause I.C. Godeffroy und Sohn gehörige Bark ‚Dockenhuden' (Kapitän Meyer) ging auf der Fahrt von Melbourne nach Batavia am Katariff verloren. Der Kapitän und die ganze Mannschaft wurden gerettet. Passagiere waren nicht an Bord.«

In Hamburg angelangt, fuhren der Kapitän Müller und ich sogleich ans Land. Wir hatten 116 Tage lang den Fuß nicht auf festen Boden gesetzt, denn so lange dauerte unsere Reise von Callao. Frau und Kinder des Kapitäns empfingen ihn am Lande. Lebten die Meinigen? Ach, ich wusste es nicht, denn seit ich Bremen verlassen, hatte ich keine Nachricht. Aber es gibt Gefühle, die zur Koketterie werden, wenn man sie drucken lässt – und überdem war materielle Sorge jetzt überwiegend. Ich musste ein anständiges Äußere zu erwerben suchen, mein bewegtes Herz musste unter einem sauberen Rocke schlagen. So führte mich Kapitän Müller in ein Kleidermagazin und ein Friseur nebst obligatem Bade, Ankauf von Pomade, kölnischem Wasser und Glacé-Handschuhen hatten mich bald wieder zum Gentleman gestaltet, zur späteren Verwunderung mancher meiner heimischen Freunde und Bekannten, die, wie es schien, erwarteten, mich mit Bogen und Pfeilen bewehrt und einer Federschürze bekleidet wiederzusehen.

Von Valparaiso hatte ich nach Hause geschrieben, den Monat meiner Ankunft beiläufig bestimmt und die Adresse gesendet.

Man hatte wirklich geschrieben, rot, nicht schwarz gesiegelt – die Meinigen lebten und waren gesund. – Jenes Mal hatte sich eine Periode in meinem Leben geschlossen!

Ich habe wenig mehr zu berichten. Noch einige Tage blieb ich in Hamburg, und war freundlich aufgenommen von einigen wackeren Gelehrten, deren Bekanntschaft ich machte, und von einem alten Freunde aus früherer Zeit, den ich unverhofft dort getroffen. Ich besah mir die Stadt flüchtig, wie es eben in so kurzer Zeit geschehen konnte, nahm Abschied vom Kapitän Meyer und stattete noch dem »Dockenhuden« einen Besuch ab. Dann zur Eisenbahn. In zwei Tagen war ich in Nürnberg.

EDITORISCHE NOTIZ

Die Ausgabe basiert auf der Erstauflage der »Reise in Südamerika« von 1854. Die Rechtschreibung wurde vollständig modernisiert, Zeichensetzung nur in krassen Ausnahmefällen geändert. Stilistische Änderungen wurden nicht vorgenommen.

Kürzungen beschränken sich vor allem auf die oft langatmigen naturkundlichen Beschreibungen und Wettertabellen und statistische Angaben. Die Kapiteleinteilung wurde leicht geändert, die Beschreibung des Reiseverlaufs blieb ungekürzt.

BILDNACHWEIS

Titelbild: Portrait Ernst v. Bibra, Leipzig um 1850 UB Würzburg, Sign 36/A 33.10. Mit freundlicher Genehmigung Der Universitätsbibliothek Würzburg

S. 55, 112: F. v. Hellwald »Die Erde und ihre Völker« Stuttgart 1877

S. 69: »Meyer's Universum« Bd. 5 Hildburghausen 1866

S. 99, 148, 167, 267: W. Sievers »Amerika« Leipzig 1894

S. 153, 159, 189, 261: J. Spillmann »In der neuen Welt« Freiburg 1894 (alle Archiv des Herausgebers)

WORTERKLÄRUNGEN

Ale	Englische Biersorte (hell)
Anson	Lord George Anson (1697–1762), britischer Admiral und Weltumsegler
Arrak-Narkose	Branntweinrausch
Back legen	Fahrt anhalten
Backbord	Die in Fahrtrichtung linke Schiffseite
Blum und Hecker	Robert Blum und Friedrich Hecker waren radikale Vorkämpfer der Revolution 1848
Botanisierkapsel	Behälter (Tasche) aus Blech zur Aufbewahrung von Pflanzen bei naturwissenschaftlichen Exkursionen
Brake	Hafen- und Handelsstadt an der Unterweser
Brasilien	Seit dem 16. Jh. portugiesische Kolonie, von 1822 bis 1890 Kaiserreich, danach Republik, um 1850 etwa 5,5 Millionen Einwohner
Bug	Vorderteil des Schiffes
Bugspriet	Schräger Mast am Bug
Cervantes	Miguel de Cervantes (1547–1616). Anspielung hier auf seinen Roman »Don Quijote«
Chamisso	Adalbert von Chamisso (1781–1838). Der aus Frankreich stammende und in Deutschland heimisch gewordene Dichter schrieb 1836 einen Bericht über eine Weltreise, an der er als Naturwissenschaftler teilgenommen hatte.
Cheremoya	Immergrüner subtropischer Baum mit süßen Früchten (Süßsack)
Chile	Vom 16. Jh. bis 1817 spanische Provinz, danach Republik, um 1850 etwa 1,4 Millionen Einwohner
Chinchilla	Südamerikanisches Nagetier aus der Familie der Haselmäuse, dessen Pelz geschätzt wird
Cuncos-Indianer	Bezeichnung für die Indianer, die in Valdivia unter den Chilenen leben

Davy	Sir Humphry Davy (1778–1829), englischer Chemiker, Konstrukteur der Sicherheitslampe für Grubenarbeiter
Diogenes	Diogenes von Sinope (etwa 412–323). Hier Anspielung auf seine bedürfnislose Lebensweise in einem Fass
Dockenhuden	Hier Schiffsname nach einem Ort, der 1919 Blankenese einverleibt wurde
Doleritisch	Aus Doleritgestein
Donane	Zoll
Eiswasser	Das dazu benötigte Eis brachte man in trockenen Pferdemist verpackt in nächtlichen Eilritten aus den Kordilleren
Fallreef	Fallreep. Ursprünglich ein Tau zum Besteigen der Schiffswand, dann Öffnung der oberen Bordwand, zu der die Fallreefstreppe hinaufführt
Fembo-Haus	Berühmtes Bürgerhaus aus dem 16. Jh. in Nürnberg
Fuß	Längenmaß von unterschiedlicher Länge, ca. 0,31 Meter
Geognostisch	Veraltete Bezeichnung für geologisch
Gerstäcker	Friedrich Gerstäcker (1816–1872), bekannter Roman- und Reiseschriftsteller, der zum großen Vorbild für Bibra wurde
Glacé-Handschuhe	Handschuhe aus weichem Glacé-Leder
Guanaco	Wildes Lama
Hauff	Wilhelm Hauff (1802–1827), romantischer Dichter. Hier Anspielung auf seine Erzählung »Phantasien im Bremer Ratskeller«
Kajüte	Wohnraum für den Kapitän, auf Passagierschiffen Wohnraum für die zahlenden Passagiere
Kap Horn	Kap Hoorn. Das nach der holländischen Hafenstadt Hoorn benannte Südende Amerikas
Kattun	Leinwandartig gewebtes Baumwollzeug

Klüver	Vorsegel
Konsistent	Fest
Korvette	Leichtes Kriegsschiff
Lapscaos	Labskaus. Ein sehr beliebtes Seemannsgericht aus Pökelfleisch, Kartoffeln und Gurke
Lee	Die vom Wind abgewandte Seite des Schiffes
Linie	Äquator
Luv	Die dem Wind zugewandte Seite des Schiffes
Miliz	Volksheer im Gegensatz zum Stehenden Heer
Nabob	Reicher Mann
Oryktognostisch	Veraltet für mineralogisch
Oszillation	Schwingung
Ostentation	Veraltet für Schaustellung
Perfidie	Hinterlist, Treulosigkeit
Peru	Seit der Eroberung des alten Inkareiches durch Pizarro 1531 spanischer Kolonialbesitz bis 1821, dann unabhängige Republik. Um 1850 etwa 2 Millionen Einwohner
Peso	Münzeinheit in den meisten südamerikanisch-spanischen Staaten (Wert etwa 1 Dollar)
Postomnibus	Größere Postkutsche
Reineke	Anspielung auf den 11. Gesang von Goethes »Reineke Fuchs«
Rinaldo Rinaldini	Anspielung auf den Helden eines berühmten Räuberromans von Ch. A. Vulpius (1798)
Schritt	Hier als Längenmaß etwa 80 Zentimeter
Sechs und Sechzig	Beliebtes volkstümliches Kartenspiel
Skylight	Oberlicht auf Schiffen
Südliches Kreuz	Sternbild »Kreuz des Südens«
Superkargo	Bevollmächtigter Frachtvertreter auf Schiffen
Zivilliste	Die dem Landesherrn oder Staatsoberhaupt vorgegebene Summe zur Deckung seines Haushalts
Zodiakallicht	Tierkreislicht, Erdlicht. Lichterscheinung am Morgen- oder Abendhimmel (je nach Jahreszeit)

Zwischendeck — Auf Schiffen das zwischen dem Haupt- und dem Bodendeck gelegene Deck. Hier Bezeichnung für die einfachste Passagierklasse

LITERATUR

Beissel, Rudolf	Ernst Freiherr von Bibra. Ein Naturforscher mit schöngeistigen Neigungen. In: Augustin, Siegfried – Mittelstadt, Axel (Hrsg.): Vom Lederstrumpf zum Winnetou. München 1981
Beissel, Rudolf/ Salomon, Erich	Ernst Freiherr von Bibra. In: Schegk, Friedrich (Hrsg.): Lexikon der Reise- und Abenteuerliteratur. Meitingen o.J. (1988 ff.)
Bibra; Ernst von	Reise in Südamerika. 2 Bde. Mannheim 1854
Kutz, Rüdiger	Zum Leben des Naturforschers Ernst von Bibra. In: Frankenzeitung. Würzburg 1999
Pleticha, Heinrich	Der Traum von Amerika. In: Dettelbacher, Werner – Pleticha, Heinrich (Hrsg.): Fränkische Abenteurer und Entdecker. Würzburg o.J. (1976)
Plischke, Hans	Von Cooper bis Karl May. Düsseldorf 1951
Witzmann, Matth.	Eigenes und Fremdes. Hispanoamerika in Bestsellern der deutschen Abenteuer- und Reiseliteratur (1850–1914: München 2006